乡村振兴丛书

技术执行视角下乡村有效治理的
理论与实践

周锐 著

四川大学出版社

图书在版编目（CIP）数据

技术执行视角下乡村有效治理的理论与实践 / 周锐著． -- 成都：四川大学出版社，2024.11. -- （乡村振兴丛书）． -- ISBN 978-7-5690-7003-3

Ⅰ．D638

中国国家版本馆 CIP 数据核字第 2024YQ0613 号

书　　名：	技术执行视角下乡村有效治理的理论与实践
	Jishu Zhixing Shijiao xia Xiangcun Youxiao Zhili de Lilun yu Shijian
著　　者：	周　锐
丛 书 名：	乡村振兴丛书
丛书策划：	庞国伟　梁　平
选题策划：	蒋姗姗
责任编辑：	蒋姗姗
责任校对：	袁霁野
装帧设计：	墨创文化
责任印制：	李金兰
出版发行：	四川大学出版社有限责任公司
地　　址：	成都市一环路南一段 24 号（610065）
电　　话：	（028）85408311（发行部）、85400276（总编室）
电子邮箱：	scupress@vip.163.com
网　　址：	https://press.scu.edu.cn
印前制作：	四川胜翔数码印务设计有限公司
印刷装订：	成都金龙印务有限责任公司
成品尺寸：	170 mm×240 mm
印　　张：	19.25
字　　数：	259 千字
版　　次：	2024 年 11 月 第 1 版
印　　次：	2024 年 11 月 第 1 次印刷
定　　价：	86.00 元

本社图书如有印装质量问题，请联系发行部调换

版权所有 ◆ 侵权必究

扫码获取数字资源

四川大学出版社
微信公众号

前　言

习近平总书记在党的二十大报告中强调："推进以党建引领基层治理""全面建设社会主义现代化国家，最艰巨最繁重的任务仍然在农村"。如何以党建引领乡村社会实现有效治理，成为党和人民极为关注的核心话题。

自古以来，中华民族创造了灿烂的农业文明。到19世纪，我国农民及其生活的传统乡村社会受到现代文明的冲击，乡村社会的传统礼俗、文化、价值规范等开始瓦解，稳定的传统乡村社会变得动荡。直到1949年，中国共产党领导包括农民在内的广大人民群众推翻了三座大山，建立了新中国，我国乡村社会动荡的局面才得以扭转。新中国成立后，经过三年社会主义改造，形成了土地集体所有制度，并构建起以"人民公社—生产大队—生产队"为特征的"三级所有，队为基础"的人民公社制度，农民以集体形式被整合到国家的战略中去。从1978年开始改革开放起，人民公社制度在生产组织方面被家庭联产承包责任制所代替，村社管理则由"政社合一"变为"政社分离"，实行在乡镇建立国家基层政府、农民实行村民自治的"乡政村治"制度。随着国家经济社会的不断发展，党和政府在2002年开始实施以农业、农村、农民为核心的社会主义新农村建设，我国政府开始向"服务型"政府转变。

党的十八大以来，党和国家进一步强化农业、农村、农民的重要地位，全力推进乡村振兴、数字乡村、农业农村现代化等重大战略。

新中国成立以来，在中国共产党的领导下，国家与社会的发展，都是围绕着农村土地、农村社会、农民所进行的。从另一个角度来看，这也从实践中回应了马克思主义理论所指的人民群众是推动历史发展的决定性力量这一论断。对于我国而言，在中国共产党的领导下，农民在推动中国历史发展中发挥着重要的作用。对照历史与现实，农民在推动中国历史与未来发展中的重要作用不容忽视。按照社会科学的理论研究范式，理论是对实践经验的总结与提炼。那么，面对农民在中国社会发展过程中具有举足轻重作用的现实，研究以农民为主体的乡村治理就显得尤为重要与必要。

当前，互联网不仅成为农民日常生产生活不可或缺的重要工具，而且改变了农民的思维与行为逻辑。这些变化，对乡村有效治理提出了新的问题与挑战。如何全面了解数字时代农民的心理特征与行为逻辑，如何以党建引领有效解决数字时代乡村治理呈现的新问题，成为本书关注的核心内容与关键问题。

国外关于农民农村问题的研究，重点在分析农民的决策动机与行为特征，形成了阶级小农、生存小农和理性小农三大理论流派，并且在理论探讨过程中形成了著名的"列宁－恰亚诺夫"之争和"科斯特－波普金"之争。其中，理性小农探讨了小农的决策动机以及农民集体行动，认为小农是为了其个人或家庭福利最大化的理性人，指出互惠、共同体、约定俗成、群体规模以及组织领导是促使理性小农集体行动的社会基础。[1]

国内关于农民农村建设的实践，始于20世纪30年代以晏阳初、梁

---

[1] 李丹. 理解农民中国：社会科学哲学的案例研究[M]. 张天虹等，译；刘北成，校. 南京：江苏人民出版社，2008.

漱溟等为代表的知识分子在农村领域所进行的一系列探索。后来，受到战争等因素影响，关于中国农民农村的研究被迫中断。然而，国外研究者对于中国农民农村问题的关注却不减反增。所以，在20世纪30年代至70年代，出现了中国农村农民研究在美国的奇怪现象。这期间，费孝通先生曾经基于江村等地的考察，提出发展农村副业与乡土工业的思路。直到20世纪80年代，中国乡村治理实践的探索与改革受到了学者的关注，中国农民农村问题再次回归国内思想界。自此之后，中国乡村治理研究以乡村社会发展以及秩序维护为核心内容，以国家与社会关系为主要分析范式，一系列诸如"社会化小农""韧性小农""家户制度""村社理性""后乡土中国"等具有中国本土化特征的概念不断涌现，逐渐形成具有中国特色的乡村治理研究。

今天，当我们处于百年未有之大变局背景下，面临工业化、城镇化、现代化与数字化"叠加"转型的复杂环境，不禁会思考：我们的农民表现出何种新特征？农民还是理性的吗？我们的乡村变了吗？还是"熟人社会"吗？如果农民和乡村都变了，那我们的乡村治理如何进行？

现有研究为我们解答上述问题提供了重要的理论基础与对话空间，但也存在以下两个问题需要进一步解答：一是以农民视角探索乡村治理的研究相对较少，且容易陷入"就农民问题谈农民问题"的微观视野。现有研究多从政策制定主体、新乡贤等视角研究乡村治理，虽然提出了要实现包括农民在内的乡村治理多元主体协同的设想，但以农民为主体的研究还相对较少。有些学者注意到了这一问题，开始探讨如何在乡村治理过程中"找回农民"，但我国的现实是党的意志、国家的战略与农民的生活是无法区分的，常常是联系在一起的。如果仅仅从农民主体出发而忽视国家与乡村社会的作用，则又会从"仅关注国家的极端"陷入"仅关注农民的另一个极端"，同样是无法真实有效解释我国的实际情况。二是在工业化、城镇化、现代化与数字化"叠加"转型背景下，系统论述农民决策动机、行为特征的研究相对较少。尤其是在以互联网为代表的数字技术普及的情况下，当数字生存成为每个人必须面对的现实问题时，关于农民面对数字生存所表现出的决策动机、行为特征等问题的研究，就显得更为迫切。

因此，我们试图从农民主体视角出发，以农民互联网选择与使用行为为分析框架，了解工业化、城镇化、现代化与数字化"叠加"转型背景下农民的决策动机与行为特征，以及由此形成的乡村社会新情况与新特征，讨论如何在当前背景下促进党建引领乡村社会的有效治理，并着重发挥农民在乡村治理中的主体性作用。本文的主要概念如下。

农民技术执行生成逻辑：依附国家与家庭调试。历史上，中国共产党带领中国人民取得了无产阶级革命与主义社会建设的胜利，我国农民对中国共产党有天然的情感。因此，他们在现实中选择"依附"于国家总体战略。但是，在农民心中，国家又分为整体政府和具体政府。整体政府是作为整体被感知的一种抽象概念，具体政府是实际中和农民接触的政府，其中乡镇基层政府是与农民接触最多的具体政府。因此，农民总体上会"依附"国家战略，也就是"依附"整体政府，但不是一种盲目地"依附"，而是会考量家庭的整体利益情况。最终行为是依附国家战略，与具体政府"讨价还价"，同时根据家庭整体利益情况调整其行为。在数字技术行为方面，这表现为互联网选择与应用的差异性，这一行为又在一定程度上重塑了乡村社会与国家制度。

"印象中的乡土中国"。①"印象中的乡土中国"表现为"衰落的村庄共同体""缩小的熟人社会""弱化的情感与道义"。②凸显出"流动、多元与虚实同构""丰富的生计模式""知识、规范与价值冲突"等特征。③形成"印象中的乡土中国"的主要原因，在于农民以家庭本位为特征的理性选择：他们在行为选择时关注家庭整体利益是否实现，忽略乡村集体利益。可见，"印象中的乡土中国"已不再具备形成农民集体行动的社会基础，当前亟须突破农民家庭本位，以农民家庭为衔接枢纽，进一步实现农民及其家庭、乡村与政府统一于中国共产党的领导，以国家与农村社会的有效衔接推进乡村治理进程。

党建引领的网络有机体。国家与社会二元对立范式并不适用我国社会，本书基于我国乡村社会"整合"、城市社区"关联"等理论，探索提出乡村治理"党建引领的网络有机体"概念。①概念："网络"，既指乡村治理中多元主体之间构成的现实网络，也指数字技术应用所催生的"虚拟空间网络"。借用了涂尔干"社会团结"理论，意指在党的领导下实现国家、乡村与农民家庭的联结，网络有机体内部同时存在"机械团结"与"有机团结"。②历史演进：从我国乡村治理模式演变历程来看，我国乡村治理经历了政社合一的人民公社制度、政社分开的乡政村治制度、乡村社会管理、党建引领乡村治理阶段。③生成逻辑：这是"党的领导逻辑""国家的治理逻辑"和"农民的生活逻辑"共同作用的结果。其中，"党的领导逻辑"体现为价值引领、利益共塑与权力耦合；"国家的治理逻辑"主要体现为城乡公共服务均等化、行政资源下沉以及数字乡村建设；"农民的生活逻辑"则主要表现为"关起门生活"与"激进参与"。④主要类型：以农民家庭内外与线上线下为横纵坐标，形成情感与生计、县域内团聚、家庭联产承包协作与云村庄四类网络有机体。

目 录

第一章 导论 …………………………………………………… **001**
  第一节 研究缘起：源自数字时代乡村治理的实践观察……… 001
  第二节 研究问题：乡村如何实现数字时代有效治理………… 004
  第三节 研究进路及其反思……………………………………… 005
  第四节 研究命题：党建引领的网络有机体…………………… 027
  第五节 研究设计与内容………………………………………… 030
  第六节 本章小结………………………………………………… 049

第二章 中国乡村治理的时代变迁 …………………………… **050**
  第一节 中国乡村治理研究及实践的三个阶段………………… 050
  第二节 乡村治理制度的形成与优化…………………………… 055
  第三节 乡村治理的有效和公平………………………………… 058
  第四节 本章小结………………………………………………… 061

第三章 数字时代理解农民的新框架：农民技术执行 ……… **062**
  第一节 关于分析框架的讨论…………………………………… 062
  第二节 技术执行框架：组织与个体维度……………………… 067
  第三节 农民技术执行框架构建………………………………… 071
  第四节 本章小结………………………………………………… 075

第四章　农民技术执行基础：制度、技术与技术商 … **077**
第一节　制度设计：鼓励与规范 … 077
第二节　技术发展：有效支撑 … 084
第三节　技术商：认知、态度与技能 … 089
第四节　本章小结 … 093

第五章　数字时代的农民理性：家庭本位 … **094**
第一节　数字生存：数字时代的现实问题 … 094
第二节　农民理性：应对数字生存的选择 … 111
第三节　本章小结 … 125

第六章　依"理"而"行"：农民基于家庭本位的互联网选择与使用 … **127**
第一节　互联网认知：有用性与易用性 … 128
第二节　互联网态度：积极、消极与无所谓 … 134
第三节　互联网接入：动因、成本与设备 … 137
第四节　互联网使用：泛娱乐化 … 145
第五节　本章小结 … 160

第七章　"行"而结"网"：农民技术执行重塑乡村社会结构 … **162**
第一节　农民技术执行塑成乡村社会新结构 … 163
第二节　农民技术执行形成乡村社会新特征 … 188
第三节　本章小结 … 198

第八章　农民技术执行生成逻辑：依附国家与家庭调试 … **200**
第一节　依附国家与家庭调试的农民行为选择 … 200

第二节 "依附国家与家庭调试"的解释说明 …………… 204
第三节 本章小结 …………………………………………… 212

第九章 农民集体行动社会基础的考察："印象中的乡土中国" … 214
第一节 "印象中的乡土中国"概念及其解释 ……………… 214
第二节 乡村有效治理面临的挑战 ………………………… 224
第三节 本章小结 …………………………………………… 242

第十章 网络有机体：党建引领乡村社会的有机融合 ………… 244
第一节 网络有机体概念 …………………………………… 245
第二节 演进过程：由"政社合一"向"党建引领的网络有机体" …………………………………………………… 248
第三节 生成逻辑：党的领导、国家治理与农民生活 ……… 254
第四节 网络有机体类型 …………………………………… 263
第五节 本章小结 …………………………………………… 272

第十一章 数字时代党建引领乡村有效治理的路径选择 ……… 274
第一节 健全制度体系，为数字时代党建引领乡村有效治理奠定制度基础 ……………………………………… 275
第二节 推动农民参与，为数字时代党建引领乡村有效治理奠定群众基础 ……………………………………… 279
第三节 强化治理有效，为数字时代党建引领乡村有效治理奠定治理基础 ……………………………………… 285
第四节 消弭数字鸿沟，为数字时代党建引领乡村有效治理奠定公平基础 ……………………………………… 292

第一章 导论

我们研究的核心问题是什么？为什么会形成这一问题？现有研究如何？我们准备如何开展以及开展什么样的研究？这一系列问题是我们在这一部分拟解决的，也是对本书的整体性讨论。

第一节 研究缘起：源自数字时代乡村治理的实践观察

我们在农村调查时发现了这样一种现象：互联网已经渗透到了农民生活的各个方面，具体表现为：在"衣"方面，生活在农村的居民（更多是在村生活的家庭妇女）主要通过网络购物平台购买衣服，新颖的款式以及较高性价比是吸引她们的主要因素；在"食"方面，生活在农村的居民的粮米油盐酱醋茶等，多数会选择在网上选购，尤其是选择团购的方式，因为这种方式更具性价比；在"住"和"行"方面，基于智能手机移动支付功能也囊括了生活的各个方面。虽然我们依然认同城乡存在不同程度的"数字鸿沟"，但不得不承认的是，当代中国农村已然进入互联网时代，当代中国农民已然融入数字生活。面对数字时代所带来的新变化，我们不禁会想到这样一个问题：当政策文件与学术讨论都在大力提及农民是乡村治理的主体时，我们该如何认识数字时代的农民？

如何在数字时代发挥农民参与乡村治理的积极性与主动性？也许，对这一系列问题的思考与解答，需要回到新中国的历史中去寻找答案。

新中国成立之后，为了进一步解放生产力和发展生产力，党和国家在农村地区实行集体土地所有制度。这一制度有效激发了农民生产的积极性，但也遇到了问题，最突出的表现就是以家庭为单位的农业生产活动技术水平落后、生产效率低。同时，党和国家综合考虑国内外环境，提出实现工业化的战略目标。为了实现这一目标，就需要整合全国的力量，尤其需要将农民和农村整合起来，达到"以农补工"的目的，服务于国家总体战略。因此，国家在完成社会主义改造基础上，通过优化与调整政策，形成了"三级所有，队为基础"的人民公社制度。这一制度发挥了计划经济体制的制度优势，在最初阶段表现出集体效用的巨大优势。但是，随着时间的推移，受个人激励措施不足等因素影响，人民公社制度表现出农民生产效率低、"搭便车"行为普遍等诸多问题。同时，计工分等形式在一定程度约束了劳动力发展，农民主体性受到抑制。加之当时农民生活艰苦，农村社会积累了越来越多的矛盾。到20世纪70年代末，诸多问题成为制约乡村发展的障碍。为了进一步发挥农民的积极性与主动性，源自安徽小岗村的实践探索最终促成了家庭联产承包责任制在全国的普及推广。家庭联产承包责任制极大地摆脱了人民公社制度对农村劳动力的束缚，激发了农民的主体性与积极性。

农民的智慧是无穷的。他们在探索出家庭联产承包责任制之后，又着眼于村民自治制度的探索与实践应运：广西偏远山寨合寨村诞生了我国第一个村民委员会，这种形式被国家承认并通过政策形式在全国迅速推广。在这种背景下，原来的"公社"转变为乡镇政府，原来的"生产大队"转变为村委会。自此，我国社会的基层政府为乡镇，在农村则实行村民自治，"乡政村治"也就成为改革开放后我国乡村治理的制度形式，且一直延续至今。

随着家庭联产承包责任制不断释放制度红利，以农业为核心的农村发展在改革开放后逐渐进入瓶颈期。为了缓解乡村治理中的各种矛盾，国家逐步实施"多予少取放活"的政策，国家向农村投入资源。2003年税费改革、2006年全面取消农业税等系列政策的出台，在一定程度减轻了农民负担，但随之而来的则是国家治理成本的大幅提升。为了解决乡村治理实践中的困境，党的十八届三中全会明确提出"推进国家治理体系与治理能力现代化"目标。至此，党的系列政策均以提升乡村治理有效为主要目标，而新目标的确定则是在当前以互联网为代表的数字时代这一大的背景之下。

简略梳理新中国成立以来中国乡村社会发展历程可以发现，国家对农村制度的调整，实际上是遵循两个基本原则：一是服务于国家总体战略目标，二是激发农民主体活力，组织农民参与到乡村建设与国家发展的集体行动中去。国家以政策形式规划了乡村治理的走势与方向，顶层设计的制度为促进农民活力、实现乡村振兴提供了保障。但是，不同时代背景下的农民表现出不同的特征，这些特征又影响了农民的行动逻辑。这也就带来了我们之前提出的问题，即在数字时代的今天，以移动互联网为代表的数字技术不断渗透到农村，农民表现出何种特征？还是传统的农民吗？他们行为选择的动机是什么？行为表现出何种逻辑？如果农民已经变了，农民所生活的乡村社会发生变化了吗？农民还会参与到乡村治理的行动中来吗？我们的乡村应该如何治理呢？

综上，我们研究数字时代农民的新特征，直接地对应乡村治理中农民主体性发挥的问题。这一问题在理论层面是起源于西方社会的"国家与社会"二元分析框架，但西方的分析框架无法有效解释我国的实践，尤其是无法有力解释中国共产党领导下的革命、建设、改革的历史进程与当前实践，我们亟须去寻找新的理论。这也说明对这一现象与问题的解答，是学界与业界亟须关注与深入研究的。

第二节 研究问题：乡村如何实现数字时代有效治理

实际上，在研究缘起的讨论中，我们已经明确提出了要解答的问题，即"如何实现乡村数字时代有效治理？"这是一个系统性的、复合性的问题，需要对这一问题进行分解与细化，以进一步明确本书后续研究的目标与靶向。

在具体细化研究问题之前，我们首先对研究背景，即对数字时代做简要说明。当前我国所处的数字时代表现出一种"叠加性"，即我国同时处于工业化、城镇化、现代化与数字化的转型过程中。这种转型"叠加"的优点在于能够从时间上缩短我们推进中国式现代化的进程，但其弊端也较为明显，即工业化、城镇化、现代化与数字化各阶段的问题将会集中出现。因此，我们虽然主要讨论的是数字时代背景下乡村治理的有效性问题，但实际上是把这一问题置于工业化、城镇化、现代化与数字化综合转型背景下进行分析与理解。因此，在后面章节讨论背景时，出于不同语境的需要，我们有时会使用"工业化、城镇化、现代化与数字化转型背景下"，有时会单独使用"数字时代背景下"，但其表达的含义则都是强调工业化、城镇化、现代化与数字化转型"叠加"的综合时代背景。

在理解了这种"叠加"转型背景后，我们把问题细化为如下几个方面：

（1）数字时代要实现乡村社会有效治理，其基础是对农民的理解，是对农民主体性的认识。乡村治理的目的是实现农民活力与乡村秩序的有机统一。乡村秩序的实现，必然依靠国家行政资源与力量的支持，但也离不开乡村社会内农民主体性的发挥；农民活力更是农民主体性的重要表现形式。因此，在乡村治理中如何"找准"数字时代的农民特征，发挥农民主体性，才是在数字时代实现乡村社会有效治理的关键。这一问题是本书的研究视角，农民主体性贯穿于全书的讨论过程。

（2）要在时代背景下发挥农民主体性，首先需要理解这一背景下的农民及其行为。社会现象是由人的行为构成的，对于行为的理解，是对人的需求、信念、预期等进行解释的。因此，这部分要解决的主要问题是数字化转型背景下农民行为的动机是什么？行为表现出何种特征与逻辑？

（3）考虑到数字时代背景下农民行为发生的变化，那么由农民聚合而形成的乡村社会是否也有新的变化？如果呈现新的变化，表现出哪些新的特征？这些新的特征是否又会形成农民集体行动？

（4）面对"印象中的乡土中国"，发挥农民主体性的社会基础已然发生重大变化，我们应该如何才能实现对农民地再组织？从理论上能否提出合适的分析框架？实践上能否提出对应的策略？

第三节　研究进路及其反思

一、乡村：一个复合型的概念

（一）乡村概念演变

实践中，乡村概念本身就是不断变化着的；研究中也会时常出现"乡村""农村""村庄""村落"等不同概念混合使用的情况；甚至部分学者就认为乡村概念在不同阶段本就应该具备不同的内涵。[1] 尤其是随

---

[1] 张小林. 乡村概念辨析[J]. 地理学报, 1998 (04): 79-85.

着农业农村现代化的提出，之前对乡村社会的特征、逻辑等认知也应在新的情境下得以拓展。因此，本部分对乡村概念演进及相关概念进行辨析，为后续研究明确界限，也为乡村治理提供最为基本的理论探讨。

在英文中，与乡村概念相关的词有三个，分别是"rural""country"和"contryside"。其中，"rural"是指"能够体现乡村性的、不明确划定地域范围的抽象空间"，[①] 可以翻译为"乡村性"，更强调文化建构的乡村。这种意义的乡村，一般是出现在已经完成城市化进程的发达国家，表达的是人们对乡村美好生活的向往与追求。对于今天的我国而言，"rural"所指的乡村性部分的存在，是如在北上广深等大城市，部分生活在城市中的、经济条件较好的群体表现出的对美好乡村生活的向往。也有部分城市群体居民在城郊农村租赁农民房屋，在节假日时过去居住。当然，这部分在当代中国还属于少数群体，并不是我们研究的主要对象。"country"通常被解释为"城市之外的区域"，强调的是与城市对比的概念。按照这一概念，"country"并不是一个具体的空间位置，也不是某一个行政区域，而是指城市之外的全部区域，这种划分是在城乡二元对立的逻辑下进行的。对于今天的中国而言，如果使用"country"的划分，那其内部的差异性则非常大。因为按照这一划分，县城也被认作是"country"，而实际上，部分县城俨然已经不是农村，如四川成都的双流区，无论是从经济产业发展、社会文化等各方面来看，明显不是我们所研究的农村区域。"contryside"则更为具体，如在北美地区主要是指近郊地区，[②] 在当代中国可以理解为是城郊农村。

可见，"rural"所代表的乡村只是极少数的存在，"country"所代表的乡村又过于笼统，"contryside"仅描述了城郊农村。这些都难以准确描述我国的乡村，同时也说明了乡村作为一种多维概念而存在。为了

---

① Ayto J. Dictionary of world origins [M]. London: Bloomsbury, 1990.
② Woods M. Rural [M]. London and New York: Routledge, 2011.

更好理解这一多维度的概念，我们从乡村概念的演进研究过程中去把握其核心内容与属性特征。

1. 源自城乡二元划分的乡村概念

乡村概念的提出，源自与城市概念的对比需要。在19世纪晚期，社会学者提出关于乡村的认识。例如滕尼斯提出了人类生活的"共同体"与"社会"两种类型："共同体"强调共同归属感，关注人与人之间的密切关系，具有情感性与同质性特征；"社会"则强调外在利益的衔接，呈现出例行化与异质性的特点。[①] 涂尔干把乡村社会看作是"机械团结"，强调其同质性与非正式关系；把城市社会看作是"有机团结"，强调差异性与分工；认为城市是优于乡村的。[②] 索罗金则认为城市与乡村的概念无法用单一概念进行概括，进而提出"城乡连续体"的概念。[③] 但无论是哪一种概念，都是以城乡二元观点为核心进行划分，并把城市理解为是现代的，乡村理解为是传统的，而现代化的过程就是由乡村向城市演进的过程，这一观点在现代化理论与实践中占据着主流位置。从这个角度来看，中国式现代化的提出，实际上是摒弃了城乡二元对立观点，不再把城乡看作是二元对立的，而是一体的、统一的、整合的。

2. 现代化语境中"消失的乡村"

20世纪80年代，西方政治经济学者们试图去构建更为一般性的理论与规律，进而得到一种普适性的解释，以此构建一个能够解释资本主义体制的宏大理论框架，这一尝试与努力必然会打破城乡概念的差异

---

① 费迪南·滕尼斯. 共同体与社会 [M]. 林荣远, 译. 北京：商务印书馆，1999.
② Durkheim E. The Division of Labour in Society [M]. London：Macmillan Education，2013.
③ Sorokin P, Zimmerman C. Principles of Rural-urban Sociology [M]. New York：Henry Holt and Company, 1929.

性。① 在这种思路中，乡村甚至不被当作一种独立的分析范畴对待，而是用农业研究简单代替乡村研究，忽视了乡村的社会因素。在这种研究指向中，乡村成为城市的一种附属品，并被贴上了落后、未开发的、边缘的标签。

3. 后现代中的"后乡村"

政治经济学对乡村的忽略甚至"抹杀"，引起了学者们的反思，如Messey 强调一般性理论的建构需要承认具体位置的独特性。② 因此，随着西方关于"地方性"研究的兴起，到 20 世纪 80 年代，以地方性为主的乡村研究成为学界热点。到 20 世纪 90 年代，受后现代主义等思想影响，"后乡村"的概念被提出，③ 强调乡村是由社会所建构的而非先验存在的，因此更强调"他者"的乡村话语性，④ 人们对乡村的认知由原来"固定的、落后的"向"开放的、多元的"方向转变。⑤

通过上述分析可以发现，乡村概念从形成初始的城乡二元对立正在向城乡模糊的方向转变。Halfacrdd K 把乡村概念分为四种类型：第一种是描述性的，是通过一定指标对给定边界的地区进行乡村特征测度；第二种是社会文化定义，主要强调人的行为特征受到乡村影响；第三种是强调乡村的地方性，把乡村作为社会的特性类型表征；第四种是以地理区域界定乡村。⑥ 其中，第二种和第三种乡村类型更多集中在已实现

---

① 胡晓亮，李红波，张小林等. 乡村概念再认知[J]. 地理学报，2020，75（02）：398-409.

② Massey D. Spatial Division of Labour: Social Structures and Geography of Production [M]. New York: Methuen，1984.

③ Murdoch J，Pratt A. Rural studies: Modernism, post-modernism and the 'post-rural' [J]. Journal of Rural Studies，1993，9（4）：411-427.

④ Halfacree K. Locality and social representation: Space, discourse and alternative definitions of the rural [J]. Journal of Rural Studies，1993，9（1）：23-37.

⑤ Cloke P. Country backwater to virtual village? Rural studies and the 'cultural' turn [J]. Journal of Rural Studies，1997，13（4）：367-375.

⑥ Halfacrdd K. The importance of spatial representations in residential migration to rural england in the 1980s [D]. Ph. D thesis，Lancaster University，1993.

城镇化的发达国家；而对于正在城镇化进程的发展中国家，更多的是第一种或第四种乡村类型，尤其是在城镇化过程中所形成的复杂的地理空间，如国内学界提出的"城中村"①"城乡结合部"② 等，更表现出城乡之间的模糊特征。

综上所述，乡村概念随着经济社会发展不断演进，已从单一的、物理空间的概念转变为多元的、建构的概念，不仅是某一类型的物理空间，而且具有社会文化等诸多要素在内的复合性概念。在我国语境下，"乡村"概念有时还指涉城乡基层治理中的乡村社区。③ 因此，我们所探讨的乡村主要包括以下两个方面：一是"物理空间＋行政区域"的乡村，具体包括传统行政区域的农村、城乡接合部等周边地区；二是"社会建构"的乡村，具体包括乡村空间、社会、经济、文化等多维度的内容，强调"乡村性"。总的来说，我们既讨论作为物理空间的乡村，又关心其行政属性，同时还探讨社会建构的乡村所指向的文化意义。

此外，我们不再以城乡二元对立的观点来看待乡村，而是用城乡一体的、统一的、整合的观点对其进行探讨。这种一体化、统一化、整合化思考的背后，折射出的是对城乡功能重塑的关注。因此，在我们所思考的"乡村"中，农业不再是乡村发展的唯一核心，乡村空间也不再仅仅是功能的承载体，而是与外部发生复杂交互关系的平台。从这个角度来看，乡村治理必然涉及乡村内部资源与外部资源的衔接问题。

（二）相关概念辨析

我们明确了本文所指乡村概念的范围，但在实践与研究中，仍然存

---

① 闫小培，魏立华，周锐波. 快速城市化地区城乡关系协调研究——以广州市"城中村"改造为例 [J]. 城市规划，2004（03）：30—38.
② 黄宝荣，张慧智. 城乡接合部人—环境系统关系研究综述 [J]. 生态学报，2012，32（23）：7607—7621.
③ 贺雪峰. 论半熟人社会——理解村委会选举的一个视角 [J]. 政治学研究，2000（03）：61—69.

在乡村、农村、村落、村庄等概念模糊使用的问题。本部分对相关概念进行辨析，以便于后续研究交流。

"农村"是专门从事自然经济和农业产业的经济单位，国家对它在现代经济系统中的功能定位是生产粮食。而"乡村"不单纯是一个从事农业生产的经济单元，而是集生活与生产、社会与文化、历史与政治等多元要素一体的人类文明体。[①] 乡村是一个由地理空间、经济活动空间、制度秩序和社会关系组成的农民、农业、村庄三位一体的场景。[②] 从这个角度来看，乡村是包含了农村这一概念的。

进一步来看，"乡村"对应的是"都市"，因为"乡"代表着乡镇；而"农村"对应的是"城镇"。"都市"是以非农产业和非农人口集聚为主、人口数量达到一定规模的居民点，是一地的经济、政治和文化中心。"都市"具有如下特征：人口密度高；集聚了不同文化、职业、语言背景且匿名性强的居民；聚集各类社团、企业和机构；人们活动趋向于专业化，居民知识和技能水平高于乡村居民；主要以法律法规为社会契约；生活多样化程度高、时间观念较强、生活节奏快、相互间竞争性强等。对照该类特征，我国地级以上城市才称得上"都市"。而更多的县城、集镇、中心村等均不具有都市特点，更多带有明显的乡村特点。因此，"乡村"是以县域为范畴的综合型的全域概念，"农村"是以村庄为范畴的单一经济性质的局域概念。

那村落和村庄又是什么关系呢？村落与村庄一般被视作是同一概念，广义上的村落或村庄常常被理解为以农业生产为主体的广大聚居地域，从这个角度来看，约等于农村。狭义上的村落或村庄，就是人聚居

[①] 张孝德，丁立江. 面向新时代乡村振兴战略的六个新思维 [J]. 行政管理改革，2018 (7)：40—45.

[②] 胡莹. 乡村振兴背景下城乡数字鸿沟审视 [J]. 中国特色社会主义研究，2022，4 (4)：60—69.

的聚落，属于自然村，有一定的边界特征。因此，村落或村庄在一般情况下可以视作等同于"农村"。

综上，村落、村庄与农村这三个概念基本可以视作同一概念，表示的是以农业生产为主的经济单元，具有一定的物理边界。如果按照是否具有行政区域属性来看，进一步可以划分为行政村与自然村。而乡村则是更为宽泛的概念，其概念范围明显大于村落、村庄或农村，更加表现为一个复合性的概念，融合了物理空间、行政区划、经济单元以及社会文化建构的意义等多维度内容。

二、研究范式：国家与社会关系

我国的改革开放，不仅推动了经济社会的巨大发展，而且激起了学界对我国未来发展的研究热情。相比于在20世纪80年代占主导地位的现代化理论范式，国家与社会关系研究成为改革开放后学界关注的重点，[1]且一直延续至今。

在国家与社会关系研究模式中，有"市民社会"、"法团主义"这两个源自西方情境的概念，它们都来源于并认同于西方关于国家与社会的对立的思想，因此都不能适用于我国情境，不能用以有效解释我国乡村治理的实践问题。主要原因在于：一是我国的国家与社会并不是此消彼长的关系，更不是二元对立的，而是表现出了一种"整合性"；[2]二是在理解我国的国家与社会关系时，必须考虑中国共产党与国家、社会之间的关系，这是由我国的历史与现实所决定的。因此，亟须寻找一种新的范式解释当前乡村的社会治理，而这一范式中必须包含中国共产党、

---

[1] 唐文玉. 行政吸纳服务——中国大陆国家与社会关系的一种新诠释[J]. 公共管理学报, 2010, 7 (01): 13-19+123-124.

[2] 徐勇. 县政、乡派、村治：乡村治理的结构性转换[J]. 江苏社会科学, 2002 (02): 27-30.

国家、乡村社会与农民等多元主体。

三、研究视角：自上而下与自下而上

（一）自下而上的视角

要对我国乡村治理研究视角进行系统分析，就要追溯我国乡村治理研究的演变历程。我国乡村历史悠久，如果将古代先民从采集与渔猎的游弋生产生活方式，进化到农耕文明定居生产生活方式作为我国村落形成标志，[①] 距今已有10000到8000年的时间，但对我国乡村的研究则十分滞后。真正以社会科学视野研究我国乡村问题，可以追溯到20世纪30年代由晏阳初、梁漱溟等知识分子为代表的相关研究。但后来受到战争等因素影响，中国学者的这一研究被迫中断。在20世纪30年代到70年代，出现了"中国乡村研究在美国"的"怪象"。[②] 直到20世纪80年代，由我国乡村实践所发展出来的改革开放，成为推动我国不断发展的重要制度。由此，部分学者把研究视野转移到我国乡村，开展系列的研究。但是到20世纪80年代中后期，由于国家改革的重点在城市，部分学者将研究重心转移到政治体制改革方面，当然还有部分学者继续关注我国乡村研究。

直到20世纪90年代后，随着邓小平南方谈话以及中国社会主义市场经济体制的确立，学术研究也逐渐开始体现其自主性，并且以邓正来为代表的学者将"国家与社会"等理论引入中国社会科学研究中。这一理论的引入，为我国乡村研究提供了方法论依据。

但奇怪的是，关于我国乡村社会的研究却有较长一段时间未进入我国学者的视野。到20世纪中后期，曹锦清等人的研究再次将中国乡村

[①] 胡彬彬，邓昶. 中国村落的起源与早期发展 [J]. 求索，2019，311（01）：151–160.

[②] 徐勇. 国家化、农民行与乡村整合 [M]. 南京：江苏人民出版社，2019.

社会拉回了学术视野。曹锦清在《黄河边的中国——一个学者对乡村社会的考察与思考》中指出，"观察转型过程中的中国社会，可以有两个不同的'视点'（或说'立场'），每一个'视点'可以有两个不同的视角。第一个'视点'的两个视角是：'从内向外看'与'从上往下看'；第二个'视点'的两个'视角'是：'从外向内看'与'从下往上看'。何谓'外、内、上、下'？所谓'外'，就是西方社会科学理论与范畴。'由外向内看'，就是通过'译语'来考察中国社会的现代化过程。所谓'内'，即中国自身的历史与现实，尤其是依然活跃在人们头脑中的习惯观念与行为方式中的强大传统；所谓'上'，是指中央，指传递、贯彻中央各项现代化政策的整个行政系统。从'上往下看'，就是通过'官语'来考察中国社会的现代化过程；所谓'下'，意指与公共领域相对应的社会领域，尤其是广大的农民、农业与农村社会。所以，从'内向外看'与'从下往上看'，就是站在社会生活本身看在'官语'与'译语'指导下的中国社会，尤其是中国农村社会的实际变化过程"[①]。

曹锦清从"内向外看"与"从下往上看"的学术观点，也在一定程度代表了我国乡村研究的一种走向：由国家向社会、由理论向经验。当然，这种"自下而上"的研究促进了乡村调查经验研究范式的形成并取得了系列成果，但也存在一较为严重的问题，即过于关注"社会"忽视了"国家"。"国家与社会关系"框架的核心在于"发现社会"，尤其当"自上而下"的研究遮蔽了"社会"时，学界努力寻求建构新的"社会层面"。原本"国家与社会关系"的引入，是为了打破乡村研究仅关注"国家"这一极端现象，但由于过于迷恋于"社会层面"，导致乡村治理研究又走进了"只见社会而不见国家"的另一个极端。[②] 事实上，国家

---

① 曹锦清. 黄河边的中国——一个学者对乡村社会的考察与思考 [M]. 上海：上海文艺出版社，2000.
② 徐勇. 国家化、农民行与乡村整合 [M]. 南京：江苏人民出版社，2019.

与社会是不可分割的,尤其是在我国情境下,如果没有共产党领导中国人民取得革命胜利并建设中华人民共和国,又何谈中国社会呢?不仅如此,从新中国成立之后我国乡村社会的发展历史阶段也可以看出,我国乡村社会的发展与变革是与国家战略紧密相关的。因此,面对我国情境与实践,完全脱离"国家"的这种"自下而上"的视角也是无法真正理解我国乡村社会的内在逻辑的,也就无法把握当下的我国乡村社会。特别需要指出的是,在理解与阐释我国乡村社会内在逻辑时,中国共产党更是不可缺失的主体。因为,对于我国而言,没有共产党就没有新中国!

(二)自上而下的视角

面对"自下而上"研究视角的问题,部分学者提出从自上而下的视角对我国乡村进行研究,正如徐勇所阐述的那样,"如果说过往的研究主要是'自下而上'的研究的话,现在则需要将'自上而下'的研究与'自下而上'的研究结合起来,更加注重'自上而下'的研究,即从国家的视角看待农村社会"[①]。

学界提出"自上而下"的视角,一方面是因为源自西方社会的"市民社会"理论并不适用于我国的实际情况。西方"市民社会"理论的提出,其现实基础是西方先有"市民社会"而后有"政治国家",这也就形成了"社会决定国家"的理论逻辑。与此不同的是,我国的现代国家建构表现为一种"国家转型",是由传统的、分散的、历史文化共同体的社会,向"民族-国家"的转型,直到中华人民共和国的建立才全面开启现代中国的转型,[②] 而且是由中国共产党领导的新中国的建设。可见,我国的实践逻辑显然与西方所谓的"市民社会"不同,也就无法用

---

① 徐勇. 国家化、农民行与乡村整合[M]. 南京:江苏人民出版社,2019.
② 徐勇. 国家化、农民行与乡村整合[M]. 南京:江苏人民出版社,2019.

这一理论去解释。从历史来看，我国的国家与社会的界限是模糊不清的，两者更多是一种融合的概念，而对于现代中国（即1949年10月成立的中华人民共和国），这种融合根本体现为中国共产党领导下的融合。

四、国内外研究

（一）波普金的理性小农

乡村治理研究的核心是国家与农民的关系，那研究农民如何决策、如何做出行为选择以及如何形成集体行动就成为乡村治理研究中的重要内容。国外学者重点研究农民的动机与行为，且形成了马克思主义阶级小农、恰亚诺夫生存小农和舒尔茨理性小农三大流派。在理论分析过程中，形成了著名的"列宁－恰亚诺夫争辩"和"斯科特－波普金争辩"。其中，"列宁－恰亚诺夫"争辩的核心是小农是衰亡的还是稳定的；"斯科特－波普金"争辩的核心在于小农是道义的还是理性的。理性小农探讨了理性小农在何种社会基础上更容易实现哪些集体行动，[1] 这为我们分析转型背景下乡村治理提供了理论对话空间。因此，我们本部分主要讨论波普金的理性小农理论，并从中寻找对话空间。

波普金的理性小农理论是在与斯科特道义小农的争辩中形成的。在波普金《理性的小农》（1979）中，分析了自19世纪中期以来越南农村的政治经济情况，他的研究既关注政治经济安排性质，也关注小农的行为动机及其集体行动。我们主要关心波普金关于行为小农动机及其集体行动部分内容。[2]

---

[1] 郭于华．"道义经济"还是"理性小农"：重读农民学经典论题[J]．读书，2002（05）：104－110．

[2] 因至今未找到波普金《理性的小农》原版，本书所讨论的关于理性小农理论，均援引自李丹《理解农民中国：社会科学哲学的案例研究》（张天虹等，译；刘北成，校．南京：江苏人民出版社，2008．）一书。如在讨论中涉及其他学者关于理性小农的讨论，我们将对其进行特殊说明。

1. 小农行为动机：理性

波普金关于小农行为动机的核心假设是：小农是为了其个人或家庭福利最大化的理性人。这里的"理性"，指的是"个人对基于其偏好和价值观的选择所可能产生的结果进行评估。在此过程中，他们根据对结果概率的主观估计来预估每一次的结果。最后，他们做出自认为能够最大化其预期效用的选择"。波普金认为，小农是理性的行为者，那就可以用经济学的工具对其行为进行分析，以此来解释小农社会。因此，波普金用公共选择理论对小农社会及其行为进行解释，即将结果作为个人理性选择的总和。

无论是恰亚诺夫关于小农经济的讨论，[①] 还是我国现实乡村社会中小农的实际存在及其行动，从小农视角分析今天中国的乡村治理怎么也是不为过的。因此，我们在思考，关于小农理性动机的假设是否符合中国的现实呢？新中国成立以来，我国农民是出于什么动机行为选择的呢？数字化转型的今天，我国农民行为选择的动机又是怎样的呢？

2. 小农行动的社会基础

在关于小农动机讨论基础上，波普金重点讨论了农民的集体行动问题。理性小农不一定会带来理性的乡村。在这种情况下，波普金以可能形成多数集体行动的村庄特征为研究对象，抽象出系统的"模型村"概念，以此得出理性小农行为选择下可能形成集体行动的如下五项社会基础。

互惠。按照博弈论的观点，合作不会在理性人中自愿发生。阿克斯劳德通过把每一个战略与其他战略进行200次循环对比，发现"有条件的合作"是在各类语境下最为适用的策略，并在模型村内自发出现并稳

---

① 恰亚诺夫. 农民经济组织 [M]. 萧正洪，译. 北京：中央编译出版社，1996.

定存在，直到乡村环境发展改变。[1]

共同体。部分群体具有形成集体行动的特征，他们往往具有共同信仰与价值观。在此基础上，还需具备如下特征：①共同体规模小，便于保持持久的联系；②需要掌握历史上各主体的博弈信息；③通过一套公认的价值体系发挥作用。

约定俗成。集体行动需要一种协调博弈，正如刘易斯所讲的"火车站寻找朋友"那样，每个人都会根据其对他人选择的预期做出选择。[2]在这种情况下，约定俗成会要求农民调整行为以获得共同利益，同时农民往往也以这种习俗的实现为荣。

群体规模。奥尔森在分析集体行动时提出，小群体有助于实现集体行动，所以他从绝对规模上限制了数量。哈丁则提出，收益与成本之间的比率以及群内的收益分化程度才是决定群体规模的关键。并且，当收益与成本之间的比率足够高时，那群体中就可以容纳一个子群，即使这个子群为全部出资，也将从集体物品中受益。他用K代指任何一个子群的规模，并把K当作是群体规模的决定因素。[3]

组织领导。主要是强调血缘、宗教等形成的非正式的、非政府组织的协调作用。

波普金提出的这五点特征，能否对应转型背景下当代中国乡村社会的情况？这是我们亟须关注的，因为这五项特征是理性小农可能实现集体行动所具备的社会基础。如果当代中国乡村社会仍然具备这些特征，那就有可能促进农民集体行动；如果已不具备这些特征，那我们需要解

---

[1] Axelrod, Robert M. The Evolution of Cooperation [M]. New York: Basic Books, 1984.

[2] Lewis, David K. Convention: A Philosophical Study [M]. Cambridge: Havvard Uniersity Press, 1969.

[3] Hardin, Russell. Collective Action [M]. Baltimore: The Johns Hopkins University Press, 1982.

决的问题就是，如何形成农民集体行动？又该如何实现对农民地再组织与再运动？

至此，波普金提出了模型中可能实现集体行动的社会基础，但是他也指出，有一类集体行动是无法实现的，即满足最穷村民生存需要的再分配行动。对此，我们需要思考的是，当代中国乡村是否存在这一问题？如果存在，应该如何解决？

（二）乡村治理的中国本土概念

19世纪末20世纪初，我国的政治学成为一门独立的学科，并在改革开放之后进入全面发展的新时期，形成了相对完整且稳定的学科体系，并形成了一批具有代表性的学术成果。其中，以我国乡村社会发展以及秩序维护为核心的乡村治理研究（学界也称作"村治"研究）逐渐形成具有我国特色的研究内容，也成为中国政治学创新发展的重要内容。

中国乡村治理研究起始于村民自治实践的兴起与推广，主要研究村民自治如何在农村社会实现的具体机制与过程。随着研究的不断深入，乡村治理研究已经从公共权力领域向乡村社会及其治理领域延伸，这使得乡村治理成为政治学、社会学、人类学等多学科交叉的研究领域。在这一研究过程中，中国乡村治理形成了具有中国特色的代表性概念，如"社会化小农""韧性小农""家户制度""村社理性""后乡土中国"等，这为推动系统建构具有中国特色的乡村治理理论提供了理论支撑。概念是学科对话与交流的基础，也是关键。因此，对中国乡村治理的代表性概念进行再理解，是推进研究的重要基础。

1. 社会化小农与韧性小农

农业生产与农村生活的基本单元是农户，同时也是农民与国家、社会与市场建立联系的基本单元。① 农户的逻辑与行为成为理解乡村社会变迁与国家治理体系变革的重要内容。对于农户逻辑及其行为的理解，必然要从农户的生存环境、制度设计以及社会变迁出发。② 在西方学术研究中，关于小农行为基础与社会制度有著名的"斯科特-波普金争辩"：斯科特对东南亚小农社会的分析强调传统的道义价值观、群体团结、以消除所有村民生存危机为目的的共同习惯，即"生存小农"（或"道义经济"）；波普金则对19世纪中期以来越南农村的政治经济进行分析，认为农民是经济理性的主体，其行为主要受个人式家庭利益驱使，即"理性小农"。虽然"斯科特-波普金争辩"对小农行动逻辑以及由此产生的社会制度分歧较大，但具有一个共性，其产生背景都是亚非拉等不发达地区，其理论边界与我国当下的实际情况存在较大差异，利用这些源自西方的理论对中国情境的乡村进行解释的效果是有限的。因此，我国学者从国家的具体情况出发，提出了以社会化小农与韧性小农等概念为代表的，能对我国乡村问题具有较好解释力的理论。

（1）社会化小农：相比于传统农民的首次讨论。

这里的"首次讨论"，主要是指新中国成立之后，学界所进行的、相比于新中国之前的、关于农民理性与特征的讨论。社会化小农主要是在改革开放尤其是我国在20世纪90年代确立市场经济体制之后，农民被卷入市场化浪潮这一背景下提出的。面对以开放、流动等为特征的外部社会，传统封闭的乡村不得不打开大门，在不断地交流与碰撞中，形成了符合当时情境条件的"社会小农"动机。

家庭联产承包责任制下的农户家庭仍然表现出地少人多的现实特

---

① 徐勇，邓大才. 社会化小农：解释当今农户的一种视角 [J]. 学术月刊，2006（07）：5-13.
② 郭于华. "道义经济"还是"理性小农"：重读农民学经典论题 [J]. 读书，2002（05）：104-110.

征，依然属于"小农"：① 作为生产资料的人均土地规模"小"，以及从事劳动生产的劳动力规模也"小"。虽然属于"小农"，但并不进行社会化交易，而是在国家"统购统销"制度下进行统一调配的。所以，市场经济中的社会化小农表现出了与以往不同的特征：

一是生产社会化。从生产要素来看，土地流转、非农就业为农民提供更多选择。至少农民不再需要完全依靠土地而生活，家庭成员也不必以"过密化"的方式投入农业中去，可以根据家庭内部的分工协调，对家庭成员进行合理的安排。从生产过程来看，传统农业社会中的农业生产表现出个体化的、家庭化的特征，家庭中的成员根据要求付出"劳动"即可，而无需关心产品销售等。到了市场经济体制中，生产出来的商品只有进入市场，通过交易才能变为"价值"，此时的农民及其家庭不仅要同其他家庭之间进行合作互助，而且要与市场上更多的陌生主体进行交易。

二是消费社会化。从生产大队的角度来看，传统社会中农民的生活资料基本通过自给自足的方式获取。但是随着市场经济体制的确立，农民需要通过市场交易、社会交换才能获得生活资料。此外，在传统乡村社会，"公共空间"的概念是不存在的，因为他们的情感联系范围主要是家庭、氏族，活动范围基本限制在乡村，"生于斯长于斯死于斯"就是对这一情况的真实描述。随着国家战略的不断调整，国家逐渐向基层提供愈发完善的公共服务，如公共体育设施、公共空间等，这为农民之间的交流与互动提供了更丰富的平台与空间，促进了农民生活的社会化。

三是交往社会化。传统社会是基于地缘、血缘等形成的"熟人社会"，人与人之间的交往是出于"道义"的考虑，其中暗含着互惠协作

---

① 叶娟丽，徐琴. 中国乡村治理研究本土化概念考[J]. 理论与改革，2021，242 (06)：33-50+151-152.

的思想。以农村"随份子"为例,这原本是一种表意性的人情往来,是因为大家共同生活在一个空间,彼此之间通过遵守传统的规范等,才能实现整体的稳定性。但是在市场经济体制下,由于要素频繁流动,人的认识也发生了变化,认为这些传统的规范无法为自己带来"稳定",因此开始采取市场导向的思维方式,即获取回报。在这种情况下,农村的"随份子"也变成了一种功利性行为,即我今天"随份子",是为了明天我们家有事情,你要出更多的"份子钱"这一目的,这也就解释了为什么乡村社会"份子钱"逐年增高。

(2)韧性小农:关于农民本质及其命运的讨论。

这是对农民本质及其命运的一种探索分析。马克思、恩格斯对小农特点的经典概括是,相对于资本主义生产方式,小农具有落后性、脆弱性,是一种落后的生产方式。[①] 他们认为小农是孤立和分散的,存在天然的"脆弱性",且必定走向"灭亡",这种理论建构是发生在特定的历史方位中的。马克思、恩格斯以欧洲国家小农为分析对象,更确切地说,是以法国和德国小农为研究对象,当时的时代背景是资本主义生产方式已经获得了一定程度的发展,在这种情况下把小农理解成"脆弱"的,是合适的。但是回溯我国小农发展历史可以看到,中国是不存在这样的分析前景的。因为直到清代以前,我国的农业生产一直是世界上最发达的。[②] 从当前来看,我国农业在党的二十大报告中受到了高度重视,我国农民的生存与发展是党和国家一直重点关注的内容。从2004年及以后、连续20年中央一号文件都是以"三农"为主题的政策演进中可以观察到。因此,无论是从时代背景、历史溯源还是当前现状以及未来发展,我国的小农都不是"脆弱的"。实际上,这才是真正用马克

---

① 马克思,恩格斯. 马克思恩格斯选集:第1卷[M]. 北京:人民出版社,1995.
② 陈军亚. 韧性小农:历史延续与现代转换——中国小农户的生命力及自主责任机制[J]. 中国社会科学,2019,288(12):82-99+201.

思发展变化的观点来看待当代中国的问题，是在实践中践行马克思主义的中国化与时代化。

中国学者以马克思主义时代化、中国化为使命，从我国农业社会文明以及小农在家庭联产承包责任制中焕发的魅力出发，提出了"韧性小农"的概念，以此指代中国农民在各种环境中所呈现的顽强特征，这种特质使得农民在面对困境时，能够自我调适获得生存与发展的能力。[①] 实际上，"韧性小农"的提出是对"隐藏在底层和背后的传统的中国社会"的基本逻辑的探索与解答，是把握我国农民本质特征和我国农村乡土特质的探索。

2. 家户制度：关于乡村基本单元的讨论

谈及我国农民问题，必然离不开关于家庭的论述。但在学术领域，家庭始终是一个模糊的概念：既可以指核心家庭，也可以指代际扩大的家庭，甚至还可以包括家族等。从西方社会学来看，家庭是建立在婚姻关系且以同居财产为核心的组织，这是从法律角度、经济视角对家庭界定，但这一概念难以有效解释我国家庭情况。与西方的家庭概念不同，家户概念更符合我国的现实情境。家户既具有经济利益联结的属性，又受到国家户籍制度的认可。我国学者基于我国传统文化与政治的理解，提炼出"家户制度"的概念，与西方的"家庭"等概念进行区分。

徐勇教授把小农家庭看作是中国乡村社会之所以存在的根基，并认为家户制度包括了家庭制度与户籍制度，构成了中国农村社会的基础性制度。[②] 家户制度是一种农民生活的共同体，集生产单位、生活单位、

[①] 陈军亚. 韧性小农：历史延续与现代转换——中国小农户的生命力及自主责任机制 [J]. 中国社会科学，2019，288 (12)：82-99+201.

[②] 徐勇. 中国家户制传统与农村发展道路——以俄国、印度的村社传统为参照 [J]. 中国社会科学，2013，212 (08)：102-123+206-207.

产权单位、政治单位、文化单位、消费单位等为一体。① 家户制度一方面形成了家人对家庭的高度认可,另一方面还形成了以发家致富等为主要表征的家庭文化。这表明家户制度一方面是维护农民生存发展的自主选择,另一方面也是国家为实现社会秩序而不断完善的制度选择。可见,家户制度既不同于西方的个人主义,也区别于人为构建的集体主义,家户是我国传统农村治理的基本单元与底层本色。

3. 村社理性:家户制度之外的公共领域

村庄不仅是农民生存的物理空间,而且兼具政治、经济、文化等多种属性,已经成为农民生活、利益与情感的共同体。在村庄研究中,"村社理性"概念以村庄公共事务管理为出发点,讨论除家户制度以外的公共事务的运行机制等内容。

我国农民之所以能够在面对各种风险环境时表现出"韧性",一方面得益于家户制度,另一方面则是由于村庄内部的相互合作的保护。这种相互合作之所以能够出现,其原因就在于"村社理性",即农村居民通过相互合作,自行解决村庄内部的治安、灌溉等公共物品供给的核心问题,进而降低家户之间的交易成本,实现收益最大化,形成村庄的稳定。② 村社理性是工具理性与价值理性的有机统一,村庄成为再造农民价值的基本场域,数代人共同居住在同一物理空间并在长期互动过程中形成了约束彼此行为、维护乡村秩序的准则与规范,进而得以维持村庄社会秩序。村社理性还是"道义小农"与"理性小农"的有机整合,这是因为村社理性一方面吸收了"道义小农"关于互惠合作的思想,另一方面则是吸收了"理性小农"关于收益最大的观点。

---

① 徐勇,张茜. 公平与效率:中国农村组织制度变迁的内在机理[J]. 探索与争鸣,2016,320(06):23-29.
② 温铁军,董筱丹. 村社理性:破解"三农"与"三治"困境的一个新视角[J]. 中共中央党校学报,2010,14(04):20-23.

理论上，村社理性综合考虑了经济理性与非正式制度对农民行为的影响，农民以生存理性为基础，以经济理性为前提，以村庄价值理性为核心，从而形成了农民个体行为能够促进村庄共同利益的最优解。实际上，村社理性是对波普金理性小农集体行动理论的解释与延伸，是基于传统乡村社会规模小、共同体、互惠、非正式领导等特征实现的农民集体行动选择动机。但随着工业化、城市化、现代化以及数字化"叠加"转型不断推进，受乡村人口"空巢化""老龄化"人口因素以及数字技术所带来的时空影响，农民集体行动得以实现的社会基础逐渐瓦解，村社理性正在被现代性所"侵蚀"。

4. 后乡土中国：关于当代乡村性质与状态的讨论

讨论乡村社会性质及其现实状态，是乡村治理的前提与基础。费孝通在20世纪上半叶对中国乡村现实进行考察的基础上，提出了"乡土中国"的概念，总结了当时我国乡村的基本形态，为我国乡村社会研究提供了重要的理论框架。面对乡村社会20世纪上半叶经历的革命、改造、改革和市场化重大历史变迁，陆益龙结合转型中国的现实实践，提炼了"后乡土中国"概念。[①]

"后乡土中国"主要是指在现代化进程中，传统中国的乡土性部分得以维持，乡土性与现代性并非前者被后者吞并，而是相互为生的。[②]"后乡土中国"主要表现为如下三种特征：①半工半耕的生计模式。在这种模式中，家庭中的部分成员从事农业生产，部分成员则选择外出务工或经商。这些外出务工或经商的人，一般不在原来的乡村居住，表现为离土不离乡、性别分工和代际分工的三种主要职业类型。[③] 在这种模

---

① 陆益龙. 后乡土中国的基本问题及其出路［J］. 社会科学研究，2015，216（01）：116-123.
② 陆益龙. 后乡土性：理解乡村社会变迁的一个理论框架［J］. 人文杂志，2016，247（11）：106-114.
③ 杨华. 中国农村的"半工半耕"结构［J］. 农业经济问题，2015，36（09）：19-32.

式下，土地已经不再是农民生存的唯一来源，外出务工也开始成为重要的收入来源。②大流动结构。传统社会是一个封闭的社会，是基于地缘、血缘形成的"熟人社会"，表现出封闭性的特征。但市场经济是开放的、互动的，由此形成土地、人口、资金等要素，"流动性"成为现在乡村主要特征。这种流动性具体表现为职业流动与空间流动，这就使得农民与农村相分离，进而减少了乡村社会中不同家庭间的交流与互动，由此而形成的乡村共同体、互惠活动受到影响。③多元化价值。主要是现代性与乡土性交汇，使得乡村文化与规范逐渐多元。随着半工半耕生计模式与人口流动变化，随之而来的就是与市场经济体制相适应的价值文化与乡村传统价值文化的碰撞。加之在城市中所习得的新习惯、国家行政资源下沉带来的新文化，都会使得乡村的规范、价值以及文化产生变化，走向多元化。

五、研究反思

国外学者关于小农动机、行为特征及其集体行动的讨论，为我们分析当代中国农民提供了理论基础。国内关于乡村治理的研究，则是关注实践领域的"乡政村治"治理格局。研究者从个人经验角度对乡村治理实践进行研究，提出与我国情境相适应的概念，这对于认识乡村提供了重要素材支撑，但出现了讨论多于学理论证的问题，加之与国际交流较少，乡村治理研究陷入了学理与方法支撑不足的困境。

直到以邓正来等为代表的我国学者引入并研究"国家—社会"与"市民社会"等理论，才使得我国乡村治理研究有所发展。但是，这一源自西方社会实践的理论并不能有效解释我国的实践，其根本原因在于"国家—社会"与"市民社会"诞生的底层逻辑与我国社会逻辑不符：西方在建构现代国家同时出现了健全的市民社会，而新中国的建立是由中国共产党领导的民族民主革命实现的。此外，以中国共产党为领导的中国模式也对国家社会二元的分析框架提出了挑战。基于上述观点，学界提出基于党、国家与社会关系的分析视角。但对于乡村治理而言，三者之间的关系如何？运行机制怎样？诸如此类问题并未得到解答。

要明确乡村治理中的党、国家与社会之间的关系与运行机制，还需要进一步确定研究视角。现有视角主要分为自上而下的视角与自下而上的视角。自上而下的视角是针对我国并不存在"市民社会"这一观点提出的，这一视角认为我国乡村社会是分散的，乡村治理需要依靠国家的整合。而自下而上的观点则关注乡村社会，认为找回乡村，要通过对乡村的调查研究寻找治理路径，但在实践中往往过于关注社会而忽略了国家的存在，这也与我国乡村的实际情况存在差异。我们能否跳出现有视角，既关注农民又关注农民和国家之间的互动影响？能否实现这种视角的研究？这成为我们思考的出发点。

综上，现有关于乡村的概念、研究范式、研究视角、理性小农以及中国乡村治理代表性概念的分析，为我们认识乡村治理提供了丰富的交流基础与理论支持。其中，乡村概念的多元转向，让我们认识到，对乡村的认识也应该是多维度的，不能对其进行单一维度理解。"党—国家—社会"研究范式的提出，为我们分析中国乡村治理提供了新的视角与维度。自上而下与自下而上视角的研究，为我们探索"自下而上的上下结合"的视角提供了思路与支持。理性小农与中国乡村本土概念的提出，为我们的研究提供了理论对话基础。因此，我们试图打破方法论上的一元论以及相应的二元对立，摒弃要么关注农民个体，要么关注社会制度的研究束缚，尝试从"党—国家—社会"融合的分析框架出发，分析乡村治理中党组织、国家、乡村社会以及农民之间的关系；从"自下而上的上下结合"的视角分析乡村治理中党、政府与农民的互动逻辑。尤其是要分析数字时代小农的动机、行为选择逻辑以及集体行动的社会基础，分析乡村治理出现的新情况与新问题，以此为促进农民的集体行动、发挥农民主体性、实现数字时代乡村社会有效治理提供可行的理论解释与优化路径。

第四节　研究命题：党建引领的网络有机体

面对国家与社会二元分析框架不适应我国情境，进而无法有效解释我国问题的现实，本书尝试提出"党建引领的网络有机体"这一概念，以解释乡村治理中党、国家、乡村以及农民之间的关系与运行逻辑。

一、历史实践：国家与社会二元分析框架不适用于中国

如果假设我国农民符合理性小农特征，那在数字化转型的背景下，我们就不得不思考如下问题：当代中国农民具体表现出哪些理性特征？这些理性决定了他们的行为表现出哪些特征？遵循哪些逻辑？当前乡村社会是否还具备促进理性小农形成集体行动的条件？

显然，对于这些问题的解答不能把目光局限在乡村或农民本身，而是要跳出"就乡村谈乡村问题"的视角。从现有乡村治理研究的主流范式来看，我们可以从国家与乡村社会的关系去寻找这一问题的有效解释。按照传统源自西方情境的"国家与社会"关系理论来看，国家与社会是二元的。在当代中国乡村社会的实践中，国家与社会的关系是这样的吗？如果不是，是什么样的呢？我们的理论应该如何完善，才能对我国的实践更具解释力度呢？

历史与实践告诉我们，在我国，国家与社会显然不是二元的，更不是对立的！从历史发展来看，改革开放后，随着人民公社制度的结束，国家在乡镇设立基层政府、乡村实行村民自治的"乡政村治"基层治理格局得以确立。虽然《中华人民共和国村民委员会组织法》规定在农村

实施村民自治，但不得不承认的是，乡镇政府对农村具有"指导"作用，乡镇党委对村支部具有"领导"作用。"指导""领导"的多重身份，使得乡镇政府与乡村、国家与乡村社会是不可能完全割裂的。党的十八大以来，国家对乡村不断加大投入力度，促进了乡村的发展；党的十九大提出乡村振兴战略，党的二十大提出全面推进乡村振兴。这系列的历史与实践表明：在我国，国家与乡村社会不是对立的，而且还是紧密联系的。显然，国家与社会二元分析框架不适用于我国历史与实践。

二、理论解释：国家与社会二元对立无法有效解释中国实践

学界自从关注到村民自治现象以来，"国家与社会"成为主流分析范式。[①] 乡村治理研究的"国家"，是从普通农民的视角进行界定的，主要是指国家的代理人，即乡镇政府。"社会"主要是指农村以及生活在农村的居民。因此，从我国乡村治理角度来看，国家与社会关系具体是指乡镇政府与村庄的关系，即一种"乡政村治"的逻辑表达。[②] 但是，在用"国家与社会"关系范式理解中国乡村治理时，如下两方面问题是这一视角无法解释的：

（1）政府并不总是以整体方式行动的，可能具有多重行动者身份。比如乡镇政府既是上级政府的代理人，又是当地制度的制定者。因此，在乡镇政府作为政府代理人行使国家赋予权力的同时，在行使权力的过程中会更倾向于自身利益的实现。这种对自身利益的考量，进一步左右了基层政府"自由裁量权"的使用与发挥。正是这种"多身份"性质的存在，使得政府部门与农民的关系变得有些"复杂"：农民对整体的国家和政府是高度信任的，他们高度赞扬并认同党的领导和整体国家；但是

---

① 景跃进. 党、国家与社会：三者维度的关系——从基层实践看中国政治的特点 [J]. 华中师范大学学报（人文社会科学版），2005（02）：9-13+29.
② 徐勇. 中国农村村民自治 [M]. 武汉：中师范大学出版社，1997.

农民与基层政府部门之间有时是会存在一定矛盾与冲突的。显然，既有的国家与社会关系范式难以有力解释这一复杂问题。

（2）乡镇政府与村庄边界的模糊性。村庄并不直接由政府部门管理，而是实施村民自治的治理模式。根据《中华人民共和国村民委员会组织法》规定，村庄具有一定行政管理功能，因此，村干部在履行行政管理职能时，还具备国家代理人角色的相关职能。这就模糊了村干部的身份：一方面，从村干部"真正"的身份来看，其是村民自治组织的成员，不属于国家公务人员序列；但另一方面，村干部又要履行部分行政管理职能。尤其是村两委中的村支部书记，从党组织内部纵向层级来看，其上级是乡镇党委书记。这一关系的存在，使得乡镇政府更愿意同村支部书记进行工作衔接，因为彼此之间属于"命令服从"关系；而不愿意同村主任进行沟通，因为彼此之间属于"指导"关系。乡镇政府与村庄之间关系的这种模糊性，显然用国家与社会二元对立的框架是无法解释的。

正因为上述两点问题的存在，使得国家与社会关系范式无法解释我国实践中的具体问题。实际上，这个源于西方社会的关系范式，其前提假设或者说运行基础是默认国家与社会是二元对立的，是此消彼长的关系。显然，这种逻辑不符合我国的实际。因此，我们提出新的问题：乡村治理中党组织、国家、乡村以及农民是何种关系？

无论是历史实践还是学理分析，都在告诉我们：国家与社会二元对立的分析范式并不适用于我国社会。在中国，二者的边界是模糊的，两者都处于中国共产党的领导下。因此，我们基于学界提出的中国乡村社会"整合"、① 城市社区"关联"② 等理论，尝试提出乡村治理中"党建引领的网络有机体"概念，以此解释在数字时代背景下，中国共产党的

---

① 徐勇. 国家化、农民行与乡村整合 [M]. 南京：江苏人民出版社，2019.
② 吴晓林. 理解中国社区治理：国家、社会与家庭的关联 [M]. 北京：中国社会科学出版社，2020.

领导如何发挥农民的主体性作用，促进农民集体行动，以实现国家和农民的团结，进而丰富了相关的理论研究，为我国乡村治理实践提供理论指导。

第五节 研究设计与内容

一、研究视角：自下而上的上下互动

现有关于乡村治理的研究，主要包括自下而上和自上而下两种视角。虽然两者存在差异，但都为我们的研究提供了坚实的基础与有益的帮助。

自下而上的研究视角关注的是乡村自身。基于这种认识而形成的研究，更加强调通过对乡村经验的总结提出相应的对策建议。这种视角的研究注重以乡村为主体，强调乡村主体性，对于摸清情况、了解事实具有重要意义。但是，如果过于关注研究所指向的乡村，可能会出现个体性代替一般性的问题，也可能会出现过多关注"描述"而忽略"解释"的问题，陷入经验总结而非一般性理论提炼的"陷阱"。

自上而下的研究视角，关注的是现代国家建构对于乡村治理的影响。其蕴含的前提假设是国家与社会并不是完全独立、界限分明的，而是模糊的、无法分开的。基于对国家与社会关系的这种认识，现有研究强调国家在现代化转型过程中通过制度手段对乡村进行约束与规范。这一视角摆脱了乡村研究中"低水平重复"陷阱，为我国乡村研究提供了可供对话的理论平台。但对于采用这一视角的研究，要注意的是不仅要关注"国家"，也要从国家制度影响中去观察乡村的变化情况，以避免视角研究单一极端的情况发生。

关于自上而下与自下而上视角的讨论，更多是避免在我国乡村治理研究中走向"极端"，这种极端可能是"国家"也可能是"社会"。那我们自然就会思考如何避免这种"极端"。首先，我们需要回答从"上"还是从"下"开始的问题。乡村治理的主体是农民，乡村治理的重要依托之一是激活农民的主体性。从这个角度来看，我们更倾向于从农民的视角对乡村治理中国家与农村社会之间的关系进行讨论，也就是从"下"开始。那接下来我们需要解决的问题就是，如何避免"就农民问题谈农民问题"的极端呢？如何把国家等宏观因素融入呢？按照"结构—行动"理论，行动既受结构的约束与规范，同时又反过来影响结构。从这一理论出发，农民的行为就应该是既受制度的约束与规范，其行为结果又会重塑制度。这就寻找到了国家宏观因素与农民微观因素的衔接，即两者的互动。因此，我们从农民视角出发，同时关注农民行为与国家制度之间的互动影响与作用，也就是形成我们所谓的"自下而上的上下互动"研究视角。当然，这种视角的选择，并不仅仅是为了弥补现有研究视角的空缺，更多的是出于对当下我国乡村进行更有力理论解释的考虑。我们认为，至少有以下两方面因素促使我们可以从"自下而上的上下互动"视角进行研究：

一是现有理论实际上有近似视角探索。正如我们在后面选取的"技术执行框架"，它强调作为一种客观的数字技术被引入科层组织后，其效用的发挥、功能的实现取决于数字技术、科层组织结构以及组织制度的相互作用。在这个相互作用过程中，科层组织结构与组织制度的相互作用有重要的影响，实际上这是在探讨微观的组织结构与中观的组织制度的互构。部分学者曾用这一框架研究普通人行为，并通过经验数据实证分析普通人行为与制度政策是如何相互影响的。在这一研究中，学者首先关注的是"普通人"，也就是"自下而上"开始研究。同时，在分析过程中，学者关注并分析了作为微观个体与宏观制度之间的互动过程。可见，这一研究的微观个体属于社会中的"下"的视角范围，宏观制度则属于国家中的"上"的视角范围，这为我们的研究提供了良好的理论基础。

二是当前乡村治理研究呼吁"自下而上的上下互动"的视角。从内容上来看，乡村治理研究从属于国家治理现代化研究。国家治理现代化包括治理体系与治理能力两部分内容。部分学者从治理体系现代化维度探索以"制度化""精准化"方式进行乡村治理，但这与"乡土性"部分存在冲突。[1] 因此学界与业界聚焦于治理能力现代化研究并形成两种进路，第一种是以体制机制创新、[2] 数字化治理[3]等为核心的"政府端"；第二种是以三治合一、[4] 一核多元治理格局、[5] 非正式资源[6]为核心的"乡村端"。虽然有涉及"政府"与"乡村"，但实践中却出现了以资源下沉、权力下移为代表的国家"在场"和农村"退场"的情况。[7] 因此，学者呼吁在乡村治理中"找回农民"，[8] 提出从"国家"与"乡村"两个视角对乡村治理进行研究。

因此，我们基于现有的"自上而下"与"自下而上"两个视角出

---

[1] 周少来. 筑牢国家治理现代化的民主基础 [J]. 人民论坛，2019，649 (31)：32－33.

[2] 杜鹏. 乡村振兴战略下的集体经营机制：类型与比较——基于村庄治理能力的视角 [J]. 南京农业大学学报（社会科学版），2021，21 (01)：52－63.

[3] 佟林杰，张文雅. 乡村数字治理能力及其提升策略 [J]. 学术交流，2021，333 (12)：118－125+187.

[4] 赵一夫，王丽红. 新中国成立70年来我国乡村治理发展的路径与趋向 [J]. 农业经济问题，2019，480 (12)：21－30.

[5] 李三辉. 乡村治理现代化：基本内涵、发展困境与推进路径 [J]. 中州学刊，2021，291 (03)：75－81.

[6] 冯雷，邵春霞. 乡村治理现代化中半正式治理的作用重建——以上海市Q村为例 [J]. 求实，2021，462 (04)：64－77+111.

[7] 杨华，杨丽新. 行政赋能：村社本位的乡村治理现代化实现路径 [J]. 求实，2023，471 (01)：83－95+112.

[8] 陈学兵. 乡村振兴背景下农民主体性的重构 [J]. 湖北民族大学学报（哲学社会科学版），2020，38 (01)：63－71.

发，进一步强调农民主体性以及农民与国家制度的相互作用过程，以此把握当前我国乡村社会特征，理解其运行逻辑，即"自下而上的上下互动"。

这里的"上"，指的是"国家"，在实践中则具体指向国家的代理人，即各级政府，如中央政府、地方政府与基层政府；"下"，指的是"社会"，在实践中则是泛指政府之外的内容，如果从乡村治理主体的角度来看，则主要是指农民等。研究农民主体情况，需要从农民的日常行为入手，因为行为背后所体现的逻辑是理解农民的重要内容。如前所述，我们研究的是工业化、城市化、现代化与数字化"叠加"转型背景下的乡村治理。实际上，这种"叠加"转型强调的是这四种转型同时发展给乡村带来的影响，而我们重点要关注的是数字化转型。因为在今天，数字化转型最直接的体现就是几乎人人都必须面对数字生存这一问题。根据中国社会科学院农村发展研究所与中国社会科学出版社联合发布的《中国乡村振兴综合调查研究报告 2021》，截至 2021 年底，中国九成农户家庭都拥有一部智能手机。[①] 那在这种情况下，分析农民的数字技术选择与应用行为，是理解数字化转型背景下农民行为的必然选择。

基于"自下而上的上下互动"视角的研究，既要关注国家制度、社会结构、规则等宏观因素，也要关注农民个体行为、农民集体行动、乡村社会结构等中观微观因素。"自下而上"反映的是农民在乡村治理中的主体性地位与作用，"上下互动"反映的实质是乡村治理中党组织、国家、乡村与农民之间的关系。"自下而上的上下互动"视角从农民主体出发，针对乡村治理中不同主体之间彼此交互的动态过程与相互作用关系进行讨论。特别要认识到"自下而上的上下互动"视角中中国共产

---

① 魏后凯. 中国乡村振兴综合调查研究报告（2021）[M]. 北京：中国社会科学出版社，2022.

党的领导作用,这种领导是全面的、绝对的。

二、研究对象:信息社会中的农民及其行为

(一)研究乡村类型

根据我国民政部发布的《2021年民政事业发展统计公报》显示,截至2021年底,我国共有2843个县(县级行政区划单位),38558个乡镇(乡级行政区划单位),① 我国城乡住建部发布的《2021年城乡建设统计年鉴》显示,截至2021年底,全国共有行政村481339个,自然村2360875个。② 如此规模巨大的村庄,哪些才是我们研究的乡村呢?对于典型乡村的选择,也是定性研究中关键的内容之一。从理性角度来看,研究全部乡村最为理想,但这不现实。回忆韦伯等社会学者的研究,分类是他们比较擅长且有用的方式。因此,我们也试图对乡村进行分类,以此选择更具有典型性的乡村进行研究。本次研究的背景是数字化转型,研究的对象是农民。因此,我们试图选择用两个维度进行划分:一是数字技术融入度,反映的是数字化转型背景下乡村社会与数字技术的融合情况。当然,融入这样选择的前提假设,是乡村数字技术融入度越高,在一定程度上代表着留村人口相对较多,或者说"空心村"现象不是特别严重。二是乡土性,反映的是乡村中具有的传统乡村特征程度,也就是基于血缘、地缘而成形的"熟人社会"在数字化转型背景下的现实情况。我们尝试用数字技术融入度与乡土性作为横纵坐标,把我国乡村化为如图1-1所示的四种类型,简化研究。

---

① 中华人民共和国民政部. 2021年民政事业发展统计公报[EB/OL]. [2022-08-26]. https://www.mca.gov.cn/n156/index.html

② 中华人民共和国住房和城乡建设部. 2021年城乡建设统计年鉴[EB/OL]. [2022-10-12]. https://www.mohurd.gov.cn/gongkai/fdzdgknr/sjfb/index.html

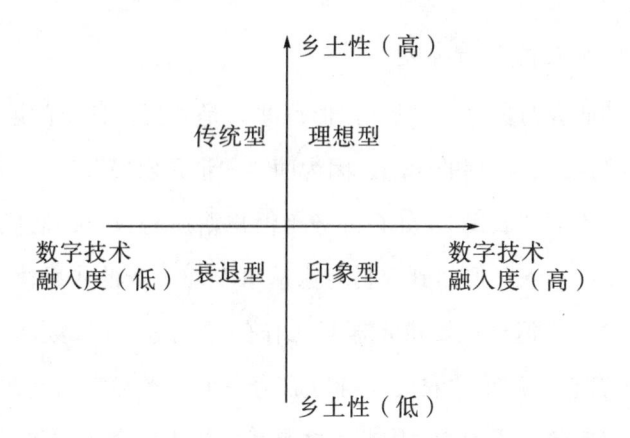

```
           乡土性(高)
              ↑
    传统型  │  理想型
           │
数字技术    │           数字技术
融入度(低) ─衰退型─┼─印象型──→ 融入度(高)
           │
           │
           ↓
         乡土性(低)
```

图 1-1　基于"乡土—数字技术"维度的中国乡村类型划分

其中,"衰退型"的传统乡土性与数字技术融入度均较低,对应着现实中程度严重的"空心村"等,这类村庄一般被规划到"搬迁撤并类"。至少目前来看,这一类村庄不是我们要研究的主要部分。"理想型"的传统乡土性与数字技术实现了较好融合,既充分运用了数字技术推进数字乡村转型,又保持了传统乡村中的互助、互惠等优秀基因,应该是属于"乡村振兴"的目标与方向。"传统型"保持着传统的乡土性,数字技术的融入度较低。而我们此次研究的背景是数字化转型,更加关注数字技术融入乡村过程中表现出的新问题与新特征,因此,"传统型"乡村也并非此次研究的典型。"印象型"是指在数字技术融入乡村社会过程中,对传统的乡村带来了新的变化与影响。一方面,部分传统的乡土性发生变化,成为人们"印象"中的记忆;另一方面,数字技术带来了一些新的变化,冲击着人们对传统乡村的"认识"。因此,"印象型"可能会充分表现出数字技术与传统乡村的相互作用过程及其特征,与我们的研究需求较为相符。从这个角度看,我们此次研究关注的是"印象型"乡村,而没有讨论"衰退型""传统型"乡村,而"理想型"乡村则是我们研究期望达到的目标或者说是方向。

（二）对农民身份界定

本书的研究对象是"农民"，但哪些人是农民，这个问题似乎成为一个难以确定的、模糊的问题。因为面对"谁是农民"这一问题时，我们可能想到不同"农民"，如在外务工但户籍还是农村的居民；大学毕业、户口是"非农"但回到农村老家从事农业生产的居民；大学毕业、户口是"农民"但已在城市定居且工作的居民等。正是这些不同情况"农民"的存在，使得"农民"身份成为一个极不确定的问题。这也就给我们的研究带来了困扰：哪些人才是我们要去研究的对象呢？对于这个问题的理解，我们应该到当前我国乡村的实际中去寻找答案并对其进行理解阐释。

《辞海》中将农民界定为"直接从事农业生产的劳动者"。这显然是从生产的角度、职业的角度进行的概念界定。但是，在当下中国，这个界定也已经不适用了，如那些在农村打工但并不从事农业生产的劳动者，还是不是农民呢？

我们将关注点转到政策上来。从1958年开始，《中华人民共和国户口登记条例》将户口划分为"农业户口"与"非农业户口"，农民则被界定为持有"农业户口"的居民，这是从政治身份对农民进行界定。这一概念，在今天也出现了模糊的状态：户口为"非农"的大学毕业生，当他们毕业返乡进行创业，而创业内容又和农业生产相关，那他们算不算农民呢？

再来看学界对"农民"的界定。学界并未形成大家公认的关于农民的概念，而是大部分根据自己研究情况选择不同视角对其进行界定，甚至有些是同时使用多种视角。我们认为，这种对"农民"概念的混用，并非研究不谨慎，而是由于现实中"农民"身份的复杂性，使得大家难以对其进行全面精准概括。尤其是对当前正处于转型过程中的中国来说，这种复杂性与模糊性更加明显。总的来看，自改革开放以来，我国处于不断转型的动态变化中，当前更是呈现出工业化、城镇化、现代化与数字化等多重转型叠加的特征。在这种"叠加"转型中，我国的"农民"群体分化明显。因此，我们需要明确本书研究的农民，主要包括如下几种类型：

（1）居住在农村的劳动者及其家属。我们在写作过程中一直在考虑是否把"从事农业生产"这一条件加进去。经过思考与讨论，我们还是没有把这一条件加进去，而是直接使用了"劳动者"。一方面，是因为学界已认识到农民本身就是从事"百业"的群体；① 另一方面，我们在调研中发现，在农村生活的农民群体，他们在农忙时会去劳作，农闲时会从事电子销售、商品零售、畜牧养殖等其他产业；甚至有些农民把自己家的土地承包给村里其他人进行规模种植，而自己收取一定的地租，虽然这些人没有直接劳动，但是他们还是间接从土地中获取收益。同时，对于当前中国的农村而言，居住在农村的可能还有非劳动者，如照顾家庭的妇女、儿童与老人等。但这些人实际上还是生活在农村的，且与农业的关联程度较高。因此，我们把这些人群也视作农民。

（2）失地但依然居住在农村的农民。部分地区由于各种原因，使得农民失去土地。但不管情况怎样，这部分群体还主要生活在农村，虽然不直接从事农业生产，但还是在农村从事各类生产活动。这类群体仍然是我们要关注的对象。

除此之外，还应该有农民工、返乡创业的大学生、退伍军人等新乡贤。但是考虑到实际调查的困难，以及新乡贤群体数量较少等原因，我们并未把这部分群体包括在内。

综上，本书研究中所指的"农民"包括如下类型：居住在农村的劳动者及其家属（主要是指老年人、妇女和儿童）、失地但依然居住在农

---

① 温铁军，罗士轩，刘亚慧. 回看中国：20世纪末的"化危为机"与结构性制度变迁[J]. 上海大学学报（社会科学版），2020，37（04）：1—13.

村的群体。

当把我们的研究对象确定为农民的时候，可能会有如下的质疑：一方面，我国的城镇化水平不断提升，另一方面农村出现"空心化"现象，那我们关注的这部分群体，在"数量"方面还"多"吗？是否仍然值得我们研究的呢？我们来看全国第七次人口普查数据情况：截至2020年底，全国人口14.12亿人，[1]其中城镇人口9.02亿人，占63.89%，这表明我国城镇人口已经超越农村人口。但我们需要注意的是，第七次人口普查数据中的"城镇人口"统计口径为"实际经常居住在某地区半年以上的人口"，也就是城镇人口中还包含着大量的农民工群体，即他们满足了城镇人口的统计口径，但是这些人要么户口依然在农村，要么因为无法在城市定居还是要返回乡村居住。那我们就会想到这样一个问题：到底有多少农民工群体呢？或者农村户籍人口或者有可能在农村生活的人有多少呢？

贺雪峰在2015年曾经做了相关估计，"以户籍来看，当前中国还有大约9.5亿农村户籍人口，农村人口占全国人口的65%。按居住地算，农村人口占全国人口的50%，其中差异是有2亿多农村户籍人口进城务工经商，这部分人口被统计为了城市人口，这样，留在农村的还有大约7亿人口"[2]。结合第七次人口普查数据，2020年农村人口占全国人口近40%，比贺雪峰估计的2015年农村人口占比少了10%。如果我们假设人口流动程度不变，那2020年农村户籍人口约有8.5亿，比2020年统计的居住在农村的5亿人口多了3.5亿，而这3.5亿很有可能是那些往返在城乡之间的农民工群体。这一猜测在第七次人口普查数据中的人口迁移部分得到了验证，即2020年我国人户分类人口达到4.93亿

---

[1] 全国人口是指我国大陆31个省、自治区、直辖市和现役军人的人口，不包括居住在31个省、自治区、直辖市的港澳台居民和外籍人员。
[2] 贺雪峰. 小农立场[M]. 北京：中国政法大学出版社，2013.

人，其中流动人口3.76亿人。①据此，我们会发现，截至2020年，我国农村户籍人口约为8.5亿，其中常住农村人口约5亿，农民工约为3.5亿。也就说，我们这次所界定的"农民"的概念，在全国总量上来看大约有8.5亿人口，常居住在农村的为5亿人口左右。对于中国人而言，"家"的观念是非常重要的，家庭是我国人民最为关注的基本单位。从这个意义来看，这3.5亿农民中大部分的"家"应该还在农村。从这个角度来看，我们的乡村治理关涉的不仅仅是那5亿人口，也应该包括把农村当作"家"的那3.5亿人口，那我们研究涉及的农民数量，可能用8.5亿更为合适。实际上，不管农村人口具体数字是5亿还是8.5亿，即使按照我国城镇化率70%的目标测算，也会有将近4亿人生活在农村。这4亿人生活得如何，对我国的发展至关重要。可见，对于我国乡村的研究，何时都不为过。

当然，我们此次的样本中并未包括农民工，主要是那些长期居住在农村的农民，但这并不代表农民工不是农民，抑或说农民工不重要。相反，农民工的生活状况更是关系中国乡村治理的重要内容。只是因为受各方面条件限制，我们本次研究并未关注这一群体，期望后续有时间专门来讨论这部分群体在数字化转型过程中对国家治理的影响。

明确了我们关注的对象范围后，我们对这些生活在农村的人口年龄情况做简要的分析，以从整体上把握研究对象的特征。中国社会科学院农村发展研究所与中国社会科学出版社联合发布的《中国乡村振兴综合调查研究报告2021》指出，截至2021年年底，中国农村全体人口中60岁及以上人口的比重达到20.04%，15～65岁劳动年龄人口中初中教育

---

① 宁吉喆.第七次全国人口普查结果公布！10年来乡村人口减少16436万人[J/OL].人民咨询，2021. https://baijiahao.baidu.com/s?id=16994498625112633728&wfr=spider&for=pc.

程度占主体，全体劳动年龄人口中近 1/3 全职务农，平均年龄超过 50 岁。[①] 据此，我们初步判断所观察的这些农民主要特征如下：老龄化突出、教育程度低、以务农为主，这些特征其实在我们后续的分析中得到了验证。同时，在这个报告中我们也发现，数字化转型至少从"量"的层面渗透到农民生活的各个方面，九成以上农户家庭至少拥有一部智能手机。更重要的是，这一数据表明，研究农民的互联网使用等技术行为，是当前理解农民行为、发现乡村社会特征的重要方法。

农民行为自然也是研究的重要内容。在明确了农民的对象后我们可能还需要明确如下的问题：应研究农民的哪些行为？从理性小农的理论来看，理论主要包括农民的决策动机、行为以及集体行动。在数字化转型背景下，为了发挥农民的主体性，必然要涉及农民的行为分析，选择农民的哪一类行为进行分析更符合本书的研究目的呢？根据我们的理解，在数字化转型背景下，数字生存已成为每一个居民必须面对的现实问题，[②] 数字行为就应该是当今社会居民最具时代特征的行为。那农民是否也同样面临数字生存问题呢？如果也面临这一问题，就可以研究农民的数字行为。据前文智能手机的在农村的普及情况，显然，在当代中国农村，农民也正面临着数字生存问题，那研究农民以互联网使用为主的数字行为就是顺理成章的选择。

三、研究方法

在研究过程中，我们主要使用了参与式观察为主的田野调查法、历史分析法、基于 NVIVO 的语用学文本分析法以及三角验证法。

[①] 魏后凯. 中国乡村振兴综合调查研究报告 2021 [M]. 北京：中国社会科学出版社，2022.
[②] 尼葛洛庞帝. 数字生存 [M]. 胡泳，范海燕，译. 北京：电子工业出版社，2017.

（一）以参与式观察为主的田野调查法

笔者最近几年为本科生开设《社会调查研究与方法》课程，这门课程属于一门应用类的课程，目的在于培养学生独立进行调查研究的基本能力。为了实现这一目标，我们的课程以实践导向为主，设计了"课前家乡调研＋课中理论学习与资料分析＋课后再次调研＋提交调研报告"的教学模式，这一模式的本质是通过理论与实践的对话、学习与实践的交流，培养学生真正的社会调查能力。在每次的调查过程中，全班同学都围绕的是同一个主题。我们本次研究中的调查数据，部分来自这种方式，部分来自笔者利用寒暑假、节假日对东北地区农村的持续跟踪调查而获得的资料。这种方式的优势在于调查者可以很好地融入所调查的村庄，对村民进行观察与深度访谈；但我们也意识到，因为回到自己比较"熟悉"的村庄，可能会存在调查者"想当然"的情况，因此多次提醒他们时刻保持价值中立。

具体来看，在每次开课前的寒假（暑假），课程组老师设定主题，本次设定的主题为"农民数字技术选择及其应用情况"。同时，由课程组老师制定调查问卷与访谈提纲。利用线上培训的方式，让同学们清楚本次的调研主题、方式、目的、内容以及注意事项等。同学们则带着调查任务，回到各自家乡所在地开展调研活动。对于那些家乡在非农村地区的同学，我们建议他们到所在城市周边熟悉的乡村去调研。目前为止，班级同学都能找到乡村进行调研。调研时间我们要求最少是一周时间，但是因为多数同学寒暑假会在家待2周左右，所以实际调研时间在1~2周。同学们返回课堂后，以他们所调研、访谈、观察资料作为基础数据，在学习、讨论过程中进行资料整理与分析。在课程结束后，他们再次利用暑假（寒假）时间，回到调研所在地进行再次观察与访谈。

在这样的过程里，每一位同学都被分配了一定的研究任务，主要包括如下内容：

首先，对调研村庄的各类信息进行收集，收集的范围是非常宽泛的。我们没有给同学们制定明确的调查范围，请他们尽可能多地收集他们认为和乡村治理相关的各类资料与信息，如涉及调研村庄的县志、当地关于该村的相关报道、大事记等。此外，还包括对电子资料的收集，当地乡镇政府关于该村的线上资料、自媒体（包括微信、抖音、微博、小红书等）上面的各类信息，如该村的村两委情况、总体人口情况、经济发展情况等。总之，调研要从多维度去了解该村的基本情况，为后面的分析提供背景信息。

虽然同学们分散在不同省份，但是我们还是做了如下要求：一是每天撰写并上交田野观察日志，日志的内容包括：①基本信息，如时间、地点、人员、环境情况、活动开展、相关结果；②当事人员的观点、态度、行动等；③学生当时的感受；④自己内心通过观察所形成的想法、疑问、问题等。通过这些日志尽可能记录、掌握农村农民是如何选择与使用互联网的。二是每2~3天进行一次小组交流。虽然每位同学在不同身份，但是我们还是提前进行了分组，每组6~8人，每次讨论通过线上进行，以此形成团队对这一主题的深刻认识。

其次，深度访谈。我们请同学们尽可能地与调研村庄的人员进行交谈，包括但不限于：村两委成员、村民、家庭妇女、老人、年轻人等。当然，我们也不限制同学采访其家庭成员，但是我们一再强调，尤其是对熟悉的人进行访谈时，要保持价值中立，避免"想当然"的情况发生。实际上，通过这种调研，我们发现如果能够尽可能地保持价值中立，对熟悉的人进行访谈可能会收获更多的信息，因为调查者对这类"被访谈对象"非常熟悉。

最后，参与观察。去到一个新的"村庄"去调研，如何有效"融入"村庄是一件考验功夫的事情。但是，对于同学们而言，他们回到自己生活的，或者是自己熟悉的村庄调研，这种融入可能就是"自然而然"的了。在这种情况下，我们请同学尽可能地对周边的人进行参与式观察，了解他们如何进行互联网的选择与使用。而且，随着寒假（暑假）调研的结束，他们回到学校后仍然可以对这些被访谈对象、观察对象进行交流，尽可能地对其持续跟踪调查。

同学们将寒假（暑假）收集的数据带回学校课堂。在课堂中，老师带着同学对所调查的数据进行数据清洗、筛选、编码等工作，再对其进行分析。当遇到资料不清楚或需要进一步补充时，还可以通过网络方式进行资料完善。

除了同学们各自的观察与访谈外，笔者近几年利用出差、探亲、线上等方式对东北地区的村庄进行深入调研与访谈。当然，在这个过程中，因为对所调研区域过于熟悉，为了确保研究的价值中立，在整理过程中，笔者没有对东北地区村庄的资料进行处理，等团队其他成员资料整理完成后，通过讨论等方式对笔者资料进行处理完善，希望以此规避自身"固有印象"的影响。

实际上，我们在调研的过程中，一直在讨论社会调查研究方法中的一个老生常谈的话题，到底如何确保价值中立，或者说是否可以到研究者熟悉的区域进行研究。通过我们的实践，我们初步得到几点体会：①到研究者熟悉的区域进行调研，是存在利与弊的。"利"在于对调研对象熟悉，能够迅速融入调研群体，而且方便进行持续的跟踪调查；"弊"是过于熟悉调研对象，容易犯"想当然"的错误，如何时刻保持价值中立是一个难题。②我们探索了回到熟悉地方且尽量保持价值中立的一种方式，即对于质性研究而言，在整理阶段，由那些对调研区域有所了解、但不是非常熟悉的人进行，然后以小组形式进行讨论，尽量避免研究者的"主观影响"。

（二）历史分析法

把乡村发展、农民行为嬗变置于新中国成立以来，尤其是改革开放之后我国乡村治理转型的过程中予以思考，运用历史的、动态的方法研究农民在不同历史状态下所表现出来的行为特征及其逻辑，以此作为突破口，寻找数字化转型背景下实现国家与农村社会有效衔接的路径与对策。

（三）基于 NVIVO 软件的语用学文本分析法

通过以参与式观察为主的田野调查法，我们获得了关于数字化转型背景下农民数字技术选择与应用的丰富经验材料，对于这部分数据，我们主要基于 NVIVO12.0 软件，利用语用学路径进行文本分析。语用学研究的是"表达的是什么"这一问题，通过考虑语言使用之间的关系以及上下的关系，重点考察文中所表达出的弦外之音。[①]

在语用学中，批判话语分析框架对文本分析产生了重要影响。批判话语分析重点关注语言和社会之间的内在联系，其前提假设是社会是可以通过语言来理解的，通过分析话语，能够分析其中的偏见，观察话语背后的意识形态与动机，进而实现对社会的理解。[②] 根据这一内容，我们运用 NVIVO12.0 软件对访谈文本进行编码，并从中寻找出背后所蕴含的含义。

（四）三角验证法

三角验证法是质性分析中常见的且重要的方法，其作用在于确保不同来源、不同维度数据的可靠性与有效性。[③] 我们主要在以下两个方面进行了数据的三角验证：

[①] 任弢，黄萃，苏竣. 公共政策文本研究的路径与发展趋势［J］. 中国行政理，2017，383（05）：96－101.

[②] Fairclough N. Critical Discourse Analysis. The Critical Study of Language. Language in Social Life Series［M］. London：Longman，1995.

[③] Cui M，Pan S，Cui l. Developing community capability for e-commerce development in rural China：A resource orchestration perspective［J］. Information Systems Journal，2019，29（4）：953－988.

一是数据收集过程中的三角验证，即对不同来源的数据进行交叉对比，从而提升数据收集的可信度。具体来看，数据主要包括如下几方面：①收集到的被调研村庄的各类信息，如人口、生产总值、面积等基础信息；②深度访谈获得的信息；③调查者观察、感受到的信息；④各类统计资料、网络报道、当地县志等信息；⑤不同机构的公开调查数据，如CFPS数据库等。对于上述来源的数据，我们进行初步清洗和数据处理，如果遇到缺失数据、不明确数据，则通过微信、电话等多种途径进行数据补充与完善。同时，会对涉及同一内容的数据进行多维度比对，若发现不一致的数据，通过向当事人求证的方式予以确认。

二是数据分析过程中的三角验证，即对于同一问题的讨论，我们利用统计数据、其他部门的调查数据、访谈数据、逻辑推理等进行相互验证，以增加结论的信度与效度。比如，我们在"研究对象"部分估计我国当前农村户籍人口时，是根据相关学者对2015年我国农村户籍人口计算为基础进行估算的，得出我国2020年第七次人口普查中农村常住人口为5亿左右，往返于城乡间的农民工约为3.5亿。这一估计在与七普关于人户分离人口的对比中得到验证，即根据七普数据显示，人户分离人口的约为3.76亿。

四、研究内容

本研究探索分析数字时代中国农民的行为特征及其逻辑，把握数字时代背景下乡村社会的新情况、新特征与新挑战，为实现数字时代乡村社会有效治理提供理论思考与实践指引。具体来说，本书主要包括如下几部分内容：

第一章导论，主要是介绍选题的由来、研究问题及其分解，对现有研究思考、研究视角选取、对象选择以及方法确定。基于此，提出"党建引领的网络有机体"的新命题，以期有力解释我国乡村社会治理中中国共产党、政府、社会、农民等不同主体的关系等问题。

第二章中国乡村治理的时代变迁。主要是讨论我国乡村治理的各发展阶段，以及在这一过程中的形成的制度框架和治理效果等。

第三章至第八章，以实证的方法验证了本书构建的"农民技术执行"理论框架。其中，第三章是构建框架的理论推演；第四章是介绍农民技术执行的基础；第五章至第七章是关于家庭本位、农民互联网使用及其对乡村社会重构的实证分析，以此检验构建的理论框架；第八章是对农民技术执行生成逻辑进行归纳与总结，即"依附国家与家庭调试"。

第九章是对促进农民集体行动的乡村社会特征进行分析，以此提出"印象中的乡土中国"这一概念，并在这一基础上分析了乡村治理中国家与农村社会进行有效衔接的挑战性。

第十章是"网络有机体：党建引领乡村社会有机融合"。这实际是从理论层面进行的探索性创新，以此应对超越农民家庭本位的治理挑战。超越农民家庭本位的根本在于以农民家庭为核心，寻找到农民家庭间的连接枢纽，进而把国家与社会、行政与自治、农民与农村、个人与集体、家庭与家庭进行整合，并统一于中国共产党的领导。之所以能够且需要统一于中国共产党的领导，其根本在于中国共产党全心全意为人民服务的宗旨。这部分主要讨论了"网络有机体"的概念、历史演进、生成逻辑及其表现类型四部分内容。

第十一章是"数字时代党建引领乡村社会有效治理的路径选择"。这是从实践层面探索党建引领乡村有效治理的路径优化与对策建议。其核心还是在于超越农民家庭本位，实现党的意志、国家战略与农民家庭的团结。

五、关于本研究的几点说明

（一）研究现象的边界问题

乡村治理研究包括多个方面内容，我们选择了其中的一个方面，即以农民主体性促进乡村有效治理问题。关于这一现象的边界讨论，我们试图从以下两个方面进行：

一是研究现象的底线，从乡村主体的角度来看，可以到达农民个体层面；但是从个体主体性发挥以及历史经验来看，要给予农民更为灵活的自主选择空间。因此，研究的底线应该是家庭事务。当然，这个家庭是我们狭义意义上的家庭，也就是由家庭主要成员构成的，而非包括家族、氏族之类的"大家庭"。以家庭作为最小研究单位而非个人为最小研究单位的选择，也与我国乡村社会以家庭为决策单位的现实相吻合。

二是研究现象的上限。正如费孝通提出的我国乡村社会结构的"差序格局"那样，我国农村的社会结构是从"个人"到"天下"一圈圈外推出去的，而这里的天下我们理解为是"国家"。在现实中，国家往往以政府的形式出现。如果粗略地对政府进行划分，可以把政府分为整体政府与具体政府。整体政府，是指作为国家概念出现的，如中国农民眼中的"国家和政府"，更多的是指整体政府；具体政府，则是农民日常生活中直接接触的"政府"，尤其是乡镇政府。从这个角度来看，我们研究的上限应该是整体政府，更具体地表现为党和国家发布的各项法律法规等政策。

（二）研究对象的边界

我们是从农民主体视角出发，探讨数字时代背景下乡村社会的有效治理，因此，我们的研究对象是选择与使用数字技术的农民。那我们研究的"农民"包括哪些呢？哪些又不是我们研究的农民呢？在研究对象部分，我们充分阐述了所研究的"农民"的范围，这里不做赘述。直接罗列我们这次研究的"农民"所包含的主体是居住在农村的劳动者、家庭妇女、未成年人以及失地农民；不包括返乡创业且从事农业相关的大学生、退伍军人等新乡贤，农民工，以及在外读书或工作但户口仍在农村的群体。之所以不包括这部分群体，主要原因是不方便访问。

（三）关于农民选择标准的问题

农民身份界定本身就是一个复杂的问题，不管是在学界研究还是实践中。我们选择农民，尽可能地包括实践中所遇到的情况。在实践调查中，我们遇到一些在城市郊区租住，但工作在城市或较为自由，收入一般较高的群体，我们并未把这些当作研究对象的"农民"，虽然有时这部分群体戏称自己为"新型农民"。

（四）关于"裁剪"的问题

我们的研究也仅仅是裁剪出农民生活的一部分。虽然我们对部分调研村庄进行了驻村观察，希望通过参与观察对他们的互联网选择与使用、日常生活行为等进行全面的掌握。但不可否认的是，社会科学的研究者和研究对象都是具有主观能动性的"人"。因此，我们无法完全客观、全面地展示农民的全部生活，我们只能是在尽力地前提下"客观"描述他们以及他们的感受、生活等。

（五）关于科学研究中的"权势关系"

对农民的界定、分析，不可避免地受到研究者本身的影响。为了更好回应这一问题，一方面，我们尽量保持价值中立，不带有强烈主观色彩地去评价与分析；另一方面，我们想表达的是，正是因为在一定程度上融入了研究者的"主观色彩"，这种"主观色彩"不是一种狂热的感性，而是"带有理论思考的人文关怀"，让我们的研究更"有血有肉"，可能更好地揭开农民数字技术选择与应用行为的内部逻辑，以此寻找到通过发挥农民主体性促进乡村社会有效治理的纽带。

第六节　本章小结

　　研究拟解决的核心问题是：面对工业化、城市化、现代化与数字化"叠加"转型背景，当前我国乡村治理亟须解决的重要问题之一：如何实现数字时代背景下党建引领乡村有效治理。解决这一问题的核心在于理解农民的动机与行为。

　　这一问题来自乡村治理实践中的观察，同时也是理论研究中的困惑，即关于中国情境下国家与社会关系的思考与讨论。

　　现有研究明确了乡村概念的多维属性，提出了"党—国家—社会"的分析框架，形成了自上而下与自下而上的两种视角，但并未对乡村治理的行政与自治衔接给出有力解释。本研究从"自下而上的上下互动"视角出发，引入农民技术执行框架，分析农民数字技术的选择与应用行为，以及这种行为对乡村社会的重塑，进而理解农民的行为选择动机、行为特征以及集体行动情况，最终为从农民主体性出发探索党建引领乡村有效治理路径，提出理论思考与对策建议。

第二章　中国乡村治理的时代变迁

作为国家治理体系的重要组成部分，乡村治理在不同时代表现出不同的特征。回顾中国乡村治理的时代变迁，对探索数字时代的乡村治理具有重要意义。因此，本部分主要探讨中国乡村治理研究及实践的时代变迁，这是后续研究的基础与前提。

第一节　中国乡村治理研究及实践的三个阶段

陈明等学者将中国乡村治理研究划分为早期、当代与互联网时期三个阶段，并对每一阶段乡村治理的主要内容、核心、方向、方式等问题进行了深入讨论，[①] 但是他们并未给出不同阶段的时间划分维度。当然，现实中各阶段肯定是有模糊交叉部分的，但是为了便于理解以及突出不同阶段的特征，我们根据其描述阶段所对应的实践情况，尝试划分具体的时间阶段，以方便后续的研究与讨论。

---

① 陈明，刘义强. 交互式群治理：互联网时代农村治理模式研究 [J]. 农业经济问题，2019（2）：33—42.

一、早期中国乡村治理阶段

这一时期的研究范围是从 20 世纪 70 年代人民公社制度结束至 20 世纪 90 年代中后期。之所以把这一时期作为中国乡村治理研究早期，是因为到了 20 世纪 70 年代，国家不再强求村社供给超过其能力的产品，在这种情况下，村社集体开始变革生产形式，以生产责任制形式鼓励农民积极生产，再把多出的成果留存在家庭和生产队，这最终演进为之后的家庭联产承包责任制。[①] 与人民公社制度不同，家庭联产承包责任制把农业生产与乡村管理相分离，这就产生了一种新的矛盾：农业生产是以家庭为单位的经营，乡村管理还是集中管理。为解决农业分散生产与乡村集中管理的矛盾，四川省广汉县（今广汉市）率先开展"政社分开"试点工作。国家看到这一生产组织形式的优势，因势利导，以一系列政策出台的方式在全国推行这一制度。

1982 年，中共中央发布第 36 号文件，要求在全国推广村委会试点工作。

1983 年，中共中央、国务院发布《关于政社分开建立乡政府的通知》，要求改"政社合一"为"政社分开"。在政策指引下，把原来的"公社"改建为乡镇政府，原来的"生产大队"变为村委会，实行村民自治制度，这就形成了我国基层社会治理的"乡政村治"格局。[②]

1987 年、1998 年分别通过与修订的《中华人民共和国村民委员会组织法》，在法律层面确认了村民自治这一制度并延续至今。

在这一过程中，乡村治理主要是围绕村民自治制度展开的，其核心是不断建立健全各类制度。在一过程中，村民自治制度被认作是一种自

---

① 仝志辉. 中国乡村治理体系构建研究 [M]. 武汉：华中科技大学出版社，2021.
② 陈玉华，舒捷. 从制度建设到技术治理：我国乡村治理的合法性改善及未来走向 [J]. 理论月刊，2022，491（11）：52-58.

上而下的、由内而外的建构方式。但这一方式在实践中缺少农村农民的内在动力，所以学界想从基层群众参与的角度寻求实现村民自治的可行路径。可见，村民自治制度成立以来，农民的参与情况、自治主体性等问题就受到一定关注。直到数字化转型的今天，农民主体性问题仍然是重要且迫切需要被解决的。

二、当代中国乡村治理阶段

当代中国乡村治理研究主要是从 20 世纪 90 年代中后期至党的十八届三中全会之前。之所以把党的十八届三中全会作为时间节点，是基于以下两方面考虑：一方面，党的十八届三中全会明确提出了"推进国家治理体系与治理能力现代化"目标，将治理现代化作为国家导向，从关注制度绩效向治理绩效转变[1]。另一方面，互联网真正在我国，尤其是在我国乡村，广泛应用是在 2010 年之后。在这一阶段，随着农村市场化进程不断加快，农村的社会结构发生了较大变化：传统农民之间的相互作用模式不再稳定，与乡村之外的人互动频繁。其中，传统农民之间的相互作用模式不稳定带来的问题是，外部市场或其他力量的嵌入，破坏了传统乡村社会中农民交互模式，这种变化使得大家不再"熟悉"，也就无法判断"陌生人"会选择何种行动，而传统乡村集体行动形成是基于熟悉、彼此"固定"的交互模式。与乡村之外的人互动频繁带来的问题是，乡村内部人的合作将会减少，因合作而获得的收益随之减少。在这种新情况下，农民觉得"合作"是有风险的，或者是没有前途的，也就不愿意参与到集体行动中去。当农民之间的相互依赖与信息丰富等特征都不存在时，乡村集体行动也就难以形成了。

乡村集体行动的削弱，必然也就降低了村民的公共参与度。围绕这

---

[1] 邓大才. 村民自治有效性实现的条件研究 [J]. 政治学研究，2014，6：71—83.

一问题，学者研究重心开始由村民自治向乡村治理、社会治理等领域转变，试图对自下而上的培育方式进行研究，从而解决农民参与度不高、参与能力不足等问题。

三、乡村治理互联网时代

乡村治理互联网时代主要是指党的十八届三中全会以来这段时间。在这一阶段，互联网技术突破了现有的"在场"治理范式的现实基础，这重塑了农民与政治经济文化之间的关系，研究转向了以互联网平台为支撑的虚拟空间。农民在这一过程中呈现出的自觉性、主动性与积极性，使他们从传统的政治边缘不断靠近政治权力中心。乡村治理互联网时代，除了要继续解决参与性这一问题之外，还要关注公平等问题。这也可能是互联网本身就会带来的"数字鸿沟"等问题。这期间，党和国家通过出台系列政策文件，不断推进数字技术与乡村治理的有机融合。党和政府出台了系列关于推进数字乡村的政策文件，这有力地展示了这一过程。

2018年，中央一号文件《中共中央国务院关于实施乡村振兴战略的意见》正式提出了数字乡村的概念。

2019年，中央一号文件《中共中央国务院关于坚持农业农村优先发展做好"三农"工作的若干意见》，明确要求深入推进"互联网＋农业"发展。

2019年，中共中央办公厅、国务院办公厅印发了《数字乡村发展战略纲要》，提出"要将数字乡村作为数字中国建设的重要方面"。

2020年，中央一号文件《关于抓好"三农"领域重点工作确保如期实现全面小康的意见》，明确提出要加强现代农业设施建设。

2021年，中央一号文件《中共中央国务院关于全面推进乡村振兴加快农业农村现代化的意见》，要求加快推进农业现代化，大力实施乡村建设行动。

2022年，中央网信办等10部门印发《数字乡村发展行动计划（2022—2025年）》，从8个方面部署了26项重点任务，并设立乡村基础设施数字化改造提升工程等7项重点工程。

2023年，中央一号文件《中共中央国务院关于做好2023年全面推进乡村振兴重点工作的意见》提出，深入实施数字乡村发展行动。

2023年，中央网信办等5部门印发《2023年数字乡村发展工作要点》，目的在于以数字赋能乡村产业发展、乡村建设与乡村治理。

以互联网为代表的数字技术一方面推动了乡村治理进程，另一方面加速了乡村社会的变化：乡村内部村民间的交流活动减少，合作的收益降低，彼此之间变得没那么"熟悉"，虚拟空间扩大了群体规模等。在群体规模不断扩大以及社会关系越发复杂情况下，那些能够促成农民集体行动的乡村社会基础正在被消解，进一步降低了乡村中农民的合作意愿。

通过对上述三个研究阶段的划分，以及结合不同阶段的乡村治理历史实际，我们发现，首先，从法律角度来看，新中国之后关于乡村治理的工作均是以法律制度、政策文件的形式推进的，表现出党领导下的政府部门与乡村社会的"团结"，这种团结的核心在于中国共产党代表人民群众的意愿。从这个角度来看，党中央、国务院等发布的政策文件，体现的就是人民群众的意愿。因此，乡村治理也就自然而言获得了广大人民群众的支持与认同。其次，自党的十一届三中全会以来，经济发展一直是主要的任务，同样贯穿在不同阶段。再次，通过三阶段划分我们发现，中国乡村治理核心要解决的问题就是如何实现在党的领导下，既有政府的作为，也有农民的参与。最后，关于公平性的讨论，则无关实践实施如何，一直是人类永恒追求的话题。

为了有针对性地给出提升中国乡村治理的对策建议，我们尝试以上述三个研究阶段为基础，以党的十八届三中全会提出"推进国家治理体系与治理能力现代化"目标为分界，分别讨论农民要如何积极参与，制度又该怎样完善。至于为何选择党的十八届三中全会作为分界，其实已在前文阐述得比较清楚，即党的十八届三中全会明确提出了"推进国家治理体系与治理能力现代化"目标[①]，也就表明在"制度绩效"方面，国家基本构建了乡村治理的总体框架；到了党的十八届三中全会之后，党和国家更多去关注"治理绩效"，即如何提升乡村治理的效果和水平。

第二节　乡村治理制度的形成与优化

一、村民自治制度的形成

为更好实现国家的"工业化"战略目标，党和政府在农村领域开展了土地制度变迁、农业合作化运动与基层治理人民公社化三大变革。其中，人民公社制度是国家对农村社会在整体架构上的整合与重塑，是我国在计划经济体制时期的重要农村社会治理制度。[②]

20世纪70年代末，农村社会积累的矛盾越来越多。为了解决矛盾，农民自身对村民自治制度的探索与实践应运而生。在广西偏远山寨——合寨村诞生的村民委员会形式，在国家的承认与推广中迅速成长，并在中央后续发布的系列文件中得以确认。

1982年，中共中央发布第36号文件，要求在全国推广村委会试点工作。

[①] 邓大才. 村民自治有效性实现的条件研究[J]. 政治学研究，2014，6：71-83.
[②] 吴建征，武力. 体制重塑与多方互动：人民公社与乡村社会发展之嬗变[J]. 青海社会科学，2020，244（04）：91-98.

1983年，中共中央、国务院发布《关于政社分开建立乡政府的通知》，要求改"政社合一"为"政社分开"。

在政策指引下，原来的"公社"变为乡镇政府，原来的"生产（大）队"变为村委会，开始实行村民自治制度，这就形成了我国基层社会治理的"乡政村治"格局。[①] 到1985年底，全国范围内基本实现生产（大）队向村委会的转变，表2-1显示了这一变化过程。[②] 自此，国家主导的村民自治制度在全国得以确立，并形成了大量的相关的政策文件和法规制度，如1987年、1998年分别通过与修订的《中华人民共和国村民委员会组织法》，中共中央办公厅和国务院办公厅联合发布的《关于在农村普遍实行关于村务公开与民主管理制度的通知》等。

表2-1 1982—1985年全国农村生产大队、生产队、

村民委员会数量变化表（单位：万）

时间	1982年	1983年	1984年	1985年
生产大队	71.94	55.05	0.70	0.00
生产队	597.70	457.50	12.80	0.00
村民委员会	试点	19.97	92.64	94.06

资料来源：根据相应年份国家统计局发布的《中国统计年鉴》进行统计。

二、人民公社向家庭联产承包责任制转变

改革开放之后，也就是20世纪70年代末80年代初，乡村治理在实践中探索有效的道路。随着人民公社制度的结束，它所承担组织生产功能实现平稳转移，被家庭经营方式所替代，但社会管理以及国家组织

[①] 陈玉华，舒捷. 从制度建设到技术治理：我国乡村治理的合法性改善及未来走向[J]. 理论月刊，2022，491（11）：52-58.
[②] 邹璟琦，肖克. 村民自治制度实践透视[J]. 重庆社会科学，2018，279（02）：46-52.

等功能并未找到合适的替代方案，在部分地方引起社会秩序混乱等问题。1980年，广西宜山地区村民探索出村民委员会这一做法，并很快得到中央关注。因此，在1982年，国家修订《中华人民共和国宪法》第111条，第一次将村民委员会写入宪法，并将之规定为"基层群众性自治组织"。

通过对这一时期的历史进行简要回溯，可以发现，这一时期的制度明显体现出两个典型特征：一是从生产组织形式来看，实现了"集体"向"家庭"的转变，即由人民公社时期的集体所有经营方式，变为农村集体所有、家庭联产承包责任制的生产经营制度。这一改变是以农民为主体的基层活力释放的重要创新；二是从社会管理与国家组织来看，实现了"政社合一"向"政社分离"转变，也就使得传统的人民公社制度被村民自治制度所接替。这一过程如图2-1所示。

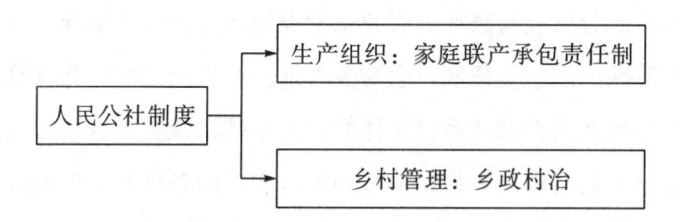

图2-1 人民公社制度变化示意图

当然，此时的中国村民自治与传统封建社会中的、发生在田野的村民自治不同。相比于生长于田野的、朴素的村民自治，当时以国家主导的村民自治是一种制度设计，不仅有法律保护，同时也是中国特色社会主义制度的重要内容之一。

综上，国家通过法律确认与制度设计，赋予了广大农民一系列积极参与国家政治生活的权利，同时也将农民纳入治理体系。这一创造性实践，一方面改变了传统的农民仅仅是政治客体的现实，充分发挥了农民的积极性；另一方面在我国这样人口大国中，创造性地实现了农民共同参与国家治理的、具有中国特色的现代化道路。有别于传统的、形成于田野的村民自治，被国家法律确认并有一系列制度保障的中国村民治理体系得到了农民的认可与支持，更加激发了农民参与乡村治理的主体性。当然，在这过程中，仍然存在一些问题，如村民治理能力不足导致无法实现有效治理等，这就对理论界与实践领域提出了新的挑战：如何实现乡村的有效治理？

第三节　乡村治理的有效和公平

如前所述，各项法律的完善、制度的设计，基本构成了乡村治理的制度框架。但是在具体实践中，仍然面临诸多难题：随着家庭联产承包责任制的制度红利不断释放，以农业为核心的农村发展陷入瓶颈期，以家庭为单位的分散经营破坏了农业基础设施。为什么能够充分释放农民活力的家庭联产承包责任制，会对乡村发展产生制约呢？为什么以家庭为单位的分散经营会破坏乡村集体的农业基础设施呢？这可以用集体行动理论进行有效解释。乡村集体行动得以实现的条件是有限的规模、社会关系简单以及丰富的信息。[①] 随着改革开放政策的不断推进，家庭之间的交流不再局限于乡村内部，这就导致乡村集体行动的成员规模不断扩大，彼此之间的关系变得十分复杂，对于那些"陌生人"，乡村内部居民并不能全部了解他们，对他们并不"熟悉"。可见，促进乡村集体行动的条件要素均被破坏，如果没有外力进入，则难以维持乡村的良好秩序。

一、治理有意义：破解乡村治理难题的重要路径

为了解决乡村治理的实践困境，党的十八届三中全会明确提出"推

---

① 李丹. 理解农民中国：社会科学哲学的案例研究 [M]. 张天虹等，译；刘北成，校. 南京：江苏人民出版社，2008.

进国家治理体系与治理能力现代化"目标，乡村治理作为国家治理体系的重要组成部分纳入其中。自此，党的系列政策发布均以提升乡村治理效能为主要目标。

党的十九大报告《决胜全面建成小康社会　夺取新时代中国特色社会主义伟大胜利》提出实施乡村振兴战略的总体要求，其中"治理有效"是其重要构成。

2018年，中央一号文件《中共中央国务院关于实施乡村振兴战略的意见》提出，"乡村振兴，治理有效是基础"。

党的十九届五中全会审议通过的《中共中央关于制定国民经济和社会发展第十四个五年规划和二〇三五年远景目标的建议》强调，"十四五"时期要全面实施乡村振兴战略。

《中共中央关于制定国民经济和社会发展第十四个五年规划和二〇三五年远景目标的建议》具体部署了如何进行全面振兴乡村振兴，"推动乡村产业振兴""丰富乡村经济业态"等均是有效治理的对策建议。

2020年，中央一号文件《中共中央、国务院关于抓好"三农"领域重点工作确保如期实现全面小康的意见》提出要"提高乡村治理效能"。

2022年，中央一号文件《中共中央　国务院关于做好2022年全面推进乡村振兴重点工作的意见》提出要"突出实效改进乡村治理"。

2023年，中央一号文件《中共中央、国务院关于做好2023年全面推进乡村振兴重点工作的意见》提出要"提升乡村治理效能"。

可见，如何有效实现乡村治理已成为当前乡村治理实践的重要目标，也是乡村治理合法性基础中亟须改进的重点内容。

二、治理公平：乡村治理中技术的"双刃剑效应"

近年来，随着信息技术的发展与普及应用，政府内部正在依托信息技术加快推进智慧治理，并取得了一定成效，这使得数字技术与治理结合得到了政府与社会的认同。① 尤其是以大数据、物联网、5G等为代表的新型信息技术与乡村治理的结合，一方面重塑了乡村社会的组织形态，另一方面改变了乡村治理流程，呈现出一幅幅"智慧治理"的画面。但是在使用过程中，我们也发现技术决定论导向下的各类问题频发，这提醒我们必须关注数字技术的"双刃剑效应"。

一方面，数字技术有助于提升乡村治理水平。数字技术表现出大容量、速度快与价值密集等特征，因此在提升乡村治理方面表现出如下优势：①数据开放共享有助于促进多元主体协同治理。既有法律与制度设计确定了乡村治理基本框架，明确了在党的领导下、政府部门、社会力量、农民等多元主体在乡村治理中的职责等，但是受传统文化、信息不对称、利益驱动等多因素影响，多元主体之间并未实现有效互动。数据技术通过对多源异构数据的收集整理、开放共享等，将党组织、政府部门、社会力量、农民等多元主体在虚拟空间协同，以"数据"驱动线上协同，并以此推动线下乡村治理多元主体协同的实现。②数据技术有助于实现精准治理。随着城镇化、工业化、市场化进程得不断加快，农村人口向外流动趋势明显，我国乡村出现"空心化""老龄化"趋势。一方面，农村人口逐渐减少，另一方面又要对农村现有居民提供公共服务，如何提升公共服务有效供给率成为政府的一项难题。借用数字技术，能够对居民的需求实现精准获取与分析，以此为公共服务供给等乡村治理提供技术手段与工具。可见，技术治理在一定程度提升了乡村治理效率与质量，增强了乡村治理的有效性。

但另一方面，数字技术也存在明显的约束。①数字技术是提升效率的有效工具，但并未涉及乡村治理根本运行机制。数字技术受到使用主体的影响，当前数字技术主要是被政府部门应用于各类治理情境，如果

---

① 渠敬东，周飞舟，应星. 从总体支配到技术治理——基于中国30年改革经验的社会学分析[J]. 中国社会科学, 2009, 180 (06)：104-127+207.

政府部门依然依据其权力对数字技术进行"管控",那实际上很难改变乡村治理中政府部门"一家独大"的现象,也就难以真正实现多元主体的协同治理;同时,如果期望技术在乡村治理中发挥更大功能,一般来讲需要更为高级的技术,而这在一定程度上对使用主体施加了限制。②技术决定论可能会忽视农民的主体性作用。数字技术的优势在于对海量多源异构数据的处理能力以及决策、预测能力。基于此,许多政府部门热衷于建立大数据平台以及各类"大脑",通过数据收集、处理、可视化进行治理决策。过度依赖技术,就可能忽视农民在治理过程中的主体性作用,最终导致技术的异化。③技术治理依然会有"数字鸿沟"。根据经合组织定义,"数字鸿沟"表示不同社会经济水平的个人、家庭、企业和地理区域之间在信息和通信技术获取机会、使用方面的差距。随着信息和通信技术及其应用的深入发展,"数字鸿沟"的内涵也在发生不断变化。目前关于"数字鸿沟"的研究大致可以分为三个阶段,分别为接入沟、使用沟和结果沟。其中,农民群体受传统文化影响,受教育水平、经济条件等因素制约,处于"数字鸿沟"的弱势端。因此,我们发现,如果不对数字技术合理制约,滥用数字技术很可能会破坏现有框架,不仅不能实现多元主体参与,很有可能加大对农民参与的排斥。

第四节 本章小结

中国乡村治理研究及实践演变的三个阶段,是理解数字时代如何实现乡村治理的重要内容,尤其是要关注数字技术表现出的"双刃剑"效应。

中国乡村治理的时代变迁表明,党的领导是实现农民生活水平不断提升和农村发展的根本保障。

第三章 数字时代理解农民的新框架：农民技术执行

如前所述，在当代中国农村，农民面临着数字生存问题，那研究农民以互联网使用为主的技术行为则是切中要害。为了更为科学地分析农民技术行为，需建立合适的理论分析框架，既包括"结构性"的，也包括"内容性"的。"结构性"框架确定了研究的思路与方向，"内容性"框架明确了研究的具体实施。因此，本章第一节根据现有研究提出"制度—结构—过程"的结构性框架；第二节及之后章节主要是基于现有技术执行框架，构建"农民技术执行"的内容性框架，以此构建研究的整体理论分析框架。

第一节 关于分析框架的讨论

一、制度主义分析范式

制度是指"制约和影响人们社会行动选择的规范体系，是提供社会互动的相互影响框架和构成社会秩序的复杂规则体系"。①制度是把历史经验嵌入规则、惯例和形式中，超越历史片段和条件保留下来。②社会组织以及社会制度是历史的产物，主体行动既是自身主观能动性的体现，也是在一定制度的约束与规范下进行的。

对于我国乡村社会而言，引导农民行动的逻辑虽然是从自身以及家庭成员利益出发，但是却是无时无处不受到国家制度的约束与规范，这可以从新中国成立至今的历史中清楚地看到：新中国成立明确土地归农民所有，农民表现出极大的劳动热情与对党和政府的拥护；社会主义改造后土地归集体所有，农民在生产队工作，在极大发挥集体制度优越性同时，也出现农民个体积极性不高等问题；改革开放后，家庭联产承包责任制再次激发了农民的主体性，积极投入到改革开放的浪潮中；建设社会主义新农村目标提出后，国家逐步向农村加大投入力度，农民更加关注自身及其家庭成员的利益最大化；尤其是党的十八大以来，以乡村振兴等为核心的系列与"三农"相关的制度与政策，为农民增收、政治参与以及生活便利性提供了更多的支持。显然，乡村社会成了个人与制度、政府部门与乡村频繁互动的场域。乡村治理既是在现有制度框架下进行的，同时又重塑着相关制度。尤其是在工业化、城镇化、现代化与数字化"叠加"转型的背景下，中国乡村治理的外部环境如何？乡村治理理论创新如何进入实践？创新实效如何？对于这些问题的解答，都无法避开制度这一重要问题。因此，研究数字化转型背景下的乡村治理，必然要引入制度分析范式。

制度分析的具体内容差异较大，但一般都会包含制度环境、供给主体、执行主体、过程以及效果五项因素。因此，我们在分析乡村治理过

---

① 郑杭生，等. 社会学概论新修精编本 [M]. 北京：中国人民大学出版社，2009.
② 马奇，奥尔森. 重新发现制度：政治的组织基础 [M]. 张伟，译. 上海：上海三联出版社，2011.

程中，涉及制度问题时会重点关注上述五项因素。

二、结构—过程分析范式

在政治学与社会学研究领域，结构功能主义的影响力一直存在。第二次世界大战之后，结构功能主义几乎占据了学界研究的主导地位，在遭受一系列批判后式微，但于20世纪80年代再次受到学界的关注。这种影响力一直延续至今，乃至不管学者在研究中是否明确指出使用这一范式，但多多少少都会受到结构功能主义的影响。实际上，近几年形成的新制度主义、国家与社会关系等，一定程度上也是延续了结构功能主义思想。[1]

国内学界除了按照结构功能主义进行理论分析之外，张静等学者以此为基础，提出了更具中国特色的"结构—制度"分析范式。[2] "结构—制度"分析方法的特点是"重视行为的社会规则"，更加注重具体事件或过程所反映的社会（结构）关系。因为"结构—制度"分析方法的前提假设是：人的行为是被他生存其中的制度所刺激、激励、引导和限定的。基于这一假定，这种分析方法认为制度较之行为更重要。当然，"结构—制度"分析方法中的制度不是一般的"规定"，而是必须真正起到规范作用的那些"制度"。孙立平则认为"结构—制度"分析方法过于关注静态性与不可预见性，并以此提出了"事件—过程"分析范式，以摆脱结构分析或制度分析的束缚，从社会的正式结构、组织和制度框架之外，从人们的社会行动所形成的事件与过程之中去把握现实的社会结构与社会过程。[3]

---

[1] 吴晓林. 理解中国社区治理：国家、社会与家庭的关联 [M]. 北京：中国社会科学出版社，2020.
[2] 张静. 基层政权：乡村制度诸问题 [M]. 杭州：浙江人民出版社，2000.
[3] 孙立平. "过程－事件分析"与对当代中国农村社会生活的洞察 [C] // 王汉生，杨善华. 农村基层政权运行与村民自治 [M]. 北京：中国社会科学出版社，2001.

吴晓林认为，"事件—过程"分析方法也在一定程度过于关注个体和微观，容易犯个体主义认识论等问题，[1]容易过多关注"日常生活中微不足道的事情"，[2]进而忽略社会结构、权力运行以及制度等因素影响。从这点来看，吴晓林认为"事件—过程"分析方法忽视了对社会基本面以及稳定性因素的分析，不符合社会整体变迁理论内容，并认为"所得到的看法并不如系统分析具有的眼光周全成熟"。[3]因此，吴晓林提出了"结构—过程"的分析框架。这一框架的提出是为了避免"结构—制度"与"事件—过程"两种分析方法的不足，一方面防止因把所有因素纳入"结构"范畴而导致虚无主义，只重点关注行动与结构的触发情况；另一方面避免过度执着于微观事件，赋予现实以足够的理论关怀。[4]在具体研究中，把"结构"聚焦于各种权力主体之间的关系，把"过程"聚焦于各主体围绕权力、资源等进行的各类活动。其中，"结构"决定了在何种制度条件下实现秩序；行动者则在"过程"中不断和"结构"进行互动。

三、基于"制度—结构—过程"框架的探索分析

我们较为认同"结构—过程"范式的出发点，即避免研究的虚无主义和给予现实更多理论关怀。但是我们在进行农民技术选择与应用分析时发现，国家倾向于实现数字公平的宪制规则、消弭数字鸿沟的政策规则等，而且这些在很大程度上影响了农民技术选择与应用。尤其是对于那些身处偏远农村、自身数字素养较低的群体，如果没有国家大力推进

---

[1] 吴晓林. 理解中国社区治理：国家、社会与家庭的关联[M]. 北京：中国社会科学出版社，2020.
[2] 李猛. 迈向关系/事件的社会学分析：一个导论[C]//王汉生，杨善华. 农村基层政权运行与村民自治[M]. 北京：中国社会科学出版社，2001.
[3] 戴维·伊斯顿. 政治生活的系统分析[M]. 王浦劬，译. 北京：华夏出版社，1999.
[4] 吴晓林. 结构依然有效：迈向政治社会研究的"结构-过程"分析范式[J]. 政治学研究，2017，133（02）：96-108+128.

网络基础设施建设、居民数字素养提升工程等，可能大部分农村以及生活在农村的居民都会处于"数字鸿沟"的被动处境中。因此，我们觉得，至少在关于居民数字技术的选择与应用研究中，制度的因素是非常重要的。虽然在"结构—过程"框架中也提到了制度的影响，但是我们认为需要进一步加大对制度的关注，分析制度对农民行为的影响，以及农民行为对制度的重塑情况。

基于上述思考，我们尝试对制度主义和"结构—过程"分析范式进行融合，期望以"制度—结构—过程"的框架，去分析数字时代背景下农民的技术选择与应用行为。我们之所以把其称作"框架"而非"范式"，是出于如下考虑的：①"制度—结构—过程"的提出，是我们在农民数字技术选择与应用中的探索性研究，尚未成为学界普遍认可的研究结论，因此以"框架"标注更为合适。②受篇幅与前期积累影响，尚未对这一探索性工作做丰富的理论推演与经验事实验证，有待在后续研究中做进一步深入的验证，因此用"框架"进行表示。

从"制度—结构—过程"框架来看，从农民主体出发进行的数字化转型背景下的乡村治理研究，重点关注如下三方面内容：一是"制度"，主要关注那些"实际"影响了农民技术选择与使用行为的法律、制度、规则、习惯等；二是"结构"，关注乡村治理中的"农民、家庭、村集体、政府部门、党组织、市场主体、社会组织"等多元主体；三是"过程"，关注农民在现有制度下是如何选择自己的数字技术应用行为的，其他主体是如何通过权力形式、资源配置影响农民这一过程的，以及在这个过程中，是如何与现有制度进行互动。

第二节　技术执行框架：组织与个体维度

一、技术与组织关系讨论

学界关于技术与组织关系的讨论形成了丰富的成果，先后形成了"技术决定论""制度学派"与"技术社会学派"。其中，"技术决定论"认为信息技术决定组织变化的方向和结果，技术凭借其自身优势，会主导组织变革过程。"制度学派"则认为信息技术的设计、开发与使用与组织制度紧密相关，否认了技术在组织变革中的作用。"技术社会学派"整合了这两类学派观点，既反对单一的信息技术决定组织变化的观点，也反对单向的组织构建技术的观点，认为先进的信息技术对组织变化的影响，取决于组织结构和信息技术结构的相互作用过程。

随着上述研究的不断演进，形成了学界的一个重要认识：技术与组织变革之间并非简单的线性关系。对于这一关系的解释，当前主要有两种：

第一种解释是认为技术对组织变革的冲击有限。持这一观点的学者普遍认为，技术通过嵌入组织，变革了组织中的制度、组织结构以及信息流通过程，破坏了原来组织中的稳定系统。但是，组织的制度、结构等是存在刚性与惯性的，这就在一定程度消解了技术的作用，也就削弱了技术对组织制度、结构的影响，[1] 即技术对组织变革的冲击是有限的。导致这种有限冲击的原因，一方面是因为技术赋能组织变革往往是"自上而下"进行的，自然会受到既有组织制度、文化的制约甚至反抗。

---

[1] 容志. 结构分离与组织创新："城市大脑"中技术赋能的微观机制分析[J]. 行政论坛，2020（04）：90-98.

另一方面，科层组织的结构严密性、流程紧凑性，会自发地对这种外源性的技术进行规制。①

第二种解释是认为由于时间的影响，技术作用于组织的过程不仅是一个长期性的过程，同时还是一个多种因素共同作用的结果。如理性行动主义理论认为，随着时间的演进、不断地实验，组织最终会选择"最优"的技术，而且慢慢学会如何更好地使用技术。渐进主义在决策过程中主张用渐进的方法避免错误发生，他们认为这种小的政策调整比全面的调整更易被监控、分析和纠正。也就是说，技术仅仅是促进组织变革的启发性因素，但其结果并非"按照设计进行"的，而是随机的、不确定性的。

可见，对技术与组织关系的讨论，要么集中在技术层面，要么集中在组织层面，这为巴利等学者把研究焦点集中在技术和组织互动方面提供了契机。巴利认为，"技术被看作是一种诱因，引发了社会的永久变动，而社会变动反过来会修正或维持组织的外形"②，这为技术执行框架从制度和内嵌的视角进行研究提供了基础。

二、简·芳汀的技术执行框架

简·芳汀遵循了巴利关于制度和技术内嵌的理论内容，整合了制度理论与技术研究的主要观点，摒弃了技术决定论与制度决定论二元分析观点，遵守技术内生于制度约束条件的这一基本假定行为过程，构建了技术执行框架，尝试解释制度理论对信息技术的影响。技术执行框架把技术划分为客观技术和被执行技术，这为我们把握制度安排、客观信息

---

① 吴晓林. 技术赋能与科层规制——技术治理中的政治逻辑 [J]. 广西师范大学学报（哲学社会科学版），2020（02）：73-81.

② Stephen R. Barley. Technology as an occasion for structuring: Evidence from observations of CT scanners and the social oder of Radiology Departments [J]. Administrative Science Quarterly, 1990, 35 (1): 81.

技术、被执行技术、组织形式和行动结果等因素之间的复杂关系提供了理论分析框架，如图3-1所示。① 这一框架主要用于解释：组织在发展的过程中形成了独特的组织形式与制度安排，约束并规范着组织中行动者的行动；行动通过感知、设计、执行与使用，将客观技术转变为被执行的技术，由此产生不同的结果，而这些结果又会反过来影响技术执行过程、制度安排、组织形式以及行动者自身。在这一过程中，体现了如下内容：①行动者的行动是在自身理性的指引下进行的，但是受到组织制度的约束与规范；②客观技术与被执行技术是不同的，被执行技术受到了行动者以及组织制度的影响；③组织制度并非固定不变的，而是受到行动者行动结果影响的。

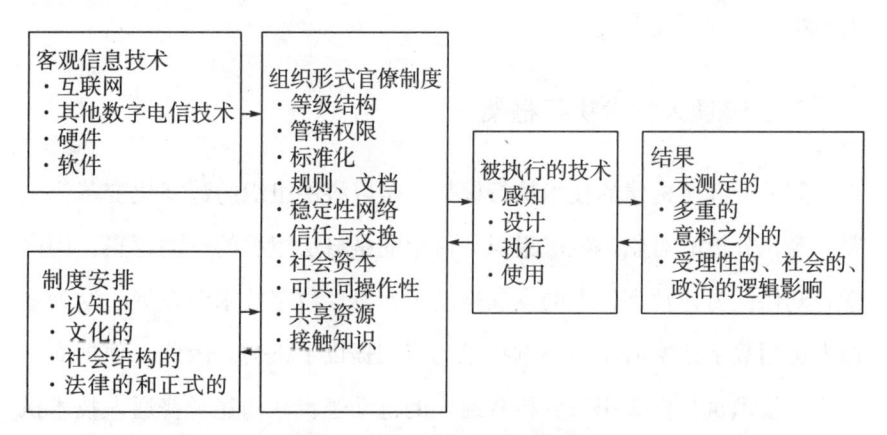

图3-1　简·芳汀技术执行框架

简·芳汀所构建的技术执行框架，主要是关注政府行动者内嵌于知识、文化、社会以及制度结构的特性是如何影响信息技术的感知、设计与使用的。技术执行被认作是认知、文化、社会结构和政治嵌入的结果，反映了行动者的感性认知和有限的理性思维，而非情况本身。执行表示个体对环境刺激的选择性注意。行动者对于在组织和制度中是否使用数

---

① 简·芳汀. 构建虚拟政府：信息技术与制度创新［M］. 邵国忠, 译. 北京：中国人民大学出版社, 2010.

字技术的决策，是在不确定情况下进行决策的典型。这种不确定和数字技术有关，也和使用数字技术对个体、组织和制度产生的影响有关。

当制度规则是明确的时候，且在该环境中没有其他方式能够明显替代时，技术执行框架可以具体化组织中的行动主体运用数字技术重塑现有规则、程序、规范和权力关系的偏好。这也就阐释了行动主体理解、设计和使用数字技术时，组织制度在这一过程中所起到的关键作用。

在技术执行框架中，认知、文化、社会结构和真实规则塑造了技术的感知、设计、执行和使用。行动者以"自己"理解，在现有的规则和关系中使用数字技术，结果可能是无意的，但是却可能会导致组织制度调整。这些组织制度的调整、积累，最终很可能会引发剧烈的结构和权力变化。

三、普通人技术执行框架

简·芳汀所构建的技术执行框架，是以科层组织的数字化变革为主要内容，分析的对象是科层组织，讨论的是科层组织的行动逻辑。国内学者刘伟认为，数字技术的发展推动了普惠性数字技术的发展，这为普通人运用数字技术后反向影响技术的应用提供了机会。因此，他把简·芳汀的技术执行框架用来分析普通人的行动逻辑，构建了普通人技术执行框架。在分析过程中，以 12345 服务热线为具体情境，以此分析普通人在使用 12345 服务热线过程中的行动特征与内在逻辑。[①]

普通人技术执行框架的提出，为我们构建农民技术执行框架提供了可行性与科学性。当然，不能直接把普通人技术框架用到我们的研究中去，因为这一框架与我们的研究还存在一定差别：①普通人技术执行框架研究的是 12345 服务热线具体情境的使用，而我们研究的情境是"数

---

① 刘伟. 普通人的技术执行：忠诚呼吁与 12345 政务热线的职能扩展 [J]. 电子政务，2023（2）：31—42.

字转型中的乡村治理"。前者情境更具象化，后者的情境范围更广。②普通人技术执行框架在分析过程中没有明确区分行动者是城市普通人还是乡村普通人。从我们的感性认知来看，城市居民使用12345服务热线的意识以及频率可能更高；在我们的研究中还趋向于把行动主体从"普通人"进一步聚焦到"农民"。

第三节 农民技术执行框架构建

技术执行框架场景设计之初是用于分析科层组织信息化系统的，研究的主要行动者是行动组织，研究的重点是科层组织的行动逻辑。进入21世纪后，随着政府不断加大力度建设基础网络设施和各类数字平台，数字技术已应用到公共服务供给、社会治理以及居民日常生活各个方面，居民已经掌握了普惠性技术资源。研究数字技术如何被居民使用，是推进数字技术与社会治理融合的重要议题。

数字化转型背景下，数字生存同样也成为每一位农民必须面对的现实问题。哪怕有些农民自己没有接入互联网，但他周围一定是有人接入并使用互联网的，这必然对他产生一定影响。面对数字生存，农民表现出何种行为？这些行为是在何种考虑下做出的？具备哪些特征？遵循哪些逻辑？如果农民的行为及其背后逻辑发生改变，那他所在的家庭、村庄是否发生了变化？这一系列问题，数字化转型背景下乡村治理都必须给出思考与解答。为了解答这些问题，我们可以通过构建农民技术执行框架进行分析。

那如何在"党—国家—社会"与"制度—结构—过程"框架下，结合现有技术执行框架，构建本文的理论分析框架呢？按照"制度—结构—过程"框架，"制度"聚焦于真正影响了农民技术选择与使用行为的法律、制度、规则、习惯等。"结构"聚焦于各种权力主体之间的关系，在"党—国家—社会"分析中，乡村治理主体包括党、政府部门、村集体、农民、市场主体与社会其他主体。"过程"聚焦于各主体围绕权力、资源等进行的各类活动。因此，我们构建如图3-2所示的技术执行框架，以此对农民互联网使用行为的决策动机、特征以及逻辑进行分析。

这里，我们使用互联网对数字技术进行具象化替代。一方面，因为数字技术范围较广，为了研究中更聚焦，我们使用数字技术中的重要技术进行分析，即互联网；另一方面，现有研究中，一般也是使用"互联网使用"等代指居民的数字技术行为。

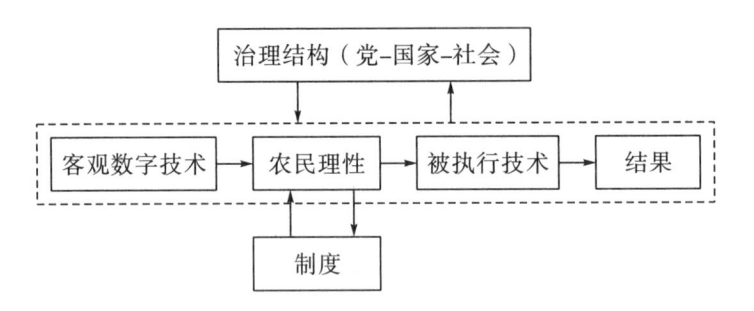

图3-2 本文构建的农民技术执行框架

为了方便后续分析，我们对农民技术执行框架中的相关概念进行简要介绍：

1. 治理结构

治理结构主要是指乡村治理各主体如何进行权力行使、资源配置等。在乡村治理中，各主体主要有：

（1）各级党组织。按照《中国共产党组织工作条例》，包括党的中央组织、地方组织与基层组织。

（2）各级政府。根据学界研究习惯，把我国政府分为中央政府、地方政府与基层政府。但学界对地方政府的划分存在两种不同的看法：一种是把乡镇政府作为基层政府，因此地方政府包括省市县三级政府；另一种是把县政府也纳入基层政府，因此地方政府包括省市两级政府。可以看出，分歧的关键在于对县级政府的划分。无论是从省市政府职能更偏向"贯彻落实""统筹协调"，还是从县域城乡融合来看，[①] 我们认为把县域看作基层政府更为合适。因此，我们研究中涉及的地方政府是指省市二级政府，基层政府则是指县和乡镇政府。

（3）市场主体与社会组织。这部分主要包括一般意义的企业等市场组织，以及非营利机构等社会组织。

（4）农民。本部分并不对"农民"的概念做详细的界定，而是指出我们这里的"农民"所指的是哪一类群体，以及为什么选择这一类群体。框架中的农民，指的是那些使用台式电脑、笔记本电脑或者智能手机等终端进行互联网接入的群体。

我们研究的前提假设是居民已经实现了互联网接入，而且关注的不仅仅是老年人、文盲、残疾人等特殊群体，更加关注的是居住在农村的农民群体。这与现有研究有所不同，现有研究更多的是关注其他群体的数字技术应用情况，如"银发鸿沟"的主体或者专门关注农民工群体等。之所以我们对更为一般的农民进行研究，是因为在调研中发现，在近年来突发的如公共卫生危机等事件中，不要说老年人、文盲等特殊群体，居住在农村的农民群体在互联网应用过程中也表现出各类问题：个人隐私泄露、复杂软件不会操作、网络诈骗等。

2. 客观技术与被执行技术

（1）客观技术主要包括两层含义，一是指一般意义上的数字技术，这种数字技术表现为对政府赋能与对社会赋权；二是互联网接入。为更

[①] 朱玉春, 胡乃元, 马鹏超, 等. 统筹推进县域城乡融合发展：理论内涵、实践路径与政策建议 [J/OL]. 农业经济问题: 1-11 [2023-05-14]. https://doi.org/10.13246/j.cnki.iae.20230508.001.

好描述后续过程,我们把互联网接入分为两类:一类是依托于台式电脑、笔记本电脑等终端的互联网接入,我们称作"常规互联网接入";另一类是依托于智能手机为终端的互联网接入,我们称作"移动互联网接入"。对于农村居民而言,如果并未进行互联网接入,那么互联网技术对于他们而言也仅仅是一种客观技术。只有当居民接入互联网并开始使用时,互联网技术才成为被居民执行的技术,也才会对居民生活和政府行为产生影响。

(2)被执行技术主要是指农民对互联网产生喜好态度、价值认知、接入与使用关系时,客观技术才成为被执行的技术。农民执行技术的结果又会对制度安排、行为选择、技术执行过程等产生新的影响,从而形成一个封闭的技术执行循环。

3. 制度:内嵌以及互动

(1)制度及其内嵌性。从制度视角探讨技术执行问题,主要解决这样一个问题,即农民如何通过适应周围的环境来获得赖以生存的资源。赛尔兹尼克把"组织"与"制度"区分开,把制度化过程定义为"稳定的、有秩序的社会整合是模式从不稳定的、技术的、松散组织的活动中浮现出来的过程"。制度的本质是一种稳定的、有秩序的模式,制度既可以规范行动者的行为,也可能成为行动者的桎梏。

祖金和迪马乔把制度分成高度相关的四类,[1] 分别是:①在微观层面,当日常生活中的习惯、认知被广泛接受且被看作理所当然时,这些习惯、认知就成为制度工具;②当故事、神话、符号等文化成为行动者信仰系统主要内容,并且能够塑造行动者行为时,文化也就成为发挥作用的内嵌资源;③组织间系统构成了机构的运作环境,这一系统包括各种机构、经济行动者和利益集团,从而形成了社会网络,当这种社会网

---

[1] Sharon Zukin, Paul Dimaggio. Structures of Capital: The social organization of the economy [M]. Cambridge University Press, 1990.

络对行动者的行为产生规范与约束作用时，也就演变为一种制度；④所有组织在合法的、规制性的政治环境中运行，这些环境由各种规则组成，即形成了正式的政府系统。因此，普通人行为受到认知、文化、社会结构和政府系统的影响，这四类构成了制度的主要内容。

（2）行动和制度的相互作用。早期制度研究无法解释个人策略行为、组织与制度变化。吉登斯把制度和结构界定为行为的赋能者。①这种"结构二重性理论"连接了行动与结构，认为个人行动受制于结构，但也维持并修正了结构。按照这一理解，制度可以被理解为一种稳定的"再生机制"。按照吉登斯等学者的研究，对于"机制"的理解有助于掌握结构。作为制度的习俗或社会规范，会引起社会对他们的"反思"，而非正式的规则是否被遵行，则完全取决于人的"意愿"。从这个角度来看，把结构变化直接归因于技术是错误的，组织的、网络的、制度的安排，以及行为内嵌于这些安排的特征，在技术执行中发挥了重要作用。

综上，制度影响了被执行人的技术以及占主导地位的组织形式，同时也反过来被他们所影响。制度以认知、文化、规范以及社会结构上的内嵌等形式进入技术执行框架。技术执行的结果是多样的、不可预知的，源自技术、理性、社会和政治的多重复杂逻辑。

第四节　本章小结

基于制度主义范式与"结构—过程"范式，探索提出"制度—结构—过程"分析框架，重点关注如下三方面内容：①"制度"，主要关

---

① 安东尼·吉登斯. 社会的构成：结构化理论纲要［M］. 李康，译. 北京：中国人民大学出版社，2016.

注那些"实际"影响农民技术选择与使用行为的法律、制度、规则、习惯等；②"结构"，关注乡村治理中的"农民、家庭、村集体、政府、党组织、市场主体、社会组织"等多元主体；③"过程"，关注农民在现有制度下是如何选择自己的数字技术应用行为的，其他主体是如何通过权力形式、资源配置等影响农民这一选择过程的，以及在这个过程中，各主体是如何与现有制度进行互动。

技术与组织关系的讨论，经历了"技术决定论""制度学派"与"技术社会学派"不同阶段，"技术社会学派"整合了前两个学派观点，认为信息技术对组织变化的影响，取决于组织结构和信息技术的相互作用。

简·芳汀遵循制度和技术内嵌的理论内容，整合了制度理论与技术研究的主要观点，以科层组织为分析对象，构建了讨论科层组织行动逻辑的"技术执行框架"。国内学者刘伟在此基础上构建了普通人技术执行框架，以此分析普通人在使用12345服务热线过程中的行动特征与内在逻辑。

我们基于现有关于技术执行框架的理论分析，以农民为研究对象，构建了农民技术执行框架，以此分析农民互联网使用的决策动机、行为特征以及行为逻辑等，关注农民在现有制度约束下的行为选择，以及农民技术执行行为对乡村社会的重塑情况。

第四章 农民技术执行基础：
制度、技术与技术商

从本书构建的农民技术执行框架可以看出，现有制度、互联网以及农民主体是这一框架中的核心要素。因此，本部分从当前互联网使用的制度设计、技术发展以及技术商角度探讨当前农民进行技术执行的基础条件。

第一节 制度设计：鼓励与规范

一、宪制规则：崇尚公平与公共参与

宪制规则以价值为准则，以全面赋权为导向，主要特征表现为权威性、宏观性、稳定性与抽象性。[①] 为了更好说明当前宪制规则对互联网使用的影响情况，本部分从宪法和政治两个维度出发，理解影响居民互联网使用行为的宪制规则。

---

① 刘伟. 普通人的技术执行：忠诚呼吁与12345政务热线的职能扩展[J]. 电子政务，2023 (2)：31—42.

（一）宪法：实现数字公平

公平是宪法的基本价值取向，从宪法产生到发展，始终以公平为根本。虽然从古到今，对于公平的概念界定众说纷纭，但是对公平的认识始终未离开其基本内涵：一是公平允许差别存在，也就是说，公平是以一定程度地平等为基础的；二是这种公平反映了某些利益倾向，这一利益倾向在社会中表现为占主导地位的评价标准。① 可见，公平是一种有条件的平等，是人们从自身利益出发，对社会关系的一种主观认知，而这种主观认知暗含着人们创造与享受价值所具有的均衡性，这种均衡性是被国家认可的、为大多数社会人员所接受的评价标准。宪法产生于资本主义社会，我们要意识到资本主义社会以经济繁荣掩盖社会事实不公平的现实，而社会主义宪法的进步性在于即从最初就关注社会公平。基于马克思主义的理论，社会主义宪法最根本的特征就在于占有生产资料方面的公平，这代表了广大人民群众的利益。虽然在社会主义国家里也存在贫富等各类差别，但这是在根本利益一致基础上的先后差别。因为根据社会主义宪法的本质，生产资料占有的公平是不允许这种先后之差别成为根本利益对抗的阶级差别的。② 也正是因为社会主义的本质，才决定了社会主义的宪法的本质是消除剥削与两极分化，逐步减小贫富差距，以实现共同富裕为内容，以解放和发展生产力为目标。

基于对公平的理解与认识，我们认为数字时代的公平可以从权利公平、机会公平与结果公平三个维度讨论。①数字权利公平，是指全部公民享有同等获取数字要素的权利，也就是从资源供给的角度出发，认为政府只有通过不断提高资源投入，提高民众的基本数字要素才能消除因

---

① 范毅. 公平：宪法的基本价值取向[J]. 中国人民大学学报，1999（1）：83-86.
② 范毅. 公平：宪法的基本价值取向[J]. 中国人民大学学报，1999（1）：83-86.

个体能力差异而带来的"数字鸿沟"。①②数字机会公平，是指所有公民都应该享有公平的数字要素，也就是从资源需求的角度出发，认为每一位公民都应该公平享有接入和使用数字要素的机会，都拥有充分参与社会、政治和经济所需的数字技术的条件，②尤其是要切实保障诸如老年人、经济收入低等群体参与数字生活的合法权利和安全便利。③③数字结果公平，是指向数字技术的运用结果，即数字技术的应用对居民政治参与、经济收入与生活满意度的影响，是数字权利公平和机会公平的交互作用的结果。对于数字结果公平的讨论走出了绝对公平与相对公平的理论窠臼，一般认为应该追求相对客观公平，也就是在保障权利公平和机会公平的前提下，不同主体获得了公平客观的结果，虽然结果有差异，但是具有客观合理性，是依靠主体自身的努力所获得的数字红利机会。

需要指出的是，权利公平、机会公平和结果公平三者之间并不是正相关的关系。权利公平体现为资源投入情况，但是资源投入并不一定带来结果公平。我国政府不断提升网络基础设施建设，截至2021年11月，现有行政村已全面实现"村村通宽带"，④根据工业和信息化部下发的《"十四五"信息通信行业发展规划》提出，到2025年实现行政村5G通达率达到80%。但互联网使用受到家庭因素的影响，而家庭在社会中又受到社会分层的影响，这些必然对家庭成员互联网使用的方式、

---

① 黄立冬. 公平与效率视角下的数字鸿沟[J]. 四川图书馆学报，2009，172（06）：16—18.
② Frank J., Salsbury M. et al. Digital Equity & Inclusion strategies for Libraries: Promoting Student Success for All Learners [J]. The International Journal of Information, Diversity, & Inclusion, 2021, 5 (3): 185—205.
③ 陆杰华，韦晓丹. 老年数字鸿沟治理的分析框架、理念及其路径选择——基于数字鸿沟与知沟理论视角[J]. 人口研究，2021，45（03）：17—30.
④ 中国互联网络信息中心. 第49次中国互联网络发展状况统计报告[R]. 北京：中国互联网络信息中心，2022.

频率以及产生的效果等产生影响,进而造成互联网使用结果差异。此外,追求结果公平有可能影响机会公平。为了保障老年群体、经济发展落后区域等不同群体、区域的互联网接入与使用,需要考虑不同群体的不同特征进行资源投入,带来资源投入上面的不均衡。因此,平等获得资源只是实现数字公平的必要条件而非充分条件,同样拥有技术资源,但并不意味着就会利用技术资源获取数字红利。

可见,在当代中国,每一位居民都享有互联网接入与使用的权利与机会,这是由宪法赋予的、神圣且不能被侵犯的,这为每一位居民接入并使用互联网提供了法律保障。当然,我们也必须看到,公平不是无条件的绝对公平,是承认客观差别的一种相对公平,而这种相对公平是在保障居民实现互联网接入的机会与权利公平的前提下,不同居民依靠自身努力所获得的一种结果公平,这实际上从制度层面为互联网接入与使用鸿沟提供了一种解释。

(二)政治:推进公众参与

从中国特色社会主义政治发展道路来看,人民民主是一种全过程民主,这种全过程民主与西方只注重选举的代议制民主有本质区别,全过程民主则强调"人民广泛的、多方面的和多形式的有序政治参与"。① 2019年11月,习近平总书记在上海考察时指出,"我们走的是一条中国特色社会主义政治发展道路,人民民主是一种全过程的民主,所有的重大立法决策都是依照程序、经过民主酝酿,通过科学决策、民主决策产生的。"② 蔡定剑指出,公众参与民主制度是"公共权力在立法、制定公共政策、决定公共事务或进行公共治理时,由公共权力机构通过开

---

① 程竹汝. 人大制度内涵的充分展现构成全过程民主的实践基础[J]. 探索与争鸣, 2020(12):24-26.

② 李小健. 全面领会习近平总书记关于全过程民主重要论述的深刻内涵支持和确保人民当家作主——栗战书与列席十三届全国人大常委会第二十九次会议的全国人大代表座谈[J]. 中国人大, 2021(12):8-10.

放的途径从公众和利害相关的个人或组织获取信息,听取意见,并通过反馈互动对公共政策和治理行为产生影响的各种行为","公众通过直接与政府或其他公共机构互动的方式决定公共事务和参与公共治理的过程。"①

数字时代的我国民主政治更离不开广泛的公共参与。数字时代,以政府为代表的公共权力机构积极开展数字化转型,一方面是通过内部变革提升效率,另一方面向社会延伸,积极推进民主政治过程。但政府数字化转型是一个复杂的系统过程,除了需要政府、技术等力量,更离不开社会公众的参与。② 在数字时代,每一个居民都成为数据的生产者与使用者。如果缺少了公众的参与,大规模的数字产生、汇聚、共享、价值挖掘等就无从谈起。数字技术赋权社会的公众参与制度化的渠道,正在积极推进全过程人民民主的实践。③ 为推进数字技术与社会系统的深度融合,并以此为基础推进政府数字化转型,其基础条件就是居民的公共参与、使用与反馈。④

可见,在数字时代,互联网已成为推进中国特色社会主义民主政治发展的重要手段,已成为新时代公众参与的重要工具。

二、政策环境:推进与保护并行

基于实现数字公平的宪制规则,我国政府颁布了一系列政策推进互联网基础设施建设。20世纪90年代,在我国互联网发展的探索初期,网络收费贵、速度慢是制约互联网发展的主要因素,其根本原因在于网

---

① 蔡定剑. 民主是一种现代生活 [M]. 北京:社会科学文献出版社,2010:181-182.
② 陈水生. 技术驱动与治理变革:人工智能对城市治理的挑战及政府的回应策略 [J]. 探索,2019 (6):34-43.
③ 陈剩勇,卢志朋. 信息技术革命、公共治理转型与治道变革 [J]. 公共管理与政策评论,2019,8 (1):40-49.
④ 孟天广. 数字治理生态:数字政府的理论迭代与模型演化 [J]. 政治学研究,2022 (5):13-26+151-152.

络基础设施的不完善。政府不断加大网络基础设施投入，按照第50次《中国互联网络发展状况统计报告》统计，截至2022年6月，我国已经累计建成开通5G基站185.4万个，实现"县县通5G、村村通宽带"，这表明政策环境的巨大推动作用与成果。当前，我国关于互联网技术的政策已发生转变，已从推进网络技术设施建设向加快推进数字化场景应用转变。

可以看到，我国互联网基础设施建设已经较为完善，得益于各级政府部门的大力推进。为此，我们梳理了各级政府关于推进数字技术发展与应用的相关政策文件，以观察这一具体过程。

（一）法律法规

《中华人民共和国数据安全法》（2021年6月）；

《中华人民共和国个人信息保护法》（2021年8月）。

（二）党中央相关政策以及战略部署

党的十八大以来，以习近平同志为核心的党中央高度重视信息时代的发展趋势，系统谋划、统筹推进数字中国建设；

党的十九大报告《决胜全面建成小康社会 夺取新时代中国特色社会主义伟大胜利》明确提出建设数字中国战略目标，这也是数字中国首次被写入党和国家纲领性文件。

党的二十大报告《高举中国特色社会主义伟大旗帜 为全面建设社会主义现代化国家而团结奋斗》提出要建设网络强国和数字中国。

2023年，中央一号文《中共中央 国务院关于做好2023年全面推进乡村振兴重点工作的意见》关于"扎实推进宜居宜业和美乡村建设"部分明确指出，要深入实施数字乡村发展行动，推动数字化应用场景研发推广。这表明即使在农村，我国网络基础设施已普遍推广，正如部分学者讨论的那样，我国的数字接入鸿沟已经明显缩小，更准确地说，我国基本消除了物理意义上的数字接入鸿沟,剩余不接触互联网的更多是心理接入鸿沟。①

2023年,中共中央、国务院发布《数字中国建设整体布局规划》,明确将数字安全、数字技术创新体系列为我国"数字中国"建设的两项重要能力。规划再次强调了数字中国的重要意义,并提出了"2522"框架。

(三)政府规划、政策文件等

《中华人民共和国国民经济和社会发展第十四个五年(2021—2025年)规划和2035年远景目标纲要》,通过专篇部署"加快数字化发展建设数字中国"相关工作与安排。

2020年,工业和信息化部印发《关于深入推进移动物联网全面发展的通知》,对2020年移动物联网的网络建设、发展规模等提出了具体的任务与要求。

2021年,工业和信息化部、中央网络安全和信息化委员会办公室联合发布《关于加快推动区块链技术应用和产业发展的指导意见》,对如何实现制造强国和网络强国战略进行战略部署。

从制度内容来看,虽然不同制度侧重点有所不同,但都是围绕一个话题,即共同推进互联网建设与保护公民。从制度制定主体来看,表现出党政一体的特点,对于一些重要事项,往往是由中共中央和国务院联合发布,如2023年中央一号文《中共中央 国务院关于做好2023年全面推进乡村振兴重点工作的意见》。而且,党是领导核心,国家是贯彻执行党的意志的,这在国家的"十四五规划"文件中得到体现,即"中华人民共和国国民经济和社会发展第十四个五年(2021—2025年)规

---

① 周慧珺,邹文博. 数字化转型背景下数字鸿沟的现状、影响与应对策略[J]. 当代经济管理,2023,45(3):60—67.

划和 2035 年远景目标纲要，根据《中共中央关于制定国民经济和社会发展第十四个五年规划和二〇三五年远景目标的建议》编制"。

综上，作为宪制规则的体现，我国政策环境秉承着数字公平理念，不断推进网络基础设施建设，在硬件条件不断完善的基础上，将关注点投向数字技术应用层面，以有效促进数字技术真正赋权社会发展。

第二节　技术发展：有效支撑

如果以 1994 年中国正式接入国际互联网为起始点，我国互联网经历了近 40 年的发展历程。这一过程中互联网从无到有、从弱到强、从少应用到普遍在场，实现了快速发展与深度应用。互联网技术发展解决了居民接入互联网的门槛问题，推动了居民在经济生产等各方面的发展。我们主要从网络基础设施建设、互联网接入方式、质量与应用模式等维度出发，分析技术发展对降低互联网使用基础门槛的作用。这种基础门槛作用的特征在于，如果没有网络技术，则无法实现互联网接入与运用；但是仅仅具备了网络技术，如果不具备一定资源支持，也难以获取数字红利。

本部分的数据主要根据中国互联网络信息中心（以下简称 CNNIC）发布的历次中国互联网络发展状况统计报告统计而来，统计时间范围为 2010 年 1 月至 2021 年 12 月。部分数据不在该范围内时，我们将对其标注清楚。

一、互联网基础设施：迅速发展

在 CNNIC 发布的历次中国互联网络发展状况统计报告中，统计了 IPv4 地址、IPv6 地址、域名、移动电话基站、互联网宽带接入端口以及光缆线路等互联网基础资源。作为居民互联网接入，更多是和移动电话基站、互联网宽带接入端口以及光缆线路相关。因此，本部分主要讨论这三类互联网基础设施的情况。

CNNIC 的第 50 次《中国互联网络发展状况统计报告》显示，截至 2022 年 6 月，我国已经累计建成开通 5G 基站 185.4 万个，实现"县县通 5G、村村通宽带"。我国互联网基础设施得到迅速发展。图 4-1 显示了 2010 年至 2021 年间互联网基础设施变化情况。总体来看，我国互联网基础设施在过去 12 年时间里均实现了高速发展。具体来看，移动电话基站数量由 2010 年的 139.8 万个，增长到 2021 年的 996 万个，增幅为 612%；光缆线路长度由 2010 年的 995 万千米，增长到 2021 年的 5488 万千米，增幅为 475%；互联网宽带接入端口数量由 2010 年的 1.88 亿个，增长到 2021 年的 10.18 亿个，增幅为 441%。

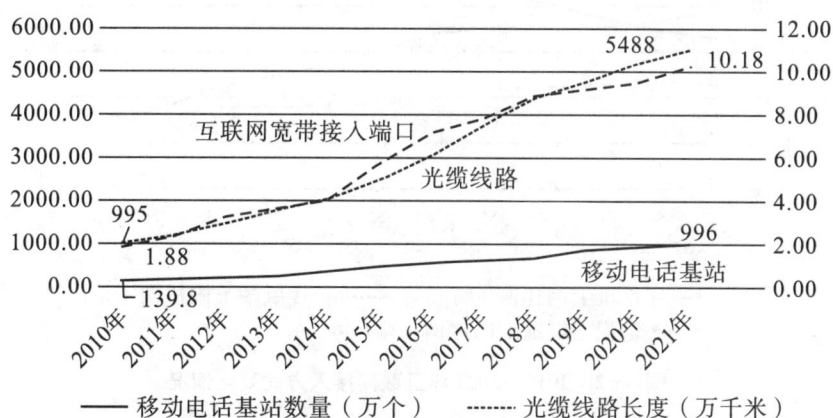

图 4-1 2010—2021 年互联网基础设施变化情况

（一）互联网接入方式：多元智能

当前，我国互联网接入有台式电脑、笔记本电脑、平板电脑、手机等多种终端，实现了人与人、人与物的全面连接。我国已从互联网时代迈向物联网时代，正式开启"万物互联"的新阶段。从 1994 年到 2009

年，我国居民连接互联网的载体主要以电脑终端为主。2006年6月，CNNIC首次公布中国手机网民数量为1300万。截至2009年12月，中国手机网民占比首次超五成。2012年6月，通过手机接入互联网的网民数量达到3.88亿，手机成为我国网民的第一大上网终端。2010年以后，伴随移动互联网的飞速发展，我国手机网民数量也飞速增长，手机网民占整体网民的比例从2010年12月的66.2%跃升到2021年12月的99.7%，如图4-2所示。近年来，随着物联网发展速度不断加快，蜂窝物联网用户规模持续扩大。三家基础电信企业发展蜂窝物联网终端用户从2018年底的6.71亿户增长至2021年底的13.99亿户，年均复合增长率达27.8%。

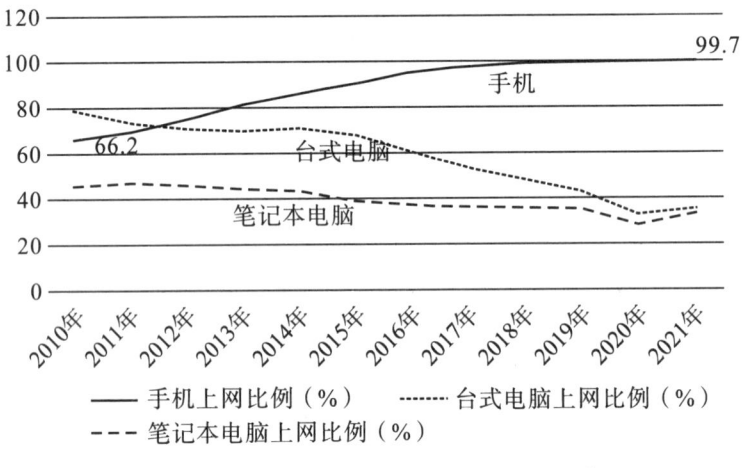

图4-2 2010—2021年互联网接入方式变化情况

从终端设备来看，我国互联网网络终端设备实现了由传统设备向智能设备的转换。党的十八大以来，我国互联网基础设施建设不断加快，5G网络等新型设施建设得到快速发展，智能可穿戴设备、智能汽车、智能机器人等新设备接入互联网，在工业制造、交通运输、现代农业等领域得到广泛应用，促进了社会公共服务供给精准化、社会生活智能化以及社会治理精细化。

（二）互联网接入质量

根据《中国互联网发展报告 2022》显示：①我国 5G 建设已引领全球。截至 2021 年 6 月，国内累计建成开通 5G 基站 185.4 万个，每万人拥有 5G 基站数为 10.1 个。移动电话 5G 用户数达 4.55 亿，已建成世界最大的 5G 网络，实现了全部地级城区全覆盖，以及 98% 的县城城区和 80% 的乡镇镇区的覆盖。②高速固定宽带普及率高。从固定互联网宽带用户来看，速率在 100Mbps 及以上的用户总数为 5.42 亿，占比达 93.8%；速率在 1000Mbps 及以上的用户总数为 7603 万，占比为 13.1%。①

从中国信息通信研究院发布的《全国移动网络质量监测报告》可以看出，我国 5G 网络覆盖范围不断扩大，全国平均下行接入速率达 334.98Mbps，平均上行接入速率达 70.21Mbps；全国 4G 平均下行接入速率达 39.02Mbps，平均上行接入速率达 21.63Mbps。当然，全国不同区域的互联网接入存在差异，5G 平均下行接入速率高的省市依次为上海、重庆与云南；4G 平均下行接入速率较高的省份分别为宁夏、青海与福建。②

从接入速率来看，5G 网络建设已经全球领先，但国内存在区域差异以及城乡差异。总体来看，不断提升的互联网接入速率，为农村居民更加流畅地使用互联网提供了技术支持与实现手段，也为创造数字红利提供了基础与保障。

（三）互联网应用模式

从信息资讯到生活娱乐，再到泛社交化，各类互联网应用特别是移动互联网应用层出不穷，推动亿万网民从"触网"到"用网"，再到

---

① 中国互联网协会. 中国互联网发展报告 [EB/OL]. [2022-09]. https://www.sgpjbg.com/baogao/99071.html

② 新华网. 我国 5G 网络平均下行接入速率达 334.98Mbps [EB/OL]. [2022-06-09]. http://www.xinhuanet.com/tech/20220609/daf7443c5927413bb01cbd0b7a12f63b/c.html

"享网"。但调研发现，不同居民之间互联网使用模式存在较大差异，但是多数受访者把娱乐、社交等活动作为移动互联网的主要使用模式，就如下面这位受访者所谈那样：

"为了混耍，微信这些就是为了和亲戚朋友这些聊天，还有耍抖音，看这种别人拍的视频，还有的话就买东西用手机支付这些。还有就是看会儿小说，下象棋这种。这会儿不像以前了，个个人都有智能手机，家家都安了 Wi-Fi、宽带这些，很多事情直接就用微信联系了，村上有啥子事都在群头通知，家族群头逢年过节这些发些红包啊，大家就混耍会儿。"【访谈对象：SC-LZ-XY-MN-QYC001】

基于个体访谈的结论是否具有一般性呢？本部分使用中国家庭追踪调查（以下简称 CFPS）2018 年数据库中的数据进行交叉检验。CFPS 重点关注中国居民的经济与非经济福利，以及包括经济活动、教育成果、家庭关系、家庭动态、人口迁移、健康等在内的诸多研究主题，是一项全国性、大规模、多学科的社会跟踪调查项目。CFPS 样本覆盖 25 个省/市/自治区，目标样本规模为 16000 户，调查对象包含样本中的全部家庭成员。CFPS2008 年、2009 年在北京、上海、广东三地分别开展了初访与追访的测试调查，并于 2010 年正式开展访问。本部分使用 2018 年劳动人口数据，删除信息不完整与不一致数据后，最终样本包括 13148 位居民。CFPS2018 年问卷收集了使用移动互联网或常规互联网用户进行价值创造在线活动的频率情况①。选项为 1-7，选项 1 代表 "几乎每天使用"，选项 7 代表 "从不使用"，得分越高，表明使用频率越低。结果表明：①从常规互联网与移动互联网接入来看，两者在互联网使用模式方面呈现出类似的趋势，即首先是工作人口使用电子邮件的频率最高，其次为社交，而学习、工作以及商业活动等使用频率都较

---

① 价值创造类活动，主要是指学习、工作等活动；娱乐、社交等属于非价值创造类活动。

低，这表明我国居民还主要将互联网用于社交活动。②对比常规互联网与移动互联网接入可以发现，除了电子邮件以外的其他价值创造在线活动，与常规互联网相比，移动互联网在参与价值创造在线活动的频率明显更低，这可能表明移动互联网更适合非价值创造类活动。这与我们调查的"娱乐泛化"情况较为相符。

第三节 技术商：认知、态度与技能

第 50 次《中国互联网络发展状况统计报告》显示，截至 2022 年 6 月，我国网民规模为 10.51 亿，规模居全球之首；互联网普及率达 74.4%，超过同期世界平均水平。互联网的普及为网民个体提供了丰富的发展机会，也为社会创新提供了强劲的驱动力，庞大的网民数量充分证明了我国已经进入信息社会。在过去，测量普通人的聪明才智使用"智商"，测量普通人的情绪商数使用"情商"。那么，在今天信息社会中，是否需要考虑建构普通人的"技术商"呢？如果"技术商"应被提出，那么如何界定？又包括哪些维度呢？这是我们本部分拟解决的主要问题。

一、"技术商"概念

根据调查访问的感受以及讨论交流的结果，我们认为是有必要提出"技术商"这一概念的，而且在实践中确实是存在着"技术商"。实际上，埃森哲咨询公司在 2020 年出版的《磨炼数字边缘 以提高业务成果》报告中对"技术商"进行了界定，认为"技术商"是构成数字技术流畅度的重要内容，包括员工热情、专业知识以及价值认知的"技术商"是数字技术弹性框架的重要组成部分。埃森哲提出了"技术商"的概念，指出其重要作用以及可能相关的内容，但是并没有给出明确的细节。我们借鉴"智商""情商"的概念重新界定"技术商"，并进一步明确其具体内容。

要借鉴"智商""情商"的概念界定方式，首先要厘清"智商""情商"的概念本质。国内学者崔自铎对"智商""情商"的概念进行了分析，[①]认为"智商"概念最早由德国心理学家斯特斯提出，后来被美国心理学家特尔曼接受，以描述人的智力水平，是对个人聪明才智的测量。在1995年，美国学者戈尔曼发表《情感智力》，首次提出"情商"概念并与"智商"相对应，是对个人情绪智力的测量。通过分析"智商""情商"的概念可以发现，形式上，两者都是一种测量数值；内容上，分别是针对智力情况、情绪情况的。借鉴这对概念，我们也从形式与内容方面对"技术商"进行界定，我们认为"技术商"是指技术对人能力的一种测量，即对技术态度和应用水平的量的方面的规定，包括技术认识、态度以及实际掌握的技能。实际上，"技术商"并不是数据社会所特有的一个概念，不同技术水平下都对应着相应的"技术商"。只是我们今天每个人都处在信息社会，数字生存成为每一个人都必须面对的问题，所以，我们所讨论的"技术商"更多地体现为数字技术的"技术商"。

二、"技术商"的内容

因为在第六章，我们会详细陈述技术认知、态度以及实际掌握的技能相关内容，为了避免重复，本部分仅对这三部分的基本内涵做出描述。

[①] 崔自铎. 人的意商：一个全新的概念[J]. 理论前沿，1999 (15)：6—7.

（一）技术认知

总的来看，认知是人对作用于自身感官的外界事物进行心理加工的过程。不同学科对认知的界定有所不同。哲学领域对认知的界定对其他学科亦有启发，尤其是在心理学独立成为一门学科之前，人们谈到的认知实际上就是哲学认知。哲学认知是指人脑反映客观事物的一种过程，相当于"认识"，属于认识论的研究范畴，其解决的主要问题是与思维、存在相关的。由于心理学的独立与兴起，哲学对于认知的认识逐渐被心理学的认知所代替。从心理学来看，认知是人脑对信息的加工过程，包括注意、感知、记忆、想象和思维等系列活动。按照心理学的观点，生活中随处体现认知。

显然，技术认知在一定程度上属于心理学认知在技术层面的表现。学界对于技术认知的讨论主要关注农民的技术认知，并对农民技术认知的概念及其对技术采纳行为的影响形成了丰富的研究。参考心理学以及农民技术认知的概念，我们认为，技术认知是具备相关知识的认知主体对于技术的一种心理体验。在实践调研中，我们发现，普通人对技术的心理体验，主要是对技术应用价值的"认识"，有的把互联网当作一种娱乐的方式，有的则把互联网当作一种"发家致富"的新路径。因此，我们认为"技术商"的技术认知，主要是强调普通人对数字技术价值的认知。

技术采纳模型（以下简称 TAM）中对数字技术的评价主要包括"有用性"与"易用性"的评价，我们发现国内学者在不同学科、不同视角探索 TAM 的应用，虽然侧重点各有不同，但"有用性"与"易用性"出现的频率最高。[1] 因此，我们也从这两个维度讨论农民基于理性的互联网有用性与易用性评价。具体来看，一是普通人技术易用性

---

[1] 汪传雷，孙华，陈晨等. 技术采纳模型文献的计量分析 [J]. 情报理论与实践，2010，33 (11)：28—32.

认知，主要包括操作是否方便、维护是否复杂等。二是普通人技术有用性认知，也就是普通人将技术应用到经济领域，是否会提升经济效益；运用到生活领域，是否会提升生活满意度；运用到政治领域，是否会提升公共参与等。

（二）态度

针对态度的研究一直以来是心理学领域的重点。对于态度的界定也很多，一般认为态度是指对某个人或事物是否喜欢的一种心理倾向，部分也把态度泛化为对某一事物的认知与情感倾向。[①] Baron 构建了态度的模型，认为态度包括了情感、行为和认知三部分内容。[②] 心理学研究者还指出，态度具有"强度"这个指标，具备"较强"属性的指标不容易发生改变，也因此更能够影响行为。

按照心理学关于态度的界定，"技术商"中的态度，主要表现为普通人是否喜欢互联网的一种心理倾向。

（三）实际掌握的技能

这个是指普通人在技术执行的过程中所具有的实际能力。按照互联网使用的顺序，互联网可以包括：一是互联网接入的能力，即具备电脑操作的基本能力、Wi-Fi 等上网基础设施简单调配的能力；二是互联网使用的能力，这个范围比较宽泛，包括但不限于基本的打字能力、发送语音的能力、下载软件的能力、查找信息的能力、进行基本支付的能力、使用共享设备的能力等；三是互联网维护的能力，包括日常的杀毒维护、垃圾清除、设备卡顿简单处理的能力。通过这样的描述性分析，可以看到"技术商"中的实际掌握的技能范围是比较宽泛的，内容是比

[①] 张晓慧, 李天驹, 陆爽. 电商参与、技术认知对农户绿色生产技术采纳程度的影响[J]. 西北农林科技大学学报（社会科学版）, 2022, 22 (06): 100−109.

[②] Baron R, Byrnt D, Suls J. Exploring social psychology [M]. New York: Allyn and Ba− con, Inc., 1982.

较多的，没有办法把这些技能一一列举清楚，实际也没必要这样列举。我们要突出强调的是掌握基础的、一般性的技能，而不强调某些精深的、专业的技能。

第四节　本章小结

当前，党和国家高度重视并在实践中探索数字技术赋能乡村治理。因此，在制度层面，"鼓励与规范"村民对数字技术的选择与应用：党和国家以宪制规则提升数字公平、推进公共参与；在政策层面，通过"推进与保护并行"方式，加大网络基础设施建设，在推进村民获取数字红利时对其进行保护。

需要指出的是，数字公平一般认为应该追求相对客观公平，也就是在保障权利公平和机会公平的前提下，不同主体获得了自身公平客观的结果。虽然结果有差异，但是具有客观合理性，是依靠主体自身的努力所获得的数字红利机会。

基于国家制度的"鼓励与规范"，我国数字技术实现快速发展：①我国的网络基础设施、智能上网设备、数字化应用等硬件、软件水平得到迅速发展；②互联网接入呈现"多元智能"特征，终端设备实现了由传统设备向智能设备转换，智能可穿戴设备、智能汽车、智能机器人等新设备接入互联网；③互联网接入水平不断提升，农村互联网接入速率更加流畅，为创造数字红利提供了基础与保障；④应用模式多样，但是以看视频、打游戏等娱乐为主。

农民技术商是指农民个体对数字技术的一种测量，即对技术态度和应用水平的量的方面的规定，包括技术认知、态度与实际掌握的技能三个方面。

第五章　数字时代的农民理性：家庭本位

按照波普金的理性小农理论，小农是以个人或家庭利益最大化作为行动动机的。在数字化转型的当代中国，当数字生存成为每一个农民都必须面对的现实问题时，农民的行为选择动机是什么？理性小农理论还能对数字时代的农民行为做出有效解释吗？这是本章需要回答的主要问题。

第一节　数字生存：数字时代的现实问题

一、马克思"实践生存论"：人的生存

（一）马克思"实践生存论"

马克思终其一生关注人的现实生存，唯物史观就是对人类生存发展史的科学阐述。他认为人的生存就是人现实地在世生存。马克思认为，关于人的生存有两种界定：一是一般动物意义上的生命存活状态，也就是人维持生命的最低限度；二是在特定的属人意义上的"生存"，包含"存活"，也是人通过所特有的文化表现出来的存在方式。显然，作为人的生存，实质上就是人的生活，因而它并不只是局限于底线的生命存活

需要，而必然表达为人的生活内容、意义与方式。有意义的人的生存必然是对人的生物性生命活动的积极肯定和超越，人作为真正发展的动物具体表现为人在生存中追求发展。

马克思认为，人生存的前提条件，就是"人们为了能够'创造历史'，必须能够生活。但是为了生活，首先就需要吃喝住穿以及其他一些东西。因此第一个历史活动就是生产满足这些需要的资料，即生产物质生活本身"①。按照这一观点，马克思"实践生存论"认为，个人为了能够生存，就要获得充足的生活资料，而劳动实践是获取生活资料的唯一手段。因此，劳动实践通过满足并催生个人新需求而延续人的生存与发展。可见，马克思从经验性个人的劳动实践去理解生存论，让现实的人如其所言地"出场"，从而揭开生活世界的真面目：人能够通过劳动实践改造外部世界，进而使自身获得自我生存、自我发展与自我超越。在这一过程中，彰显人的类特性，即"自由自觉的活动"②。

现实个人的自由表现为：个人从事活动时，是在物质的、不受他们支配的界限、前提和条件下能动地表现自己，③ 就"能动表现自己"来说，个人实践是自由的。然而，这种自由也是受到如下条件制约的：①受到生产力的制约。马克思肯定了人改造自然的主体地位，但人又不可避免受到自然的时空约束。每一代人都不能随意选择劳动生产力水平，而只能基于前人生产力基础上进行创造。②受到社会关系的制约。实现个人分工合作的劳动实践实质上是社会性的劳动方式，以此形成了最基本的人类关系，即社会生产关系，进而成为人与社会的全面性关系。一方面，人是构成社会的主体，那么个人既是根据自身特点，肯定和实现自己需要、价值、地位和作用的个体，又是有意识地履行他的历

---

① 马克思，恩格斯. 马克思恩格斯选集：第1卷 [M]. 北京：人民出版社，1995.
② 马克思，恩格斯. 马克思恩格斯全集：第42卷 [M]. 北京：人民出版社，1978.
③ 马克思，恩格斯. 马克思恩格斯全集：第3卷 [M]. 北京：人民出版社，1965.

史使命、社会责任、人生义务的个体。另一方面，现实个人的自由不可避免受到其所处社会关系及其变迁的影响。③受到上层建筑的制约。现实个人不仅要进行社会实践，更要在生产方式基础上展开高层次的社会意识活动，进而构建上层建筑。上层建筑的核心是国家，国家的职能之一就在于用法律和意识形态的形式对个人的特殊利益进行干涉，①借以维护公共利益以及所有个人追求自身利益的合法秩序。可见，国家必然对个人的自由形成束缚。

在终极关怀上，现实个人是社会结构主体，社会结构理应成为个人生存与发展的条件。不管现实必然会对个人自由有什么限制，人们终会凭借劳动实践的发展获得更高的自由发展。

（二）生存与发展：不可分割，辩证统一

马克思"实践生存论"强调了人的生存，但实际上，从人类生存与发展的整个历史过程看，生存与发展是人类生命活动的两个层面，不可分割。生存是发展着的生存，而发展是生存的历史延续和超越。生存意味着有表达的愿望、实现自我的愿望，有参与的机会、求知的机会、交往的机会和娱乐的机会，这实际上就是自我发展的机会。从这个角度来看，人的生存与发展本质上是内在统一的。

生存与发展是辩证统一的。生存与发展的联系表现为：生存是发展的前提、基础和推动力。人的发展是建立在人的生存得到基本保障的前提下。发展的根本要义是不断提高人的生存质量。以发展求生存是人类区别于动物的生存的根本标志。人作为社会的存在物，作为实践活动的主体，人是通过与自然、社会的双重对象活动，从而实现"人的自我创造"，使生命得以延续。这种活动，使人能够自我创造和自我超越，这就是我们理解的发展。生存与发展的区别表现在：生存虽然强调人自身

---

① 马克思，恩格斯. 马克思恩格斯选集：第1卷[M]. 北京：人民出版社，1974.

的存在，但是不能仅仅理解为生命存活，人的生存需求是一个历史范畴，人的生存空间和生存质量都是随着人类历史的演进而日益扩大和提高的。发展强调人自身的运动和变化，而生存注重当下的需要，发展注意长远的需要。①

可见，马克思"实践生存论"强调了人的生存，但是并不仅仅是指生存，体现着生存是发展的前提、发展的根本目的是生存这一辩证统一思想，强调生存基础上的发展，发展是为了更好地生存。

二、数字生存的概念与内容

根据马克思的"实践生存论"，本书尝试提出这样的问题：在信息社会，人类的生存是否有了"数字生存"属性？或者说，"数字生存"是否已经出现了呢？对于这一问题的解答，首先需要对"数字生存"进行概念界定。

（一）技术演进与人类生存

按照马克思"实践生存论"的观点，人要生存，就必然有生存与再生存的各种需要和追求。人类的衣食住行等均来自自然和社会，自然、社会成为人赖以生存的对象，可以满足人的需要。但是，自然与社会并不会自然地、自发地、随便地满足人的需要。不同时代的人们，面对的外部环境与掌握的工具是不同的。人们只能根据时代的要求，通过反映人与自然、人与社会的对象化活动才能使人的生存价值得以实现。

在农业时代，人的生存面临的主要问题是土地资源有限且单产过低而导致的基本生活资料不足，解决这一问题的主要方式是用畜力、自然力延展或者部分代替劳动者体力，从而获得更多的基本生活资料。在这个阶段，人类掌握的技术是比较初级的与原始的。虽然生产工具的使用

---

① 徐春. 人的发展论［M］. 北京：中国人民公安大学出版社，2007.

促进了生产力的发展，但是还仅仅是一种弥补人类自身局限的初级技术，是对人身体局部功能的延伸。① 虽然这种进步在一定程度上缓解了人的劳动强度，但并没有把人从繁重的体力劳动中真正解放出来。基于这些简单技术的使用，将人与人之间联系起来的是血缘，即形成以家庭、家族等为基础的社会生产组织形式，主要社会生产方式表现为自给自足。

在工业社会时代，人的生存面临的问题是生活资料的不足，解决这一问题的主要方式是通过发展人的实践能力，从自然界获取更多的物质财富。在工业社会两百多年的发展历程中，主要发生了三次具有全局性的技术变革。18世纪60年代的以蒸汽动力广泛应用为标志的第一次技术革命，实现了机械化生产对手工作坊的替代，在促进生产力提升同时完善了社会分工。这一生产力的提升，引发了社会关系的剧烈变动，形成工业资产阶级与无产阶级，确立了资本主义制度。进入19世纪以后，以电子技术为主导、工业电气化为特征的第二次技术革命出现，实现了大规模生产与远距离传输，极大地提高了劳动生产率。这一次生产力的提升，使得资本主义生产方式进入垄断资本主义阶段。进入20世纪40年代，以电子技术为主导的第三次技术革命产生，生产方式实现了向自动化的转变，在实现人的自由解放方面迈出了重要一步。当然，我们也发现，伴随机械化、电气化与自动化的演进过程，人类在工业时代的生存表现得有些激进，因为他们觉得人类"可以"征服自然，从而也就形成了生态与资源的各类危机，进而又在一定程度上威胁了人类对生活资料的获取。这仿佛形成一个悖论，一方面人类为了获取更优质的生活资料不断进行技术变革，但是另一方面，技术变革导致了生态与资源危机，在一定程度上又威胁了人类对生活资料的获取。时至今日，随着人

---

① 贾英健. 当代技术革命与人类生存方式的变革——虚拟生存的出场逻辑及其对现实生存的虚拟性超越[J]. 中共浙江省委党校学报，2010, 30 (01)：25-31.

工智能等技术的出现与发展，人类不仅担心技术发展带来的生态危机，而且更为担心在未来的某一天，所推崇的技术是否会"替代"人类。

自1971年美国成功研制世界第一台微型计算机开始，我们进入了信息时代。在这个时代，技术体现出"技术群的特征"，包括信息技术、新材料技术、新能源技术、新生物技术和空间开发技术等。其中，信息技术是最为突出的核心技术。因此，也有学者将现代社会称之为"信息社会"。在信息时代，数字化已上升为国家战略，成为促进各行业与各部门迅速发展的重要动力，甚至可能改变传统价值主张。从生产力来看，虽然数字技术存在"生产率"悖论，但在国家宏观政策积极影响下，数字技术及其数字化转型成为提高生产效率的关键，[①] 主要是通过在更广阔时空范围优化资源配置，缩短生产时间与资源消耗，进而提高社会运行效率。从生产关系来看，数字技术促进了各种变革。在经济领域，需要构建与产业数字化相匹配的数字生产关系，催生新的数字经济新模式与新业态；在政治领域，推进行政管理体制改革与政府治理模式创新；在生活领域，数字技术渗透到公共服务、日常生活、政治参与等各领域，重构社会运行模式。[②] 可见，信息时代，数据成为新的生产要素之后，改变了生产力运行、生产关系类型，并且在政治、经济、生活等各个领域发挥越来越大的作用。但同时我们也发现，数字化转型还是一个正在发生的动态过程，其中蕴含着巨大的不确定性与复杂性。对于居民来说，如何在信息社会生存，如何获取数据资源并获得数据红利，成为当前必须面对和解决的问题。尤其是对于广大农民而言，因为他们的受教育程度、收入较低，在数字技术选择与应用过程中存在的问题可

[①] 王开科，吴国兵，章贵军. 数字经济发展改善了生产效率吗 [J]. 经济学家，2020 (10)：24-34.

[②] 翟云，蒋敏娟，王伟玲. 中国数字化转型的理论阐释与运行机制 [J]. 电子政务，2021 (06)：67-84.

能更多。加之传统文化的影响较为根深蒂固，农民如何在信息社会实现数字生存，如何获取数字资源获取数字红利，则是更加严峻的现实问题。因为他们不仅要面对现实社会中的城乡不平等问题，同时还面对数字虚拟空间中的数字鸿沟问题。

（二）信息社会中的数字生存

按照第 50 次《中国互联网络发展状况统计报告》统计，截至 2022 年 6 月，我国网民数量达到 10.51 亿人，网民人口占比达到 74.4%；5G 网络已实现行政村"村村通"。根据中国（深圳）综合开发研究院预测，2020—2025 年，中国数字经济年均增速为 15%左右，到 2025 年，数字经济规模可能突破 80 亿元，占 GDP50%或更多。到 2030 年，我国数字经济体量将达到百万亿元。这一系列数字表明，我国已经进入了信息社会。我们调研情况也显示，不管是出生在 2000 年之后的"数字原住民"，还是出生于 60 年代之前的"数字困难户"，他们不同程度地都在"熟练"使用手机等设备进行互联网连接。虽然我们的调查表现出"娱乐泛化"的互联网使用特征，但仅从连接的角度来看，当代中国的确快速步入了信息社会。就今天的中国社会来看，尼葛洛庞帝在《数字化生存》一书中描述的那个高度虚拟化的社会环境已经开始出现，在这样的虚拟化社会中，电子书籍、个人定制的新闻报刊、可穿戴智能设备以及技术实现普及，借助手机、平板电脑等智能设备，以机器生产为特征的工业社会已被超越时空范畴、人人随时随地可连接的数字时代所替代。[1]

不仅我们生存社会的时空、人与人之间的关系已经数字化，就连构成我们社会的底层运行逻辑也正在经历数字化转型。[2] 我们今天的生活

---

[1] 尼葛洛庞帝. 数字生存 [M]. 胡泳, 范海燕, 译. 北京：电子工业出版社, 2017.
[2] 胡泳.《中国互联网 20 年：数字大革命和数字生活困境》[N]. 新京报, 2018 年 10 月 25 日。

均被数字化：我们日常生活的水电气费用结算均可通过客户端或小程序等实现线上缴费，我们的工作基本可以实现"异地办公"，我们聆听的音乐都可"随心播放"，我们随时随地可以选择自己喜欢的电视剧并重复播放。就连山城重庆特色的"棒棒军"，他们也已经依靠手机来承接生意，"如果你没有手机，就只能跟着一个有手机的'棒棒'，靠他来安排自己一天的活计。"[1] 大数据、物联网、区块链、人工智能等信息技术和我们的生活息息相关，使得我们对手机产生了严重的依赖。今天的我们，如果出门没有带手机，甚至可能"寸步难行"。我们发现，互联网就像空气、水一样，成为我们在信息社会生存的必需品。此时，我们会发现，数字生存被我们关注，并不是因为它的存在，而是因为它的缺席。[2] 从这个角度来看，我们这里所讲的数字生存，不局限于信息技术的快速发展，也不限于数字技术渗透到日常生活的程度，而是指数字技术渗透社会日常生活后带来的社会性数字化适应。[3] 在这种数字生存语境下，我们更为关注那些作为普通人的农民与信息社会的互动情况，以及数字化后农民在信息社会中的生存情况。

（三）数字生存的概念

"数字生存"的概念首先由尼葛洛庞帝提出，认为随着科学技术的不断发展，数字生活必将到来。在数字生活中，人们将生活在高度虚拟化的环境中，在这环境中完成行为交互与信息交流等。[4] 可以看出，尼葛洛庞帝是用描述性的语言界定"数字生存"概念的，强调因数字生活无处不在才需要数字生存，也就是从外部环境变化视角界定数字生存。国内学者胡泳也沿着这一视角对数字生存进行概念界定，将数字生存描

---

[1] 朱虹. 生活方式的变迁与手机社会功能的演变——基于中低收入群体的调查分析[J]. 南京大学学报（哲学·人文科学·社会科学版），2011，48（03）：42-50.
[2] 胡泳. 原子与比特[J]. 新闻战线，2016（23）：38-39.
[3] 胡泳，年欣. 中国数字生存的加速与升级[J]. 新闻与写作，2020（12）：5-13.
[4] 尼葛洛庞帝. 数字生存[M]. 胡泳，范海燕，译. 北京：电子工业出版社，2017.

述为网络在生活中从不"离场",人们时刻利用这种"在场"并以之为生活方式和态度。①

还有学者从居民自身内部视角对数字生存进行概念界定,如从居民应具备的能力视角对其进行界定,当然不同学者认为应具备的具体能力是有所差异的。有的学者认为数字生存是信息社会人们生存与发展必须具备的、用于生产和生活的能力,主要包括技术知晓、技术应用与技术文化。② 有的学者认为是能够适应数字化环境,并进行生产、生活以及社会交往的实践能力,包括意识、知识、技术、文化与行为等。③ 还有学者认为包括技术想象力、激活个体能力以及技术赋权能力等。④ 世界经济论坛将其定义为"描述一个实体并确定该实体可以参与的交易的个人属性的集合"⑤。

通过分析上述关于数字生存概念可以发现,不管是从外部环境还是内部自身能力出发,现有对数字生存概念的界定都未涉及对"生存"本质特征的分析。通过笔者的实践调研,我们将农民技术执行的生成逻辑总结为农民的数字生存,数字生存是我们分析的重要概念,我们希望从生存本身的特征出发进行分析。因此,我们尝试从马克思关于生存的概念出发,对数字生存的概念进行界定。

将目光再次聚焦于马克思的"实践生存论",马克思这样理解"生存":个人为了能够生存,就要获得充足的生活资料,而劳动实践是获

---

① 胡泳. 数字位移:重新思考数字化 [M]. 北京:中国人民大学出版社,2020.
② 张立新,林文婷. 数字生存能力概览—信息技术课程目标的提升 [J]. 现代教育技术,2012,22 (2):33—35.
③ 张丽霞,袁丽. 数字生存能力的内涵与结构解析 [J]. 中国电化教育,2012 (1):24—28.
④ 周海宁. 论互联网时代受众的数字生存能力 [J]. 出版发行研究,2018 (12):23—28.
⑤ Mcwaters, R. J.: A blueprint for digital identity the role of financial institutions in building digital identity. In: World Economic Forum, Future of Financial Services Series, pp. 1—108,August 2016

取生活资料的唯一手段。人能够通过劳动实践改造外部世界，进而使自身获得自我生存、自我发展与自我超越。而且，马克思指出，有意义的人的生存必然是对人的生物性生命活动的积极肯定和超越，人是真正发展的动物就具体表现为人在生存中追求发展。据此，我们尝试概括出马克思理解"生存"概念时所包括的几个重要因素，即生活资料、实践、外部世界、自我、生存中追求发展。按照这一理解，我们认为，在数字时代，人的数字生存可以描述为：个人为了在信息社会中生存，需要通过使用互联网获取虚拟空间的"数字生活资料"。在互联网使用过程中，既涉及互联网接入等外部环境，也涉及自身教育程度、经济收入、价值判断等自身因素，其意义在于通过数字生存追求个体在虚拟空间的数字发展。

需要指出的是，我们也关注到了学界对于"数字生存"的批判，批判数字生存表现出明显的"二律背反"，即人类技术进步（形式化的人类）与人类的生存异化（人类的形式化）同在。[①] 我们认同学界对"数字生存"的批判性思考，但我们这里依然想对数字生存及其这一背景下农民行为进行探讨，因为我们觉得：一方面，当数字生存成为一种不得不面对的现实时，我们应该试图去理解它；另一方面，只有深刻的、全面的理解，才有可能对其进行引导或治理，从而进一步推进人类的全面而自由的发展。

三、数字生存前提：身份与流畅度

在物理现实世界中，要实现"生存"，一方面要成为一个活生生的人，并具备某种身份；另一方面则是要具备生存的素养能力。与物理现实世界中的"生存"相似，在数字虚拟世界中的数字生存，同样需要身

---

① 张雄. "数字生存"的存在论追问 [J]. 江海学刊，2022（04）：22—31.

份与素养能力，我们称之为"数字身份"和"数字流畅度"。

（一）数字身份

马克思用"纯粹经验的方法"确定"实践生存论"的逻辑起点："任何人类历史的第一个前提无疑是有生命的个人的存在。"那么，数字生存的第一个前提则无疑是"有生命的个人的存在"。在数字虚拟世界中，个体是否具有生命的存在特征，取决于是否具有获取进入互联网的身份，这正如我们访谈的一位对象所描述得那样：

"有时候吧，看到周围邻居在淘宝买的东西，又便宜又好，我们就也想去买，可是一打开淘宝发现，还必须注册，注册完了之后还得弄身份证、银行卡，我担心自己不会操作，会不会把钱都弄丢了，所以也就没弄了。可是，也就没办法在上面买便宜的好东西了。"【访谈对象：LN-HC-GW-ZJ001】

因此，我们把获得互联网使用的基础称作"数字身份"。数字身份是第四次工业革命的基本组成部分之一，随着近十年来数字技术的快速提高，数字身份问题已经不可避免。身份认同使个人有权获得各种服务，如投票、教育、就业、保险、医疗保健等。然而，目前世界上大约有10亿人没有任何形式的数字身份。缺乏身份对生活在农村地区的人，特别是妇女、儿童和经济落后的家庭成员有重大影响。全球数字经济的不断发展要求个人成为独特的可识别者，从而成为不断增长的数字经济的一部分。基于这一考虑，联合国设定了关于数字身份的目标：建议到2030年，每个人都应该获得一个法律富裕的数字身份。[1] 世界银行意识

---

[1] Mir, U. B., Kar, A. K., Gupta, M. P., Sharma, R. S. (2019). Prioritizing Digital Identity Goals—The Case Study of Aadhaar in India. In: Pappas, I. O., Mikalef, P., Dwivedi, Y. K., Jaccheri, L., Krogstie, J., Mäntymäki, M. (eds) Digital Transformation for a Sustainable Society in the 21st Century. I3E 2019. Lecture Notes in Computer Science, vol 11701. Springer, Cham. https://doi.org/10.1007/978-3-030-29374-1_40.

到新时代身份识别系统向人民提供基本服务的转型能力的重要性，启动了 ID4D 项目，目的是"向所有人提供身份识别并提供数字身份支持的服务"。可见，数字时代中数字身份的重要性。

根据数据生存概念，我们认为，在物理现实空间，身份是个人或群体的特征、情绪、行为、信仰和个性的混合物，在数字虚拟空间中就被称为数字身份。按照这一思路，数字身份是组成的属性，使得一个个体独特地区别于其他人。在信息社会，当数字生存成为每个农民都需要面临的问题时，人的生活已显著地从离线模式转变为在线模式，从而形成了一个在网络上匿名生活几乎不可能的时代。在数字空间生存，尤其需要通过安全和可靠的机制来创建、交换和存储数字身份。

在实际访谈中，我们发现，对于数字身份的获取，可以有不同的形式，当前则主要表现为通过手机绑定实现。因为按照当前的电信政策，每一位居民购买手机号时需要进行实名登记，这就使得通过绑定手机号实现了农民的数字身份生成。这种方式一方面快速地推进了农民接入互联网，但另一方面也存在个人信息暴露、财产安全等隐患。如何确保数字身份及其安全，成为当前亟须关注与解决的重要问题之一。

（二）数字流畅度

"数字流畅度"概念的提出，是学界关于数字原住民与数字移民问题讨论的深化。数字原住民和数字移民这对概念，是游戏教育家 Prensky 在 2001 年撰写的《数字原住民，数字移民》文章中提出的。他认为数字原住民是指那些出生在充满各种数字技术和设备的时代，并且能够本能地精通这些新型数字技术运用的人。数字移民则是指出生时间较早，在面对数字技术时，必须经过不流畅或者艰苦的学习经历才能获取数字要素和技术的人。① 因为出生时代不同,他们表现出不同的特征。比如数字原住民习惯快速接收信息,更加擅长多任务模式,他们喜欢在线上开展活动,更加喜欢游戏而非严肃性工作。而数字移民则习惯于之前的认知与关系,如喜欢纸质阅读而不习惯线上阅读等。②

对于数字原住民与数字移民的认识,学界出现了不同声音。一方面,有学者认为数字原住民和数字移民并不存在显著的差异。如Jones等认为数字原住民并没有在多任务处理方面与数字移民显著不同,但这种结论仅仅是依据小样本观察的结果;③ Perez也认为与长辈相比,年轻人也没有表现出强烈的数字一致性。④ 国内学者曹培杰等从学习风格、创造力、思维方式等方面对数字原住民与数字移民的差异进行了比较分析,认为两者在学习风格方面并不存在显著差异。⑤ 另一方面,学者认为仅仅用出生时间这一简单线性划分方法分析数字原住民和数字移民在理论上还是值得推敲的,这主要是因为以出生时间为阈值进行分析只是较为便利。例如,有学者通过对2000名教师的信息技术能力进行实证分析发现,不同年龄组之间并未在信息技术能力方面表现出显著差异。⑥ 有学者已经证实数字原住民内部并非同质,即部分原住民对数字

---

① Prensky M. Digital natives, digital immigrants Part 1 [J]. On the Horizon, 2001, 9 (5): 1-6.

② Fernandez-villavicencio N G. Helping students become literate in a digital, networking-based society: a literature review and discussion [J]. The International Information&Library Review, 2010, 42 (2): 124-136.

③ Jones C, Czerniewicz L. Describing or debunking? The net generation and digital natives [J]. Journal of Computer Assisted Learning, 2010, 26 (5): 317-320.

④ Perez S. So-called "digital natives" not media savvy, new study shows [J/OL]. http://readwrite.com/2010/07/29/so-called_digital_natives_not_media_savvy_new_study_shows#awesm=~oHEo6jTeGCWasU.

⑤ 曹培杰,余胜泉. 数字原住民的提出、研究现状及未来发展 [J]. 电化教育研究, 2012 (4): 21-27.

⑥ Guo R X, Dobson T, Petrina S. Digital natives, digital immigrants: an analysis of age and ICT competency in teacher education [J]. Journal of educational computing research, 2008, 38 (3): 235-254.

技术并没有敏锐的洞察力和良好的使用能力。[1] 实际上，现实生活中也存在这样一些例子反对这一区分法，如1980年之后出生的人也存在基本数字技能的缺失，而有些六十多岁的老年人的数字技术水平却比较高。从实践来看，必然会在现实中存在这样一些用户：他们在认知与行为方面同时具备数字原住民与数字移民的特征。

Bennett和Bayne等学者认为应该摒弃以出生时间来划分的非此即彼的二元论思想，而要从连续统一的视角去思考数字原住民与数字移民。[2] 即使是首次提出这对概念的Prensky都认为，今天再去反复讨论它们已经意义不大，更重要的是要去思考现行模式与技术如何更好适应并提升两者的数字智慧。[3] 在数字鸿沟研究领域，Wang等学者首次提出"数字流畅度"概念，认为数字流畅度是数字环境下主体通过信息、组织知识来表现其数字化适应性的一种能力，[4] 这就突破了既有研究中关于数字原住民与数字难民这种单向度、线性的思维视角，从融合视角去探讨如何推进数字技术的使用。

实际上，在图书情报、教育和企业管理等领域已有人提出数字流畅度的概念。在图书情报领域，陆敏等学者认为数字流畅度是"对读者利用信息技术获取特定资源能力的综合评价"[5]。他们认为，仅仅具备基本的信息技术素养，即能通过网络进行基本的信息搜索，对数据进行文

---

[1] Jones C, Czerniewicz L. Describing or debunking? The net generation and digital natives [J]. Journal of Computer Assisted Learning, 2010, 26 (5): 317-320.

[2] Bennett S, Maton K, Kervin L. The 'digital natives' debate: a critical review of the evidence [J]. British Journal of Educational Technology, 2008, 39 (5): 775-786.

[3] Prensky M. H. Sapiens digital: from digital immigrants and digital natives to digital wisdom [J]. Innovate: Journal of Online Education, 2009, 5 (3): 1-9.

[4] Qian (Emily) Wang and Michael D. Myers and David Sundaram. Digital Natives and Digital Immigrants: Towards a Model of Digital Fluency [J]. Business & Information Systems Engineering, 2013, 5 (6): 409-419.

[5] 陆敏, 杨发毅. 基于信息流畅的图书馆知识服务研究 [J]. 图书馆学研究, 2010, 234 (07): 75-80.

字处理等，并未达到数字流畅度的要求。在教育领域，数字流畅度是指"一个人能熟练使用数字技术并决定何时使用何种数字技术达成预期目标，同时能够讲清楚为什么他们所使用的工具能够达成他们的预期目标"①。

埃森哲在2020年发布的《磨炼你的数字优势：提高数字技术流畅度，以推动业务成果》（以下简称《数字流畅度报告》）报告中，系统全面地分析了数字流畅度的概念、类型以及提升策略。《数字流畅度报告》指出，数字化已不再是一种愿望，数字化已成为生存的必要条件。基于这一背景，《数字流畅度报告》认为，数字流畅度是一个综合框架，以数字劳动力的技术商、数字操作、数字基础设施、数字领导力和数字文化为主要维度。当员工在这四方面都具备较好表现时，员工就会有较好的敏捷性，而组织在创新等关键绩效指标方面则会处于领先地位。就如同人类掌握语言这种能力一样，这种能力能够创造新的价值。数字流畅度释放了新的知识与价值，而这是技术本身无法实现的。② 从《数字流畅度报告》的内容可以看出，阻碍个人发展的不是技术本身，而是缺少技术基础设施、文化、领导力与相关技能。数字流畅度应该与数字技术一起实现快速发展。

虽然不同领域对数字流畅度概念的具体界定有所不同，但通过对比分析可以发现，数字流畅度具有如下共性因素：

（1）数字流畅度是关注"数字技术接入"向"数字技术使用与体验"的转变。从上述概念分析可以发现，数字流畅度直接指向技术信息知识获取、使用技能情况等，暗含着已具备完善的数字基础设施这一前

---

① 迈克尔·桑基，肖俊洪. 构建技术促进学习生态：如何恰当搭配技术？[J]. 中国远程教育，2021，554（03）：24-35+60+76-77.

② 埃森哲（中国）有限公司. 磨炼你的数字优势：提高数字技术流畅度，以推动业务成果 [R]. 上海：埃森哲（中国）有限公司，2020.

提假设。这一方面与我国基本实现数字基础设施行政村"村村通"现实相符，也与2023年中央一号文件提出的"深入实施数字乡村发展行动，推动数字化应用场景研发推广"，中共中央、国务院印发的《数字中国建设整体布局规划》文件提出的建设普惠便捷信息社会趋势要求相吻合。实际上，当前社会数字化转型已从一种趋势转化为一种现实，如何在复杂应用场景中实现自身需求，让社会化制度与技术的协同匹配，是当前亟须被重点关注并得到有效解决的关键问题。

（2）数字流畅度是聚焦面向当前和未来数字环境的数字素养高阶形式。数字素养是一个包括媒介素养、信息通信技术素养、互联网素养、信息素养等概念在内的素养连续统，表现出不同媒体时代的不同诉求。[1] 因此，数字素养概念体现出综合性、动态性与开放性特征。数字素养的这些特征决定了一旦数字素养的作用呈现"边际效用递减"时，客观上就需要构建出一种新的形式与之适应。[2] 自20世纪末21世纪初数字鸿沟引发关注以来，所提倡的数字素养更多的是关注如何使用数字技术。按照新西兰教育部的观点，数字素养指的是一个有数字文化的人知道如何使用数字技术以及可以使用数字技术做什么事情。随着数字基础设施不断完善，城乡居民虽然在使用模式、结果影响等方面依然存在鸿沟，但是至少都基本掌握数字技术的使用技能。我国提出建设数字中国、信息社会的战略要求时，不能仅限于数字技术的使用，而要构建一种与信息社会建设相适应、复杂数字化应用场景相适应的新型数字素养。这种新型数字素养不仅要具备数字基本知识与使用技能，更强调居民能够完整地理解数字技术与实现目标的适配性应用，即清楚知道在何

---

[1] 王佑镁，杨晓兰，胡玮等. 从数字素养到数字能力：概念流变、构成要素与整合模型[J]. 远程教育杂志，2013, 31（03）：24—29.

[2] 陶侃. 略论读图时代的"游戏素养"及构建要素[J]. 现代远程教育研究，2009（02）：14—18+71.

种情况下使用何种技术来实现目标。我们把这种新型数字素养用"数字流畅度"来表示,把"数字流畅度"当作应对当前与未来数字环境需求的高阶数字素养新形式。

(3)数字流畅度是一个多维连续统一体。从数字流畅度的延续性来看,数字流畅度不是一个个的"点",而是一根连续的"线",是一个由低到高、由弱到强的连续统一体。因此,就不能从单一的、线性的视角对其进行界定。这也解释了为什么部分"数字原住民"数字技能弱、"数字移民"反而数字技能强的"黑天鹅"事件。从数字流畅度包含的内容来看,不管是哪个研究领域的认定,基本包括了技术基础设施、主体需求及特征、组织文化等要素,是一个多维的概念体系。这实际上解答了为什么多年来政府不断推进数字资源向乡村下沉、向农民下沉,城乡数字鸿沟依然存在、农民依然较难获取数字红利的问题。实际上,这是因为在推进社会数字转型中,过于强调技术的赋能作用,而忽略了组织制度的调试作用以及主体需求的协调作用。

综上,三方面共性因素是相互联系、相互依存与相互影响的。从结构主义观点来看,数字流畅度是一个复杂系统,内部包含着技术、组织与主体三个子系统。对数字流畅度系统的分析需要同时从显性资源与隐性规则入手,需要重点关注系统内部不同要素的行动逻辑、互动关系与相互影响。因此,我们可以梳理出数字流畅度背后暗含着的逻辑主线:数字流畅度关注的不仅仅是主体需求,也不仅仅是强调城市、乡村制度文化与技术的适配情况,更不仅仅是技术层面的可用与易用。数字流畅度是对"技术应用、组织适配、主体需求"三者相互协同、适配所产生的系统性功能的关注。按照这一运行逻辑,我们认为数字流畅度是在农民普遍实现互联网接入的情况下,当社会数字生存已由趋势成为现实、人们面对多元复杂数字化应用场景时所需的一种系统能力,这种系统能力反映了技术、社会与农民之间的协调适配情况。

第二节 农民理性：应对数字生存的选择

一、农民理性：生存、经济和社会

在社会学与经济学中，存在一个共同的经典理论，即"理性选择理论"。理性选择理论是经济学首先提出的，后来学者把这一理论应用到社会学领域，不仅用来解释个体的经济行为，而且试图用来解释个体的社会行为，其特征表现为"以宏观的社会系统行为作为研究的目标，以微观的个人行动作为研究的起点，以合理性说明有目的的社会行动"。[①] 从这一特征可以看出，理性选择理论研究的是有目的的个体行为，但是其目的却是社会系统行为，因此，那些无意识的、个体行为是不在这一理论解释范围之内的。这从以科尔曼为代表的社会学理性选择理论中可以得到证实，因为按照其观点，理性选择理论是以个人行动具有目的性为基础的，通过个体主义研究方法关注行动者，进而关注由行动者的选择所形成的客观行动事实。[②]

用社会学理性选择理论研究农民问题，是国外农民研究的重要内容之一，形成了马克思主义阶级小农、恰亚诺夫生存小农和舒尔茨理性小农三种代表性理论。在理论分析过程中，"列宁－恰亚诺夫争辩"和"斯科特－波普金争辩"成为重要内容。这些争论主要是围绕小农的行为基础与社会的制度基础，其中，"列宁－恰亚诺夫争辩"的核心是小

[①] 文军. 从生存理性到社会理性选择：当代中国农民外出就业动因的社会学分析[J]. 社会学研究，2001（06）：19-30.

[②] 詹姆斯·塞缪尔·科尔曼. 社会理论的基础[M]. 邓方，译. 北京：社会科学文献出版社，1990.

农是衰亡的还是稳定的,"斯科特-波普金争辩"的核心是小农是道义的还是理性的。对于"斯科特-波普金争辩",李丹认为主要存在三方面的分歧,一是关于个人层面上的动机与决策的本质方面的分歧,二是关于东南小农的社会制度、政治制度、经济制度的性质在经验依据方面的分歧,三是关于小农动机、目标以及集体行动方面的分歧。① 郭于华认为"斯科特-波普金争辩"争论的本质是农民行为选择的讨论,并认为"农民的行为选择与企业经济行为所依据的并不是非理性与理性之别,或道德判断与理性计算之别,而只是生存理性与经济理性之别。"② 文军则提出"社会理性"概念,认为农民在外出就业时,是在追求效益最大化的过程中寻求令人满意的行动,而非寻求最大化的利益。③

针对学界对小农行为动机及其集体行动等方面的研究过于分散且结论矛盾的现状,梁伟给出的解释是现有研究是从片面、单一视角分析农民理性的,他认为农民在实际中可能会同时存在生存理性、经济理性与社会理性,只是由哪一种理性占主导地位需要根据实际情况来判定。④ 这种关于农民理性的整合视角为我们的分析提供了借鉴:农民在不同的历史阶段可能存在多个不同的理性,只不过有一个理性在某一类行为选择时占据主导地位。如果再具体一点,我们可能会关心:随着农民自身的变化、社会环境的变化、技术的变化等,在何种情况、哪种理性占据主导地位?为了回答这一问题,我们需要回顾学界关于农民理性的研究。实际上,内容上来看,郭于华提出的"生存理性"应该与斯科特的

---

① 李丹. 理解农民中国:社会科学哲学的案例研究[M]. 张天虹等,译;刘北成,校. 南京:江苏人民出版社,2008.
② 郭于华. "道义经济"还是"理性小农":重读农民学经典论题[J]. 读书,2002(05):104-110.
③ 文军. 从生存理性到社会理性选择:当代中国农民外出就业动因的社会学分析[J]. 社会学研究,2001(06):19-30.
④ 梁伟. 农民理性扩张与小农经济再认识[J]. 现代经济探讨,2023,493(01):114-122.

"道义小农"相近;波普金的"理性小农"同时包括了个人效益最大化与家庭成员效益最大化两个层面,分别对应郭于华提出的"经济小农"与文军提出的"社会小农"。因此,我们主要分析生存理性、经济理性与社会理性的相关内容。

(一)生存理性

恰亚诺夫通过构建"劳动—消费"均衡理论以及家庭生命周期理论,解释了小农经济与农民性质。恰亚诺夫认为,驱使小农家庭的动力是劳动供给与消费满足之间达成了某种平衡。如果家庭的基本消费超过了家庭成员感受到的劳动辛苦程度,那么即使是低效投入,对家庭来说也是有利的。[①] 这实际上是指出,小农的行为选择动机源自对家庭成员的整体关注。斯科特在其道义经济理论中,将农民行为中的道德因素归纳为"生存伦理",在这种道德因素影响下,农民在行动过程中表现出"安全第一"以及"规避风险"的特征,其目的在于维护传统道德规范与社会秩序的互惠伦理与生存权。[②]

国内学者从"生存理论"视角出发,认为农民在保障其基本生存需求时表现出首先考虑"安全"的要素,其中包含了负担与风险因素。[③] 还有学者继续分析了这一要素,认为农民受到外部环境的影响,在其行为中表现出明显的"理性算计"特征,并对其生存空间进行不断扩展。[④] 可见,在生存理性引导下,农民表现出强烈的"以生存为中心"的行为特征,这种特征具体表现为"安全第一"和"规避风险"。

---

① 恰亚诺夫. 农民经济组织 [M]. 萧正洪, 译. 北京: 中央编译出版社, 1996.
② 詹姆斯·斯科特. 农民的道义经济学 [M]. 程立显等, 译. 南京: 译林出版社, 2001.
③ 王克强. 土地对农民基本生活保障效用的实证研究—以江苏省为例 [J]. 四川大学学报(哲学社会科学版), 2005 (03): 5—11.
④ 张兆曙. 生存伦理还是生存理性?—对一个农民行为论题的实地检验 [J]. 东南学术, 2004 (05): 104—112.

（二）经济理性

农民经济理性假设，源自新自由主义经济学中的"经济人"假设，认为个体在开放的市场环境中都表现出理性特征，遵循效益最大化或成本最小化原则进行行为选择。舒尔茨认为，传统农业生产要素配置效率不低，但是必须借助现代知识对其进行改造，因为农民在提高生产可能性方面已经尽力了。[1] 遵循这一思想的学者们认为，农民并不是缺乏经济理性的，虽然他们在生存边缘徘徊，但是他们仍然可能使用生产剩余进行一定的风险投资。

虽然经济理性可能和现实情况有些出入，且经常受到学界的反对，但经济理性的重要作用在于发现了农民的"算计"以及"追求利益"的特征。当然，我们更倾向于把这种"算计"理解为是为了获得生存而进行的"精打细算"，而不是商品市场上的那种"勾心斗角"的"不择手段"行为。但我们也必须认识到，虽然农民具有经济理性，但是对于农民来讲，遵守经济理性的前提必然是满足其生存的需求。在满足其生存需求前提下，农民的经济理性表现出"个体收益最大化"或"个体成本最小化"的特征。

（三）社会理性

生存理性与经济理性分别从生存、经济结构维度进行了分析，但缺少从社会文化与结构视角的分析。马克思从生产关系与阶级结构视角进行了分析，反映了社会层面的影响因素。波普金将"理性小农"定位为根据个人或家庭收益最大化来进行行为选择。国内学者尝试从文化层面分析农民行为动因，尤其是关注亲属、地缘关系网络，以及基于传统文化的道德观念等，兼顾家庭的生存状况。梁伟把农民社会理性界定为以

---

[1] 西奥多·舒尔茨. 改造传统农业 [M]. 梁小民, 译. 北京：商务印书馆, 2009.

家庭效用最大化的行为选择动机,[①] 这是对波普金的理性小农观点的继承。可见，在社会理性作用下，我国农民的行为表现出"家庭效用最大化"的特征，这与中国人传统的"家国"观念一脉相承。

需要说明的是，部分学者指出，受条件与信息限制，个体是无法达到"最优解"。在这种情况下，个体往往以满意和合理化作为选择标准。[②] 实际上，这种观点的前提还是认同农民行为是以家庭整体利益为行为选择动机的，只是对这种收益的程度有不同的看法。

二、农民理性演进：单一到多元

现在，我们需要回答的问题是：既然农民理性存在生存理论、经济理性与社会理性三种不同类型，而且在不同的时代背景与社会条件下，有一种理性在农民行为过程中占据主导地位。那么，在我国社会主义建设的不同阶段，农民理性是如何演变的呢？在不同历史时期，哪种理性占据了主导地位呢？更为关键的是，在数字化转型背景下的当代中国，乡村社会农民的理性又是如何呢？

新中国始于 1949 年，我们研究不同历史时期的农民理性一般以 1978 年为阶段划分点，即以 20 世纪 80 年代作为分界，以此讨论 20 世纪 80 年代以前和以后的农民理性演变问题。但是，如何确定数字时代呢？我们更多的是想探讨互联网已成为一种日常工具这样背景下的农民理性选择。之所以要考虑这一背景，是因为我们本次的研究主题是数字化转型背景下农民的技术执行行为，只有当数据技术被普遍使用时，我们的研究才有意义。按照学界的研究，我国在 1994 年正式接入国际网

[①] 梁伟. 农民理性扩张与小农经济再认识 [J]. 现代经济探讨，2023，493（01）：114－122.

[②] 文军. 从生存理性到社会理性选择：当代中国农民外出就业动因的社会学分析 [J]. 社会学研究，2001（06）：19－30.

络，开始了我国互联网时代，这时处于互联网普及与启蒙阶段；21世纪初为早期大众阶段；2010年左右网络载体台式电脑逐渐被智能手机所替代；直到2020年左右，包括广大农民在内的普通人真正把互联网当成是一种日常工具，每个人每天都在互联网上面产生海量数据。[1] 这一论述通过1997年至今的我国网民数量可以得到论证。中国互联网络信息中心自1997年开始统计我国网民规模，当时报告显示网民规模为62万人，互联网普及率仅为0.0005%。到2022年6月，中国网民已达10.51亿，互联网普及率达74.4%。[2] 因此，本研究把2020年确定为研究的第二个阶段划分点。据此，本研究将新中国成立以来的历史历程分为如下三个阶段：新中国成立至20世纪80年代以前、20世纪80年代至2020年、2020年至今。以此讨论不同阶段中农民的理性选择情况。

（一）新中国成立至20世纪80年代以前：生存理性蕴含着社会理性

自新中国成立至今，我国人多地少、大国小农的总体国情依然没有改变。[3] 根据我国第三次全国国土调查报告显示，2019年我国耕地总面积为191792.79万亩；[4] 2019年我国人口总数为140005万，[5] 据此计算，2019年我国人均耕地面积不足1.4亩，其中乡村人口55162万，农民人均可耕种土地仅为3.5亩。面对这一国情，农民会使用一切可以用的资源与办法去提高产量，从而形成黄宗智所讲的中国农业的"过密

---

[1] 方兴东，王奔. 中国互联网30年：一种网民群体画像的视角——基于创新扩散理论重新发现中国互联网的力量与变革之源 [J]. 传媒观察，2023，469（01）：60-72.
[2] 根据CNNIC中心发布的历年《中国互联网络发展状况统计报告》整理而得。
[3] 骆康，刘耀彬，戴璐等. 中国农地租赁市场交易双方议价能力及影响因素研究——来自中国家庭追踪调查数据 [J]. 中国土地科学，2021，35（05）：46-56.
[4] 国务院第三次全国国土调查领导小组办公室、自然资源部、国家统计局. 第三次全国国土调查主要数据公报 [EB/OL]. 新华社，2021. http://www.gov.cn/xinwen/2021-08/26/content_5633490.htm.
[5] 中国统计年鉴编委会. 中国统计年鉴 [M]. 北京：中国统计出版社，2020.

化"或"内卷化"。① 他认为，受我国小农家庭特殊组织影响，小农家庭的劳动力是固定的，家庭中的成年男子在农闲时会外出打短工。但是家庭中的老人、妇女以及具有劳动能力的小孩子被视作是"辅助性劳动力"，也就是即使不去田地耕作，也不会外出打工。所以，从这个角度来看，小农家庭中的老人、妇女以及小孩子是不存在"机会成本"的。因此，在人多地少的情况下，人口相对过剩，土地相对稀缺，小农家庭会在农忙时尽一切所能向土地投入劳动力以增加产量，即使其劳动边际报酬严重递减，他们也不会减少劳动力的投入。

从这个角度来看，农民家庭成员劳动边际报酬虽然严重递减，他们仍然这样地做的目的无外乎是出于"生存理性"的考虑：为了在没有过多其他收入的情况下，尤其是在城乡要素之间流动受到限制的情况下，为了家庭的生存，就要不断地在有限的"土地"上获取他们以为的更多的回报。这也就解释了，为什么从经济学角度来看不合理的行为，但在农民那时的日常生活中却如此常见的原因。

从国家角度来看，于1952年开始的"第一个五年计划"，标志着工业化成为制度变迁的主导力量，国家动员大量农村青年进城支援国家建设，使得城市对农产品的消费需求大幅提升。1952年底，全国工农业总产值超过了历史最高水平。其中，工业总产值比1949年增长77.5%，农业总产值增长48.5%，② 这就使得大量工业品需要通过交换实现再生产所必需的资本积累。客观条件的变化，加快了我国社会主义改造步伐，尤其是加快推进小农私有经济向集体经济转变，进而使得小农经济成为促进工业化再生产的稳定需求方。按照温铁军等学者的观点，正是国家工业化原始积累派生出农村集体经济，通过工农"剪刀

---

① 黄宗智. 我是如何思考中国小农的[J]. 文化纵横，2022，85(05)：68—76.
② 迟孝先. 中国供销合作社史[M]. 北京：中国商业出版社，1988.

差"等形式向农村集体经济提取剩余。①

无论是小农家庭特殊组织结构,还是国家以工农"剪刀差"等形式提取农村剩余价值,都使得在当时历史条件下农民的生活水平长期处于温饱水平边缘。这种条件都会使得农民遵循"生存理性"。受到中国传统乡村社会中"家庭本位"的影响,即使农民遵循的是"生存理性",但是通过有限的土地资源等要用来保障的绝不是个人,而是要保障全部家庭全部成员,所以,在这个阶段,还是以生存理性和社会理性为主的。或者说,中国农民的生存理性,本身就是包括家人在内的生存考量。在这种理性的指导下,广大的农民在日常生活中表现出"安全第一"与"规避风险"的特征。因此,在他们身上,我们经常会看到"求稳""节俭""勤劳"的优良品质。②

(二) 20 世纪 80 年代至 2020 年:三者兼有,有一种理性占主导

20 世纪 70 年代末 80 年代初,在我国农村率先进行了经济体制改革,家庭联产承包责任制的实施,使得农民获得了经营自主权,在农村土地所有权未改变的情况下解放与发展了农村生产力。广大农民可以根据自身和家庭成员的能力与情况自行安排生产经营活动,并不断调整家庭生计模式。

此时,农民的活力被激发出来,他们发现家庭成员无须全部投入农业生产中,可以尽量让家里的青壮年外出打工,靠家里的其他成员基本可以实现农业生产。农民强烈的致富欲望与农村劳动"过密化"带来的就业压力使得农民期望能够出去多"赚钱",但受到城乡户籍管理制度制

---

① 温铁军,逯浩. 供销合作社与集体经济的起源、融合发展及改革方向[J]. 学术论坛,2023,46(01):2-15.
② 徐勇. 农民理性的扩张:"中国奇迹"的创造主体分析——对既有理论的挑战及新的分析进路的提出[J]. 中国社会科学,2010,181(01):103-118+223.

约，农民进城就业致富的"念想"被制约。此时，极具中国特色的农村工业化形式出现，打破了这一僵局，即"乡镇企业"。据统计，到 1987 年农村非农产业的产值比首次超过农业；到 1989 年，农村工业与建筑业产值超过第一产业产值；到 1991 年，农村工业份额超越农业；到 1992 年，农村工业份额超过 50%大关；到 1996 年，我国乡镇企业产值已占农村社会总产值的三分之二。① 乡镇企业中农民行为虽然表现出"分业未离土"的特征，但乡镇企业的迅速发展，一方面吸纳了农村的过剩劳动力，缓解了农村就业压力，另一方面改善了农民的生活水平。②

到 20 世纪 90 年代中后期，我国的工业化与城镇化发生了历史性变化，乡镇企业因为体制原因、政策环境等陷入发展困境。此时，外资企业在中国快速扩张，政策引导下我国沿海地区与城市不断放开，我国民营经济实现快速发展。在多种所有制共同发展的时代背景下，农民选择离开农村、走出乡镇，向沿海等大城市进军以获得更高的收益。在这一阶段，农民表现出明显的"离土又离乡"的特征。据统计，在 2000 年左右中国流动人口总数为 1.43 亿，其中，从农村流出人口为 8840 万人，占总流动人口的 62%；③ 到 2010 年左右，中国流动人口总数超过 2.2 亿人，占总流动人口的 84%。④

---

① 孙中和．中国城市化基本内涵与动力机制研究［J］．财经问题研究，2001（11）：38—43．

② 夏柱智，贺雪峰．半工半耕与中国渐进城镇化模式［J］．中国社会科学，2017，264(12)：117—137+207—208．

③ 注释：参见国家统计局 2000 年人口普查数据表 7-3。全国流动人口按"全国按现住地类型、户口登记地类型分的人口合计项"计算，其中按现住地在与户口登记地省份外一项计算为跨省份流动人口．按现住地为本省份其他县（市）、市区以及本县（市）、市区内其他镇、街道人数合计计算为乡村流出动人口总数。

④ 注释：参见国家统计局发布《2010 年第六次全国人口普查主要数据公报（第 1 号）》，2011 年。原文大陆 31 个省、自治区、直辖市的人口中，居住地与户口登记地所在的乡镇街道不一致且离开户口登记地半年以上的人口为 261386075 人，其中市辖区内人户分离的人口为 39959423 人，不包括市辖区内人户分离的人口为 221426652 人。同 2000 年第五次全国人口普查相比，居住地与户口登记地所在的乡镇街道不一致且离开户口登记地半年以上的人口增加 116995327 人，增长 81.03%。

综上可见，从家庭联产承包到乡镇企业发展再到沿海地区经济进一步发展，伴随户籍制度的松动，更多的农民走出农村，到沿海等大城市"打工"，形成规模较大的打工潮。打工在经济上增加了农民家庭的收入，极大地缓解了他们的生存压力，农民的温饱问题基本解决。在此过程中，农民也逐渐采用多种就业方式扩充生计来源，农民的自主性得到了极大释放。同时，在参与市场经济的过程中，农民的经济理性不断地成长，他们也在学习按照市场规律"办事"。此外，当部分农民在城市获得更高收入，有了较高的家庭经济积累的时候，如果他们具备一定能力，大多数农民会选择把家人"接到"城市生活，进一步促进了农民的经济理性与社会理性的形成。虽然在各类新闻报道中，我们也看到了部分农民因为"暴富"而表现出的暴发户行为、风险行为，但是我们在长期的观察中发现，至少20世纪70年代以前出生的农民，即使他们现在在城市定居并具有良好的经济基础，大多数人还是保持着生存理性，甚至占据其生活主要地位，这和他长期的生活习惯以及成长环境有关。因此，在这一阶段，由于文化的长期影响以及形成的路径依赖，即使生活条件较好的农民依然保持着生存理性，可以说，这一理性贯彻了中国农民不同阶段。但同时，经济理性也在农民身上表现得越来越明显，这毕竟和改革开放这一大的环境是密切相关的。但不管是何种理性的存在，中国农民以家庭为核心、以家庭成员整体利益实现的社会理性同样存在，而且处于核心位置，表现为随着进城务工农民生活条件的好转，一般都会选择把家人"接到"城中共同生活。

（三）2020年至今：多元理性，和谐与冲突并存

在我们对新中国成立以来的历史时期进行阶段划分时，之所以选择2020年作为标准，是考虑这一年互联网成为农民日常生活的必备要素。在最初选择这个时间节点时，并未把新冠疫情因素考虑在内。当我们不断梳理研究脉络与相关内容时，突然发现，2020年至今这一时间划分，

不仅是互联网成为农民生活日常必备，而且突发的公共事件更是推进了互联网融合农民日常生活的速度。

从农民日常生活来看，2020年至今，在全面推进乡村振兴战略背景下，数字乡村建设成为实现这一战略的路径选择。数字乡村建设过程中，农民的经济生产、日常生活以及政治参与等各个方面都实现了与互联网的深度融合。比如，在经济层面，电子商务、在线交易、灵活就业等新形态新事物的出现，表明经济生活已变得"数字化"。在我们的采访中，来自东北的一位将近40岁、在农村从事服务生产的女性谈道：

我们以前主要是在市场卖衣服，在家里做，然后在市场卖，虽然生意有时好有时不好，但也都还行。可是，这几年很多人在网上卖衣服买衣服，我自己也在网上买衣服。所以我们现在市场的生意很不好。我们也试过在淘宝上卖衣服，但是都没什么人来买，我们也不知道为什么。现在，我们就会在自己朋友圈发一些新衣服的照片，有时也会有回头客来问一下我们。我们也不是很敢在上面整，因为又要绑定银行卡，又要其他认证什么的，网上不是经常有那种骗人的吗，所以我们也是不敢。

【访谈对象：LN-HC-GW-ZJ002】

农民对网上交易这种新形式表现出"又恨又爱"的心理特征。我们明显感受得到他们在面对网络时时常保持的那种"谨慎感"，但凡涉及和"钱"相关的时候，他们宁愿不使用某种功能，也不愿意去冒险。从这个角度来看，这些农民在面对数字生存时，仍然遵循生存理性原则，避免虚拟空间所存在的风险。

但是我们在调研中也发现了农民敢于"冒险"的行为，体现出经济理性特征。在我们调研的那个东北农村，会在一定程度内流行类似"六合彩"等"赌博"行为。村中有少量村民作为中心，他们和"上线"联系，每天会向大家"出题"。按照每单位不同价格计算，比如有的20元一股，有的30元一股，自己根据情况购买不同的"股"。如果猜中，会翻倍奖金；如果猜错，则失去购买的金额。经和村民了解，村里还是存在部分农民因为这一活动而损失近万元。后来，类似活动以在线形式开展。所幸的是，这一"赌博"行为在我们调研期间已被官方禁止。这一问题不仅在我们调查的东北村庄出现，下面的一则消息也表明了这一问题在全国各地的普遍性：

2018年，陕西省公安厅对互联网乡村赌博行为进行严打，主要对象为以网络游戏、非法彩票、微信红包等方式进行的网络赌博。例如，在群里每人发一定数额红包作为资金池，抽到特定钱数的网民就要和群主分享资金池的红包。[1]

从这一活动中可以发现，在农民生活普遍提高的情况下，大部分农民（我们观察村中还是有一定数量居民参与到类似活动中）都想试一试，通过某种方式以获取额外的收益。这在传统的、以稳妥为特征的乡村社会是极少发生的，因为一旦出现问题，就可能导致农田颗粒无收，一家人都会挨饿。这表明随着经济发展，农民行为表现出一定的经济理性。

在观察中，我们同时发现一个值得思考的现象：在农村，虽然多数农民把互联网当作是一种交流沟通工具，主要通过微信等和他人联系，但是在联系对象与个人关系方面却存在显著的代际差异。我们发现，20世纪70年代以及之前出生的农民，他们在使用微信与他人沟通时，互动最为频繁的首先是自己的子女与兄弟姐妹，其次是邻居等其他人；而20世纪80年代之后的年轻人，他们在使用微信沟通时，联系最为频繁的首先是同学或朋友等某个圈子层面的人，其次才是自己的父母等。当然，受计划生育政策的影响，20世纪80年代之后不少农村人是独生子女，部分家庭有两个小孩（在一定时期，部分中国农村实行如果老大是女孩，还允许再生一个的计划生育政策），但这一时期以后出生的人，

---

[1] 石喻涵. 我省公安机关严打互联网和乡村赌博[N]. 三秦网，2018-1-10. http://www.sanqin.com/2018/0210/341948.shtml.

他们在与其他人联系的互动频率上，和"业缘"朋友圈层的联系明显高于"血缘"圈层。

综上分析可见，不同群体、不同情境下，当前农民的行为中可能同时存在多种的理性。对于同一农民而言，很有可能三种理性同时出现。当三种理性同时出现时，可能会表现出某种冲突性，在行为中则表现出"无所适从"的特征。也正是因为这种原因，当前很多农民感到很"迷茫"，也很"困惑"，因为他们不知道该如何面对网络社会的很多事情，正如下面这段文字所表述的那样：

现在也不知道该信什么了。网上一会儿说有可能要房子还要涨，一会儿又说现在中国人少了，以后房子都卖不出去了。整得我们都不知道该咋办了。我们自己倒没啥，但是还在大城市生活，我们也愁，房子是买还是不买。不买吧，担心以后还涨，买不起；买了吧，担心以后卖不出去。我有时都想让他回家来算了，但是回家来也没啥能干的。【访谈对象：LN-HC-GW-ZJ002】

当然，三种理性除了表现为相互冲突之外，更多的还是表现为一种"功利性处理"。正如我国农民对待宗教的态度一样，他们往往表现出一种"功利性"的宗教信仰，见庙烧香、逢庙磕头的行为背后体现出一种短期的"功利性"。因此，当农民面对不同情境时，他们会选择"灵活处理"自己的"理性"，从而选择自认最适宜的理性指导自己的行为。

因此，基于学界关于现代社会农民多元理性的讨论，以及实践观察，我们赞同当前农民存在多元理性的观点，即同时存在生存理性、经济理性与社会理性。但是我们觉得需要商榷的是，三类理性可能并不仅仅是在不同时间、不同情境由一种理性主导。由一种理性主导仅仅是其中的一种情况，但是还有可能是并没有哪一种理性主导，从而导致农民"迷茫"的行为方式。所以，我们认为在数字化转型背景下的当代中国乡村，农民存在生存理性、经济理性与社会理性并存的多元理性，三者之间的关系是复杂的、微妙的：有可能是有一种理性占主导地位，也有可能三种理性是冲突的。但都存在以下两个共性因素：

（1）虽然不同阶段有不同的理性组合，但是社会理性，也就是体现家庭效用最大化的"家庭本位"特征一直贯穿于各个阶段。纵观我国传统乡村社会以及新中国成立至今，"家庭本位"一直是农民行为选择所遵循的原则：新中国成立，土地为农民所有，农民出动家庭全部成员参与土地生产；人民公社制度形成至改革开放前，农民以家庭为单位参与集体生产；改革开放至今，人口流动背景下，我国农民不管是在城镇还是乡村，但凡生活变得"好一些"，都会考虑把家人"接到"城镇共同生活。这充分体现了家庭在中国人心中的地位，正如王春光分析，"中国老百姓不分昼夜地拼命干活，其经济动力就在'世代之间'"[1]。也正是因为家庭在中国人心中的重要地位，我国农民才会出于家庭整体利益的考量，任劳任怨、辛苦付出，也才有我国在短时间内县域工业化的历史现实。[2] 因为这一特殊现象，我们在任何阶段去理解我国农民行为时，都要从"家庭本位"这一视角去出发，即使在数字化转型的今天，我们仍然需要从这个实践出发进行考虑。

（2）农民理性的形成发展，是随着国家不同发展阶段所形成的制度变迁而发生变化的，这实际上也一定程度上支撑了我们所构建的分析框架中的部分内容，即农民基于理性的技术执行，受到社会制度的规范与制约。结合新中国成立以来的发展变化，我们用图 5-1 来理解社会制度变迁对农民理性的影响，这也是我国农民理性从单一向多元复杂演进的时代背景与过程。

---

[1] 王春光. 中国社会发展中的社会文化主体性——以 40 年农村发展和减贫为例 [J]. 中国社会科学, 2019, 287 (11)：86-103+206.

[2] 付伟. 中国工业化进程中的家庭经营及其精神动力——以浙江省 H 市潮镇块状产业集群为例 [J]. 中国社会科学, 2021, 304 (04)：146-165+207.

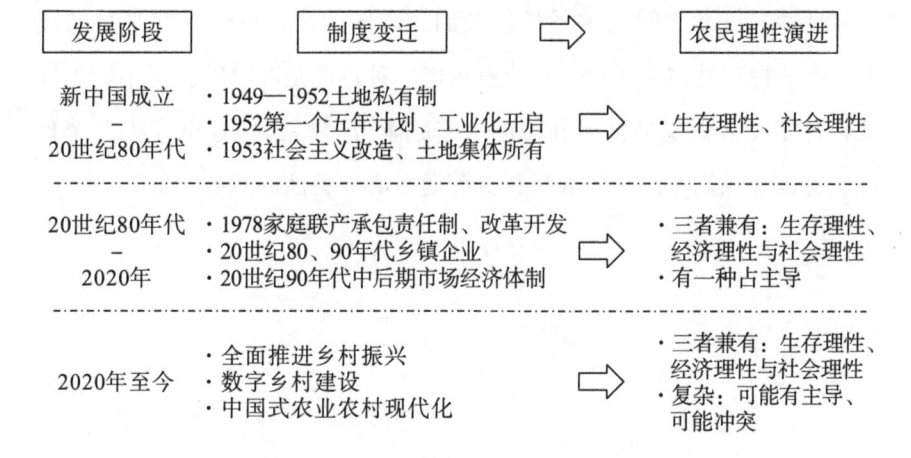

发展阶段	制度变迁		农民理性演进
新中国成立－20世纪80年代	·1949—1952土地私有制 ·1952第一个五年计划、工业化开启 ·1953社会主义改造、土地集体所有	⇒	·生存理性、社会理性
20世纪80年代－2020年	·1978家庭联产承包责任制、改革开发 ·20世纪80、90年代乡镇企业 ·20世纪90年代中后期市场经济体制	⇒	·三者兼有：生存理性、经济理性与社会理性 ·有一种占主导
2020年至今	·全面推进乡村振兴 ·数字乡村建设 ·中国式农业农村现代化	⇒	·三者兼有：生存理性、经济理性与社会理性 ·复杂：可能有主导、可能冲突

图 5-1 制度变迁下的农民理性演进

第三节 本章小结

数字生存，是指个人为了在信息社会中生存，需要通过使用互联网获取虚拟空间的"数字生活资料"。在互联网使用过程中，既涉及互联网接入、速度等外部环境，也涉及自身教育程度、经济收入、价值判断等自身因素，其意义在于通过数字生存追求个体在虚拟空间的数字发展。数字虚拟世界中的"数字生存"，需要"数字身份"和"数字流畅度"两个基础条件。

农民的行为是基于目的的策略选择，这种目的表现为农民理性。我国农民理性选择包括三种：一是生存理性，是指农民在保障其基本生存需求时行为选择首先考虑"安全"要素，包含了负担与风险考虑；二是经济理性，是指农民行为选择是出于个体收益最大化考虑的；三是社会理性，是指农民行为选择是要综合考虑家庭成员整体利益（最大化或最优化）。

在数字化转型背景下，农民存在生存理性、经济理性与社会理性等多元理性，三者之间的关系是复杂的、微妙的：有可能是在某种情况下，有一种理性占主导地位；也有可能三种理性是冲突的。但不管怎样变化，体现家庭成员整体利益的"家庭本位"特征一直贯穿于各个理性。这也是我们考虑我国农民行为问题时必须关注的重要方面。

第六章 依"理"而"行"：农民基于家庭本位的互联网选择与使用

农民理性呈现出多元且复杂的特征，表现为某一理性占主导地位或三者处于冲突的状态。但无论哪种情况，我们发现农民在日常行为选择中都表现出"家庭本位"的特征。同样，在数字化转型的今天，当数字生存成为每一个农民都必须面对的问题时，农民对数字技术的选择与应用也是遵循这样的理性选择的。那接下来的问题就是：在这种家庭本位的理性选择下，对于互联网的选择与使用表现出何种行为特征？这是本章拟解决的主要问题。

技术采纳模型，即 TAM，是美国学者 Davis 在 1989 年根据理性行为理论提出来的，用于研究技术采纳和接受。[①] 按照技术采纳模型的观点，外部变量通过对技术的"有用性""易用性"评价，影响用户对技术的态度评价，进而影响使用技术的意愿以及实际使用情况。数字时代，对于农民的日常生活而言，数字技术的选择与应用主要表现为对互联网的选择与应用。因此，本部分沿用 TAM 的思路，从农民对互联网的认知、态度、接入与使用四个维度进行分析，讨论农民如何基于多元复杂理性进行技术执行。

---

① DAVIS F, BAGOZZI R, WARSHAW P. User acceptance of computer technology: a comparison of two theoretical models [J]. Management Science, 1989, 35 (8): 982-1004.

第一节 互联网认知：有用性与易用性

TAM中对数字技术的认知主要包括"有用性"与"易用性"的评价。国内学者在不同学科、不同视角探索TAM的应用，虽然侧重点各有不同，但是在用TAM进行测量时，"有用性"与"易用性"出现的频率最高。[①] 因此，我们也从这两个维度讨论农民基于理性的互联网有用性与易用性认知。

一、互联网有用性认知：贯穿全程且持续变化

Davis将有用性认知界定为用户的主观感受程度，即用户主观上认为使用数字技术对工作绩效的促进作用。一般认为，用户感知到的有用性越高，用户越有可能产生接入互联网的可能。[②] 国内学者运用TAM对移动图书馆用户等接受行为进行分析，验证了两者之间的正相关关系。[③] 按照现有研究，我们将互联网有用性认知做如下界定：用户主观上认为使用互联网能够带来的促进作用，包括将互联网应用到经济领域，是否会提升经济效益；运用到生活领域，是否会提升生活满意度；运用到政治领域，是否会提升公共参与等。

现有研究主要关注互联网有用性认知是否会促进互联网使用，而对于如何促进使用的内部机制讨论则相对较少。此外，TAM理论是对西

---

① 汪传雷，孙华，陈晨等. 技术采纳模型文献的计量分析[J]. 情报理论与实践，2010，33（11）：28-32.
② 高芙蓉，高雪莲. 国外信息技术接受模型研究述评[J]. 研究与发展管理，2011，23（02）：95-105.
③ 朱多刚. 高校学生使用移动图书馆的行为意向研究[J]. 图书情报知识，2012，148（04）：75-80.

方经验事实的概括总结，是否符合我国情境还有待考察。因此，我们不去关注互联网有用性认知是否会促进互联网使用，我们主要讨论的是互联网有用性认知到底是如何促进或抑制互联网使用的。通过调查发现，互联网有用性认知并非一成不变的，而是随着农民对互联网使用阶段的演进而变化的。

在调查过程中，受访者的一段话引起了我们对有用性认知的思考：

开始没上网的时候，听说过别人在用这个。但是我们没什么文化，孩子也离我们远，生活也用不到什么。而且我觉得上网还得去学怎么用，太麻烦了，万一有什么不好的事情发生呢？后来，孩子教我们用，我们也就跟着用了，用着用着还觉得挺好，方便买东西、看视频之类的。可是，这几年用太多了，感觉看一会儿眼睛就不舒服，脖子也不得劲。【访谈对象：LN-HC-GW-ZJ006】

我们发现，农民对互联网有用性的认知是在变化的。从没接触的"麻烦""不好的事情"，到接触后的"方便"，再到现在"不舒服"，表达了农民对待互联网有用性认知的倒"U"形趋势。这可能和 TAM 中关于有用性的认知有所区别，因为在 TAM 中，强调有用性认知是在技术使用之前的，而我们的调查发现这种认知贯穿于互联网接入前、使用中等全过程，而且是一直在发生变化的。这可能是因为国外互联网技术接受与使用更多是用户主动的选择，而我国在推进互联网普及过程中，更多是通过被动方式让更多人直接"接触"互联网，有些人在接入互联网之前甚至没有听说过互联网。尤其是在网格化管理过程中，数字化场景与数字技术的广泛应用，使得很多原本不使用互联网的居民都接入与使用了互联网。

所以，我们认为，互联网有用性认知贯穿互联网使用的全过程，且这种有用性认知随着互联网使用的变化而不断变化。这主要受农民受教育程度影响，因为农民普遍受教育程度较低，在相对封闭的环境中较少接触互联网，即使有所接触也感受不深。因此，在此阶段表现出互联网有用性认知较低的特征。但是随着互联网使用的深入以及数字红利的获取，也对农民的认知产生了新的改变，尤其是数字红利的获取，有效提升了互联网有用性的认知。从这一角度来看，政府在提升居民数字素养时，可以继续强化居民对互联网有用性的认知，但也应该认识到，在没有接入互联网情况下的有用性认知一般较低。只有让农民在使用中感受到互联网所带来的红利，才能让他们真正提升对互联网的有用性认知。正如"没有调查就没有发言权"一样，没有互联网使用经历，可能就没有较高的互联网有用性认知。这一方面真实反映了我国农民的互联网使用情况，另一方面丰富了TAM在认知方面的内容。

二、互联网易用性认知：数字反哺

Davis将易用性认知界定为用户主观上认为的使用数字技术需要付出的代价。[①] 现有研究也证实了这一结论，即用户越认为技术容易被使用，感知的技术有用性就越高，使用的意愿就更加强烈。[②] 我们将易用性认知界定如下：农民对互联网的接入、使用难易程度的判断。通过调查发现，在互联网易用性认知过程中，子代对亲代的数字反哺，在一定程度提升了农民对互联网易用性的感知。

游戏教育家Prensky在2001年撰写的《数字原住民，数字移民》文章中，提出了数字原住民和数字移民这对概念。他认为数字原住民是指那些出生在充满各种数字技术和设备的时代，并且能够本能地精通这些新型数字技术且能够较好运用的人。数字移民则是指出生时间较早，

---

① 高芙蓉. 信息技术接受模型研究的新进展[J]. 情报杂志, 2010, 29(06): 170-176.

② 鲁耀斌, 徐红梅. 即时通讯服务使用行为的影响因素实证研究[J]. 管理学报, 2006(05): 614-621.

在面对数字技术时，必须经过不流畅或者艰苦的学习经历才能获取数字要素和技术的人。① 因为出生时代不同，他们表现出不同的特征。

从今天来看，数字原住民基本属于子代，而数字移民大多属于亲代。数字化背景下的"两代人"出现了"颠覆"，正如尼葛洛庞帝所言那样，"这种控制数字化未来的比特，比以往任何时候都更多地掌握在年轻一代的手中。"② 对于子代而言，互联网使用是一种必备的技能，他们往往在互联网使用方面具有较强"话语权"。而对于亲代来说，不要说复杂的电脑操作，就连最基础的交流语言关都成为困扰他们的主要问题。调研发现，部分在 20 世纪 60 年代左右出生的人受时代环境影响，他们没有读完小学或者进入中学学习。对于他们而言，可能连基本的汉语拼音都不会使用。在这种情况下，如果没有子代的帮忙，亲代可能对互联网的易用性认知偏低。

对于这一现象的总结与概括，来自两个总体情况相似，但是在子代帮助父母认识与使用互联网方面存在较大差异的个体案例。具体来看，这是来自东北村庄的两位村民 LYS 与 ZCY，他们之间具有很多相似之处，如年龄仅差一岁、均为小学文化水平、职业相同。但是两人在互联网使用、子女情况等方面存在显著差异，两人的对比情况如表 6-1 所示。

表 6-1 两位被访者的易用性感知

	出生年	受教育程度	职业	家庭构成	易用性认知
LYS	1959	小学	服装小作坊	爱人；两个女儿，均为初中毕业，婚后在当地附近工作	不好用，太难

---

① Prensky M. Digital natives, digital immigrants Part 1 [J]. On the Horizon, 2001, 9(5): 1-6.
② 尼葛洛庞帝. 数字生存 [M]. 胡泳, 范海燕, 译. 北京: 电子工业出版社, 2017.

续表6-1

	出生年	受教育程度	职业	家庭构成	易用性认知
ZCY	1960	小学	服装小作坊	爱人；儿子一名，研究生毕业后，在省外工作	用起来后感觉还行

从上表中可以发现，两位被访者无论是年龄、受教育程度以及职业等都非常相似，通过观察与访谈了解到，两户人家自从20世纪80年代初就成为邻居，且一直关系较好。但是在对两位被访者进行访谈时，却发现两者对待互联网易用认知存在较大差异。

受访者LYS说道："网上东西挺好，但是我也没读书，也不会打字，手机我就会打电话接电话，连发信息都发不了，更不要说用来上网了。这种东西我用不来，不过也没啥，反正在家里不上网也照样活着。"【访谈对象：LN-HC-GW-ZJ004】

受访者ZCY说道："以前没用的时候，还担心自己不会用，太难了。但是我家孩子和我说，上网之后可以视频，可以在网上买衣服，还可以买到便宜东西，我就开始用了。用完之后觉得还行，我自己还自学了笔画打字法，还挺好用的。虽然也会遇到一些问题，也还行。"【访谈对象：LN-HC-GW-ZJ005】

那到底是什么原因导致了情况相似的两人，在对待互联网易用性认知方面存在如此大的差异呢？经过对比发现，两个家庭的结构中差异较大的是子女的学历与工作情况。LYS的两个女儿均是初中毕业后即参加工作，婚后就在本地生活。因为两个女儿的受教育程度、工作忙等多因素影响，LYS的女儿们在对他上网这件事情上并未提供过较多关系与帮助。ZCY的儿子是研究生毕业后在省外工作，虽然两代人物理空间距离较远，但是彼此交往密切以及感情关系较好。ZCY的儿子时常引导他学习使用互联网，告知互联网的好处以及易用程度，这使得

ZCY在主观上认为互联网也"没那么难用"。尤其是在自己学习使用一段时间后，确实觉得"没那么难用"了。当然，这种个人自身努力的程度我们将在下一部分个体主观能动性的过程中进行讨论。

这一来自田野观察的结论，与现有研究的"数字反哺"概念实现了较好的对话。数字反哺来自社会学的"文化反哺"概念。周晓虹基于"后喻文化"提出了文化反哺的概念，认为这是"在急速的文化变迁时代所发生的年长一代向年轻一代进行广泛的文化吸收的过程"。[1] 通过数字反哺，子代向亲代传递数字技术以及相关理念，帮助他们快速融入信息社会，这同时也促进了家庭内代际间的情感沟通与连接。[2]

对于亲代而言，他们对互联网易用性认知虽然受自身受教育程度、经济条件等因素影响，但是在这过程中，子代的反哺发挥着重要作用。这种数字反哺强化了亲代对互联网易用性的认知，也就促进了他们接入并使用互联网的行为。数字反哺行为表现出"家庭效用最大化"的社会理性特征，这也说明即使进入信息社会，当数字生存成为每个人都必须面对的问题时，我国传统的"家庭"观念依然在农民价值体系中占据主要地位，这也解释了我们数字技术的迅速发展，不仅没有磨灭中国人的"家国"情怀，更在一定程度上加深了这一价值理念。

综上，互联网有用性与易用性认知共同决定了农民对互联网的态度，但是表现出如下特征：①互联网有用性认知贯穿互联网使用的全过程且持续变化，对于中国农民而言，更多的是先接触互联网，才形成互联网的有用性认知，这与我国从制度层面推进互联网使用的政策举措有密切联系；②互联网易用性认知呈现数字反哺的现象，且数字反哺促进

---

[1] 周晓虹. 中国青年的历史蜕变：国家与社会关系的视角[J]. 江苏社会科学，2015，283 (06)：71—78.

[2] 周晓虹. 文化反哺与媒介影响的代际差异[J]. 江苏行政学院学报，2016，86 (02)：63—70.

了农民的互联网易用性认知。

第二节 互联网态度：积极、消极与无所谓

按照我们对农民技术商中"态度"的界定，我们主要从农民是否喜欢互联网这种心理倾向观察农民技术执行的态度情况。主要包括"积极态度""消极态度"以及"无所谓态度"。

一、积极态度

调查发现，对互联网持积极态度的农民也有不同，具体包括：

一是"比较满意"，这主要是在使用一段时间后对互联网的评价，受访回答如下。

问：对当前网上学习、购物、视频、工作等，有什么样的感受，喜欢还是不喜欢网上的生活方式？为什么？

答：喜欢，互联网带来了便捷的生活方式，包括学习、购物、工作沟通等方面都得到了很大的提升改善。同时，视频形式的人际交往方式使联通更为方便，在工作和与亲友联通时能获取更及时的信息。【访谈对象：HN-HH-BUZX-PDC20004】

二是"满意"，这种评价对互联网带来的作用与效果表示满意，但是仍存在不适应部分线上场景的问题，受访回答如下。

问：对当前网上学习、购物、视频、工作等，有什么样的感受，喜欢还是不喜欢网上的生活方式？为什么？

答：对目前使用互联网比较喜欢和满意，但和同学、朋友的沟通仍然喜欢线下沟通，购物也喜欢线下购物。【访谈对象：ZJ-WZ-OH-CS002】

二、消极态度

通过调查发现，部分农民对互联网的消极态度可以细化为如下三种类型。

1."不喜欢"型

这种不喜欢来自两类：一类是对线上生活自身的排斥，这类群体比较喜欢线下的生活方式，受访回答如下。

问：对当前网上学习、购物、视频、工作等，有什么样的感受，喜欢还是不喜欢网上的生活方式？为什么？

答：不喜欢。相对来说还是线下的方式更有生活一些。【访谈对象：JS-XZ-TS-LYS002】

另一类则是在使用一段时间互联网之后，经过对比，发现在某些领域互联网使用的效率不高或效果不好，受访回答如下。

问：对当前网上学习、购物、视频、工作等，有什么样的感受，喜欢还是不喜欢网上的生活方式？为什么？

答：我觉得这个东西呢，它现在和技术虽然比较成熟，但是实际运用效果上会差很多。比如网课，你在线上的学习效率和在线下的教学效率和听课效率相对比都会打个折扣，要怎么做到一个有效的反馈是接下来需要提升的一个地方。【访谈对象：JS-XZ-TS-LYS002】

2."不愿意改变现状"型

在我们的调查对象中，部分人觉得现在这种手机上网挺好的，不愿意再去学习新的技能，也不愿意去参加相关培训。这在某种程度上体现了农民"生存理性"的特征，"求稳""不愿意变化"，对当下的状态与生活非常满意。

问：对未来数字化设备或接受培训有哪些期待？以后想用什么设备上网？如果有人提供免费互联网使用培训，是否愿意参加？如果愿意参加,最想接受哪方面培训?

答:没有期待,就用手机挺好。不愿意去再学习了,也不想动了,现在挺好的。可以看视频、买东西,还可以和家人聊天。够了。【访谈对象:ZJ-WZ-OH-CS002】

3."接受能力弱"型

在我们的调查员进行实地观察过程中,发现部分农民因为受教育程度较低,对互联网接入的能力相对较弱,这也就使得部分农民对待互联网的态度较为消极。一方面是因为担心自己无法很好使用互联网,另一方面是担心因为"不懂"互联网,而在网络上被人欺骗等。

三、无所谓态度

调查发现,对互联网持无所谓态度的群体可以细分为三类。

1."被要求使用"

在我们向访谈对象了解为什么要上网这个问题时,他们大部分表示因为各种原因被迫加入互联网。虽然这个问题是关于接入互联网动机的,但是通过调查小组成员的不断讨论,我们认为在这些描述中,反映出农民因为"被要求使用"而对互联网有一种"无所谓"的态度。因为被要求使用,所以并不考虑重不重要、好不好,因为都必须使用。当然,对于"被要求使用"的场景有所不同,有些是因为公共事件,有些是因为工作要求,受访回答如下。

问:您为什么会上网?什么原因使得您开始上网?

答:在初中时开始上网,但那时不像年轻人自发地使用互联网,年代不同,是因为工作的原因开始上网的。【访谈对象:ZJ-WZ-OH-CS003】

2. "无所谓"

部分访谈对象因为并没有深入使用互联网，所以认为互联网对生活的影响不是很大，对互联网表现出一种无所谓的态度，受访回答如下。

问：对当前网上学习、购物、视频、工作等，有什么样的感受，喜欢还是不喜欢网上的生活方式？为什么？

答：对目前使用互联网感觉还好，由于并没有深度使用互联网，所以感觉有互联网没互联网，生活都差不多，没有大的变化，不像学生要上网课、用网络查资料或看网络视频、打网络游戏，自己本身也从事餐饮行业，不是很依赖互联网。【访谈对象：ZJ－WZ－OH－CS003】

3. "好坏参半"

在我们的访谈对象中，部分农民对互联网的态度呈现好坏参半的状态，这可能和农民的生存理性相关，一方面想去感受互联网带来的便利，但是其"求稳"心态又担心互联网的使用带来诸多负面影响，受访回答如下。

问：当前网上学习、购物、视频、工作等，有什么样的感受，喜欢还是不喜欢网上的生活方式？为什么？

答：现在看视频看新闻非常方便，很喜欢这种生活方式，但是不会购物。第一，不会用手机支付，也害怕点错把银行卡的钱都点没了；第二，看不到实物，网络购物的东西只有图片，质量不能保证，而且也没有什么东西需要上网购物。【访谈对象：HN－XX－HH－BUZX－PDC20004】

第三节　互联网接入：动因、成本与设备

在对互联网认知以及态度形成的基础上，构成了农民日常生活中的

互联网接入。本部分主要从互联网接入动因、成本以及设备情况进行讨论。

一、互联网接入动因：主动接入与被动接入

（一）主动接入

主动接入，主要是指部分居民在面对数字生存时所表现得积极与主动，主动接入群体以数字原住民为主、部分数字移民为辅。

对于数字原住民而言，自他们出生时，互联网已成为社会生活的一种标配，他们的周围充满了各种数字技术和数字设备，他们本能地精通这些新型数字技术且能够较好运用它们，就如一名受访者在交流过程中谈到，他的小孙子才几岁都可以使用手机语音视频功能了。貌似对于这些数字原住民而言，他们不需要培训就能够自动适应数字技术，就如同在生活中，不需要别人有意教我们爬行，我们自己就可以掌握这项技巧一样。

除了这些本能之外，他们还在学校正规教育中获得了系统的信息素养与技能培训。所以，互联网就像我们学习"写字"一样，成了每一位学生必须掌握的必备技能，这也使得数字原住民顺理成章地去使用互联网，而并不把互联网当作是一种需要特别去学习的对象与内容。

数字移民则是指出生时间较早，在面对数字技术时，必须经过不流畅或者艰苦的学习才能获取数字要素和技术的人。现有研究认为，数字移民一般而言更习惯于纸质阅读，而非线上阅读。但是在调研中发现，部分数字移民在互联网学习上表现出一种积极的态度，如：

现在互联网真好，啥都能看到，啥都能买到，买到的东西还比平时买得便宜。这个东西还是得学，不学肯定不行。我现在就用它看新闻、打游戏、网购，家里很多东西是网上买的。【访谈对象：LN－HC－GW－ZJ007LZS】

当然，我们也很好奇，为什么这些数字移民会对互联网使用表现出如此积极的态度，经访谈发现，他们大多是在子女的帮助下认识到互联网的重要性和便利性，一经接触便激发了他们的浓厚兴趣，从而积极主动地接入互联网。这再次印证了我们提出的"数字反哺"特征。

（二）被动接入

被动接入，是指居民自身并未积极地接入或使用互联网，往往是因为一定的原因而接入的。从调查的情况来看，主要有如下三种动因。

一是来自与家人联系的需求。在互联网普及之前，留守在农村的居民，一般是通过电话与在外工作或学习的家人保持联系。随着互联网首先在城市得到普及与推广，这些在城市居住的居民就会向在农村的家人普及使用互联网进行沟通的好处，如"通过微信免费电话""不仅能听到声音，还能看到人"等。这就迫使生活在农村的农民不得不去学习使用互联网，如我们采访的一位村民这样描述她与在外工作儿子的联系情况：

学会手机上网以后，打电话就非常方便了，有什么事情随时随地都可以和孩子说。而且，我们也经常视频，虽然见不到面，但是也没啥，电话里看到了也就看到了，就挺好的。【访谈对象：LN-HC-GW ZJ006】

这种为了与家人联系而被动接入互联网的居民，在现实中分为两类，一类是接入后积极主动学习互联网的，我们把这一类归到"主动接入"中；而另一类则是只学会使用微信的语音、视频功能，而不愿意去学习使用其他功能的，我们把这类归结为"被动接入"。实际上，因为当前在农村居住的以老人、妇女和小孩为主，而妇女相对比较年轻，一般会自己学习使用互联网。所以，在乡村出于和家人考虑而被动接入互联网的群体主要是老人。而这些老人主要是在其子女的引导、"教育"等方式下接入并使用互联网的，这一方面体现了"数字反哺"，而另一方面也说明传统农村家庭中权力结构的改变,即从传统的"老赋人权"变为"技术赋权"。"老赋人权"是指在传统农村家庭中,家中年长的人作为家庭的"权力中心",而随着数字技术的发展,掌握更多技术的家庭成员成为"权力中心"。这种家庭权力结构的转变在一定程度也反映在乡村权力结构中。

二是来自群体压力。随着互联网的普及与运用,互联网融入了农民生活的各个方面。从政治参与来看,我们调研的村庄已经建立了微信群,村委会在微信群里宣传各级各类政策以及事项,村民可以通过在微信群表达意见和诉求,这迫使部分农民也去学习使用信息技术,因为可能"担心群里有些事情,如果大家都讨论了,而自己没看到,可能会影响自己的利益"。从经济生活来看,多数村民已经习惯了网购,而且物流可以配送到村里的"家庭超市"等集散中心,当村民发现大家都在网上买到便宜的"好东西"时,他们觉得"如果自己不买,就吃亏了"。从生活满意度来看,当节假日家庭聚会时,很多村民会一边和家人聊天,一边"看微信""玩抖音",家人还要在微信群里"抢红包"。这时,如果不会使用这些,一方面会觉得自己落伍了,社交也没什么意思,另一方面也会在"抢红包"方面觉得自己在钱上"吃亏了"。可见,当前农民迫于群体压力使用互联网时,实际上表现出两种不同的心理,一种是"其他人都会而自己不会"的压力,而另一种则是"不用则会吃亏"的压力。如前所述,第一种表现为农民的生存理性,而第二种则表现为农民的经济理性,这也印证了我们的考量,即当前农民同时存在多元复杂的理性,他们会根据不同的情况进行组合,从而作出相应的行为选择。

三是来自突发事件。新冠疫情的出现,倒逼数字技术进入新一轮的发展。[1] 在我们调查的东北某个村庄中，村民也需要使用"辽事通"才能出行，也正是在这一期间，因为随意流动可能会传播病毒，所以更多的居民使用互联网和外地的亲人和朋友联系。此时，如果不会使用智能手机，可能在出行、看病、与家人沟通等方面遇到麻烦。在这种情况下，村里的居民开始学习使用互联网，以在更好地生存与生活。可见，突发事件在一定程度上倒逼了数字技术在农民的普及与应用，也成为部分农民被动进入互联网的因素之一。

二、互联网接入成本

在调研中发现，当前互联网接入主要存在如下成本。

（一）电话费

对于使用智能手机上网的居民而言，电话费（包含了流量费用在内）是其上网的成本，如受访者认为，"自己每个月月底时，流量就不够了，这时候就要扣话费。"【访谈对象：SC－GA－LS－GG－ZXY001】。自2018年以来，中国的互联网接入成本逐渐降低，互联网接入费用以及智能手机对于制约互联网接入的影响越来越小。但是，农村地区的互联网接入成本却高于城镇地区，[2] 这主要指的是网络实际使用成本。一般来说，城乡之间的电信套餐费用是相近的，即使存在差异，也差别不大。但由于现有套餐费用是打包形式销售的，城市居民使用的时间、频率等明显高于农村，那从单位套餐成本来看，农民互联网成本明显高于城镇居民。

---

[1] 刘璐璐，张峰. 后疫情时代数字生存的技术哲学思考 [J]. 东北大学学报（社会科学版），2021, 23 (05)：1-7.
[2] 许庆红. 数字不平等：社会阶层与互联网使用研究综述 [J]. 高校图书馆工作，2017, 37 (05)：16-20.

（二）手机购买与修理费用

在调研中我们发现，农民居民使用的手机多为子女或家人淘汰的"二手"手机，所以他们较少存在购买手机的费用。从这个角度来看，农民在手机购买这个问题中，普遍反映出"家庭效用最大"的社会理性。当出现问题时，他们偶尔会选择进行"维修"，如果真的出现了太严重的问题，他们也不大愿意去购买新手机，正如我们访谈的这位对象所描述的：

遇到的问题还多，手机里面垃圾太多，这个整来卡得很，用不了就要另外换手机，还有信号不好，电话这些打不出去。到现在这个网上缴费我都整不来。怎么解决？能够修好的我就拿去手机店头喊别人帮我修，或者喊认得到的、懂得到的年轻人帮我看一下，能够整就整，实在整不到就算了。【访谈对象：SC-LZ-XY-MN-QYC001】

受季节性种植、作息时间等影响，农民在日常生活中表现为"散漫""季节性休息"等状态特征。[①] 因此，传统上认为农民对时间的概念并不像城市居民那样敏感，其时间成本相对较低。但是在调研中发现，当前农民在面对数字技术时，经常表现出与"时间"观念相关联的行为或想法。

到底是什么原因使得农民对"时间"概念变得越来越清晰了呢？为什么会这样子呢？也许涂尔干的"社会分工"理论可以给我们启发，按照这一理论内容，社会分工强化了个体的意识，经济发展让农民对自身的意识越发关注。加之部分居住在农村的居民已脱离了农业生产，他们的思想与行为受到"城市化"的影响，所以他们的"时间"观念越发明确。可见，今天的城市化不仅仅是一种空间上、人口上的城市化，更多

---

① 文军.农民市民化：从农民到市民的角色转型[J].华东师范大学学报（哲学社会科学版），2004（03）：55-61+123.

的是一种"观念"的城市化，这种城市化已经部分渗透到农民的思维与行动中去，使得这些农民虽然居住在农村，但是他们按照"现代性"的思维方式去思考，用经济理性去指导行为。但我们也发现，这种现代性背后势必会与农村的环境文化存在冲突，因为农村的环境文化还是"乡土性"的，现有治理方式还是在对传统乡村感知的基础上构建的，这就使得农民思维的"现代性"与乡村环境及其治理的"乡土性"存在冲突。

三、互联网接入设备：以手机为主

本书根据中国互联网络信息中心发布的 2010—2021 年期间的统计报告，整理绘制了如图 6-1 所示的 2010—2021 年期间我国网民互联网接入设备趋势图。从图中走势可以看出，我国网民总体呈现以手机接入互联网为主要设备的特征。

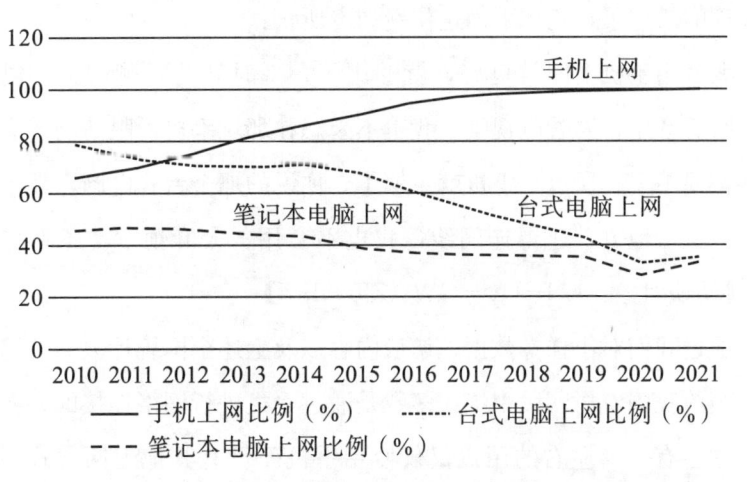

图 6-1 的 2010—2021 年期间中国网民互联网接入设备趋势图

那农村居民接入设备情况如何呢？现有报告较少统计手机上网在农民群体中的比例情况。我们此次调查主要是以实地观察与访谈为主，并未进行大规模问卷发放。受数据限制，我们仍对有限的数量进行初步统计分析，并以其访谈情况进行辅助分析，以期了解当前农村居民接入设备这一问题。当然，这一问题还需持续补充相关数据，并作进一步完善。

从统计情况来看，我们此次访谈的48人中，有2人没有任何上网设备，但是这2人还是接入了互联网，是通过寻求其他人（如子女、邻居）帮忙而实现互联网连接，主要是为了在网络上购买商品。这一发现让我们感受到，即使当前的互联网并未实现全覆盖，但是因互联网改变的生产生活方式的确对当代中国几乎所有农民都产生了影响，因为他们身边的人或多或少都参与了互联网的使用。其余46人中，有42人使用手机上网；在使用手机上网的42人中，同时拥有笔记本电脑、台式电脑等设备上网的有22人，占比52%左右。在调研中，我们发现，村民表现出不太愿意使用台式电脑进行上网的倾向，原因在于他们觉得台式电脑不仅贵，而且家里用的时间也很少，普遍认为手机上网已经足够满足他们的需求了，正如下面这位受访者所言：

我就用手机上网就挺好，够用了，平时和儿子聊聊天，视频一下，听听音乐，看看电视剧。我也不爱总在那玩手机，眼睛啊，肩膀啊这些都受不了。所以，手机就足够了。你说的那个台式电脑，那个东西又贵，又占地方，还得连网线，我也不会用，太麻烦了，还不如手机好。【访谈对象：LN-HC-GW-ZJ006LM】

通过我们对小样本数据、访谈内容以及上述全国统计数据的综合分析，当前我国农村网民中绝大多数是通过手机进行网络连接的；在这些用户中，有一半左右的用户仅仅使用手机而没有其他上网方式。基于此，我们可能要思考：现有手机上网能帮助他们实现哪些功能呢？如果按照之前的理解，农民主要使用手机上网又该如何获取数据红利呢？手机会不会限制了互联网功能的发挥呢？带着这些问题，我们去观察农民主要基于手机应用的互联网使用情况。

第四节 互联网使用：泛娱乐化

一、互联网使用特征：泛娱乐化

我们在调研中，主要是通过访谈与观察的方法来获取信息。我们在关于互联网使用情况的调研中发现，当前农民互联网使用表现出一种泛娱乐化的特征。学界已有研究对"泛娱乐化"进行界定，但尚未达成统一认识。我们较为认同王少对这一概念的界定，认为泛娱乐化是"以消费主义、享乐主义为核心，以现代媒介为主要载体，以内容浅薄空洞甚至不惜以粗鄙搞怪、戏谑的方式，通过戏剧化的滥情表演，试图放松人们的紧张神经，从而达到快感的一种现象"。[①] 虽然"泛娱乐化"较多使用在思想政治教育领域，但是可以有力解释当前农民互联网使用情况。泛娱乐化的严重后果在于容易让人用虚拟代替真实，致使部分农民在不知不觉中陷入虚拟而远离现实。

具体来看，农民互联网使用的"泛娱乐化"主要包括如下三种情况。

一是影视类娱乐，主要是指农民在使用互联网时，主要用于追剧和观看短视频。我们在调研中发现，影视类娱乐占据了农民互联网使用的多数时间，不同性别、年龄等农民群体，均把影视类娱乐作为主要的互联网用途之一。我们在询问访谈者为什么上网以及上网主要用来做什么时，如下几位不同年龄的受访者给出了较为一致的答案。

一位34岁女性回答上网目的时，她直接回答："可以看短视频，非常方便。"【访谈对象：HB-XA-LLZ-BFC002】

---

① 王少. 网络"泛娱乐化"对青年价值观的危害及应对[J]. 中国电化教育，2022，428（09）：69—76.

一位17岁女孩回答："比较喜欢看视频，虽然有些是很无聊，但还是很有意思的。"【访谈对象：ZJ－WZ－OH－CS001】

一位70岁的退休老人表示："还可以娱乐，你像上面的短视频，很多很多的，看了之后就很开心。"【访谈对象：JS－NT－CC－ZJH004】

二是操作类娱乐，主要是指通过互联网"玩游戏""看小说"与"购物"。我们之所以把购物归为娱乐，而非在线交易，主要是因为这些购物更多是满足家庭日常生活以及个人兴趣爱好的活动。

调研发现，农村居民使用互联网"玩游戏""看小说"行为表现出"两极现象"，即青少年和老人均"沉迷于"网络游戏和小说等，而且两类不良行为均产生一定消极影响。对青少年来说，主要影响他们的视力和价值观形成。青少年正处于身体各项技能的成长期，长期使用手机等设备，势必对其视力产生影响。我们在进行实地观察的东北农村发现，村小学中近视儿童数量明显较高，这一定程度上和电子设备的长期不当使用有关。除了身体影响之外，对青少年价值观的形成也会产生影响。农村青少年上网主要分为两类情况，一类是自己拥有智能手机，一类自己没有智能手机。对于前者而言，在父母或爷爷奶奶监管相对较少的情况下，会使用智能手机随意上网，在网上接触到各类信息，如果没有适当的引导，极其容易形成不当的价值观。对于后者而言，他们往往会和身边的"大人"一起上网，而农村的这些"大人"也主要是进行娱乐，这对青少年产生了"上网就是娱乐"的一种潜移默化的影响。可见，对于青少年价值观如何正确引导的问题，是今后农村工作中亟须重点关注的内容。

对老年人来讲，互联网使用主要影响他们的身体和心理健康。我们调研中遇到这样一位70多岁的老人。

问：对当前网上学习、购物、视频、工作等，有什么样的感受，喜欢还是不喜欢网上的生活方式？为什么？

答：方便，可以的。喜欢网上的生活方式，这个小说每天都在看，晚上都要看到半夜，从白天一天看到黑，喜欢看得很。【访谈对象：SC-LZ-XY-MN-QYC001】

从这里可以看出，每天看手机到"半夜"，不要说是对老年人，即使是对年轻人身体也会造成不良影响。近几年，学界一直在关注老年人"数字鸿沟"等问题。实际上，在我们的调研中发现，随着互联网的普及与推广，的确部分地区还存在"银发鸿沟"，但同时，我们也要开始关注老年人因互联网使用而产生的健康问题。这种健康问题，除了表现在生理方面，精神、心理层面的问题也值得我们关注。

为了"混耍"，微信这些就是为了和亲戚朋友聊天，还有耍抖音，看这种别人拍的视频，买东西用手机支付。还有吗就是看会儿小说、下象棋。这会儿不像以前了，个个人都有智能手机，家家都安了宽带，很多事情直接就用微信联系了，村上有啥子事都在群头通知，家族群头逢年过节这些发些红包啊，大家就"混耍"会儿。【访谈对象：SC-LZ-XY-MN-QYC001】

从简单的描述中，我们可以发现，这位70岁的老人多次提及"混耍""耍"这些词。作为一种四川方言，"耍"代表着"玩"，但是"混"的使用，可能还表现出他在使用这些手机时的一种孤独感，因为在他的描述中，我们发现，他还提到了"不像以前了""个个人都有"，那是不是对之前家人一起聊天、村里人一起聚会讨论事情的一种怀念呢？实际上，我们也在质疑，是否过分解读了这段文字。通过对比现有研究可以发现，学者已经关注到了老年"网络成瘾"这一问题，并将老年人"网络成瘾"的原因归结为消磨时间与排解孤独。[①] 在农村，面对人口"空巢化"的现实，农村老年人一般较少和家人沟通，而同村的同

---

① 武文颖，朱金德. 网络适老化的伦理反思与规制［J］. 学术交流，2021，331（10）：115-129+192.

辈人可能相继去世也可能到城镇生活，导致农村老人间的同辈人交往也日益减少。因此，跨越时空限制的网络虚拟空间成为老年人排忧解愁的主要方式。但这种虚拟形式带来的"快感"不会持久，甚至可能因为现实与网络的巨大差异，进一步加深老年人的孤独感与寂寞感。下面的一组数据进一步证实了我们的猜想：2022年8月，我国50岁以上人群用户规模2.97亿，月人均使用时长121.6小时。使用短视频客户端的月人均时长超过100小时，具体如图6-2所示。

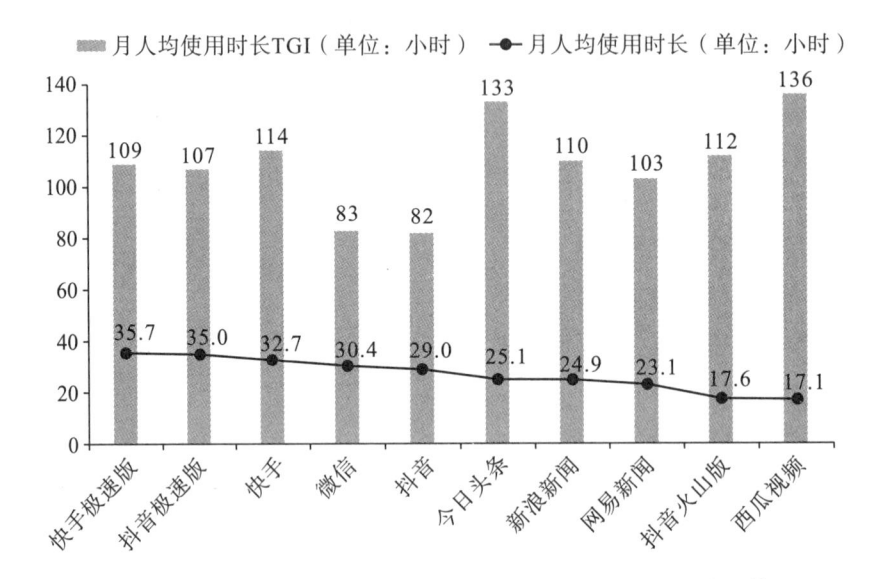

客户端	月人均使用时长TGI（小时）	月人均使用时长（小时）
快手极速版	109	35.7
抖音极速版	107	35.0
快手	114	32.7
微信	83	30.4
抖音	82	29.0
今日头条	133	25.1
新浪新闻	110	24.9
网易新闻	103	23.1
抖音火山版	112	17.6
西瓜视频	136	17.1

图6-2　2022年8月银发人群月人均使用时长TOP10客户端[①]

我们的研究为分析互联网与农民老年人心理健康关系提供了新的素材，更为重要的是，我们除了要关注农村"银发鸿沟"，也要开始关注"沉迷于网络游戏"的"两极现象"。这一问题是否得到关注与有效解决，事关农村社会稳定、乡村治理成效与国家安全稳定，必须认真对待这一问题。

---

① QUESTMOBILE研究院. QuestMobile2022银发经济洞察报告［R/OL］. （2022-10-18）. https://www.questmobile.com.cn/research/report/1595788283991920642.

三是其他类娱乐，主要是指除上述两类之外的，诸如听歌等活动。这类活动相对来说属于日常性的活动，较少产生成瘾的问题。

到此，我们会问，为什么当前农民的互联网使用表现出泛娱乐的特征呢？为了更好地解释这一问题，我们从现有研究中去寻找答案。现有关于互联网使用方式的研究普遍认为，与通过台式电脑接入互联网（以下称作"常规互联网接入"）接入相比，通过智能手机接入互联网（以下称作"移动互联网接入"）不大适合进行价值创造的线上活动。① 为证实这一结论在中国是否成立，我们使用2018年"中国家庭追踪调查"数据进行检验。

该问卷收集了使用移动互联网或常规互联网用户对价值创造在线活动的使用频率情况（见表6-2）。问卷中，每种使用方式的选项范围为1-7，选项1代表"几乎每天使用"，选项7代表"从不使用"，得分越高，表明使用频率越低。参考143项全球最受欢迎的在线活动的详尽列表（www.infoplease.com/ipa/A0921862.html）与数据，我们选取了5项价值创造在线活动。结果表明，对于除了电子邮件以外的其他价值创造在线活动，与常规互联网接入相比，移动互联网接入参与价值创造在线活动的频率明显更低。这也就验证了前文的结论，即对于中国网民而言，使用智能手机上网同样不太适用于价值创造类活动。也就是说，由于手机的屏幕更小、操作便利性更低，那么可能不大适合创作、文字撰写等价值创造性活动，而是更加适合看视频、看新闻等娱乐性活动，这也许在一定程度解释了农民在互联网使用中表现出的泛娱乐化特征。

---

① Mossberger k, Tolbert CJ, et al. Unraveling Different Barriers to Internet Use: Urban Residents and Neighborhood Effects [J]. Urban Affairs Review, 2012, 48 (6): 771-810.

表 6-2　互联网接入类型在价值创造在线活动方面的差异

	台式电脑上网	手机上网	平均差	标准差	t 值	显著性（两侧检验）
学习	5.410	3.464	-1.946	2.316	-48.13	0.000
工作	4.428	2.186	-2.242	2.969	-48.11	0.000
社交	2.140	1.606	-0.534	1.713	-18.73	0.000
商业活动	4.988	3.544	-1.444	2.084	-41.90	0.000
电子邮件	0.098	0.595	0.498	0.458	66.16	0.000

农民互联网使用主要表现为泛娱乐特征，同时在各种使用方式中表现出如下特征。

（1）在调研中，我们发现亲友联系与生活所需的社交，是农民互联网使用主要用途之一。传统中国乡村社会表现为以血缘、地缘为核心的"差序格局"，据此形成的社会关系构成我国乡村社会中农民社会资本的重要部分。[1] 改革开放以来，以高流动性为特征的社会转型，使得农村人口不断减少，"空心化"的农村中农民之间的互动相对较少，原本基于农民互动而形成的农业互助形式减少，在一定程度降低了农村信任。[2] 同时，随着互联网技术与乡村社会结合，在一定程度打破了原本"封闭"的农村，让村民突破物理空间，与更多的陌生人取得联系，在一定程度上又提升了农村信任。[3] 这看似矛盾的背后，实际上是对"信任"这一问题的不同维度展示。按照 Grief 对信任的划分，信任分为受限制信任与一般性信任。[4] 其中，受限制信任是仅对家庭以及氏族成员的

---

[1] 费孝通. 乡土中国 [M]. 上海：上海人民出版社，2013.

[2] 丁从明，周颖，梁甄桥. 南稻北麦、协作与信任的经验研究 [J]. 经济学（季刊），2018，17（02）：579-608.

[3] 王伟同，周佳东. 互联网与社会信任：微观证据与影响机制 [J]. 财贸经济，2019，40（10）：111-125.

[4] Greif A, Tabellini G. Cultural and Institutional Bifurcation: China and Europe Compared [J]. Working Papers, 2009, 100 (2): 135-140.

信任，这在我国农村表现为"血亲关系本位"①；一般性信任，是指对陌生人的普遍信任。因此，农民间互动减少而降低的是受限制信任，而因扩大交往范围而提升的是一般性信任。

调研中，我们还发现另外一个现象，农民通过互联网主要与家人和群里邻居进行联系，而较少像城镇居民一样，会与陌生人进行社会交往。这实际上验证了学界对于中国人信任的理解：与家人联系，是因为血缘关系而成形的"血亲关系本位"。所以在调研中，我们发现，农民手机微信中的主要是各类家人群，手机也成为他们与家人进行联系的主要工具。与邻居联系，而且是与关系密切的邻居联系，所以在他们的微信好友中包含与他们关系较好的邻居等，这属于中国人所特有的通过"认干亲""拉关系"等建立的亲密情感关系。②但是在调研中，我们发现了一种新的联系，似乎这种联系既不属于"血亲关系本位"，也不属于邻里亲密关系，即与同村的人进行联系。哪怕村民之间没有什么交集，彼此之间因为"同一个村"，则会产生一定的信任，我们把这种关系称作"地缘关系本位"。

（2）调研发现，农民使用互联网进行学习主要分为主动学习与被动学习两类情况。

主动学习，主要是出于以下目的进行学习：一是因为个人兴趣爱好而主动学习。例如，我喜欢拍照片，以前都不会弄，后来听他们说，网上可以学习怎么弄照片和弄视频，我就来学习一下，觉得真的很有意思。【访谈对象：HB-XA-LLZ-BFC002】二是为了提升生活技能而主动学习使用互联网。例如，上网真的越来越方便，也感受到时代的进

---

① 展进涛，沈婷，俞建飞. 技术进步影响农村的内部信任了吗？——基于农业机械技术与互联网技术的考量 [J]. 华中农业大学学报（社会科学版），2020，147（03）：84-90+172-173.

② 杨宜音. "自己人"：信任建构过程的个案研究 [J]. 社会学研究，1999（02）：40-54.

步。很多事情都可以通过互联网完成，生活中的问题也可以通过互联网解决。比如做饭啊之类的，看抖音、头条上的教程就对做饭很有帮助。以前我们就会做那几样菜，现在都可以做很多菜了。【访谈对象：LN-HC-GW-ZJ006】三是为了了解新闻信息而主动学习使用互联网。例如，一年前年轻人让我尝试智能手机，开始比较抵触，不会使用，后来知道了手机能看新闻看视频听歌，就学习了一些基本功能。现在看，挺好的。【访谈对象：HN-XX-HH-BUZX-PDC20002】

被动学习，主要是由于活动需要使得居民被动加入互联网，如网课学习，这部分群体主要是正在读书的学生。例如，上网主要是为了上网课，学校要求的，我自己是不想上的。【访谈对象：HB-XA-LLZ-BFC001】

同时，我们发现了一个有趣的现象。按照已有学界观念，数字原住民更喜欢线上的方式，他们习惯了在线阅读等行为方式。按照这一逻辑，因为新冠疫情原因而推行的网上学习应该受到这些数字原住民的喜爱。但是我们调研发现，多数访谈的学生对网课是持消极态度的。当然，这一方面是因为乡村地区部分学生对学习不感兴趣，但另一方面也让我们对数字原住民及其特征有了新的思考。也许，数字原住民可能相比于其他群体更加适应线上生活方式，但是这种倾向也是有其边界的。比如，学习、阅读等需要高度集中注意力的活动，线下的、面对面的、有实际接触的方式可能更为合适。从这个意义来看，数字技术改变了我们的生活方式，但是无法替代传统的生活方式。我们不应再以数字技术新方式和传统旧方式二元对立来看待问题，而应该从二重性的视角出发，两种方式都是人类更好认识世界与改造世界的有效选择。

（3）调查中发现，在关于互联网使用用途中，用于"工作"的情况非常少，这可能是由农村人口结构决定的。在农村，人口主要由老年人、妇女与小孩构成，除了妇女之外，其他两类群体不属于工作年龄范畴。对于农村妇女而言，虽然处于工作年龄阶段，但选择在家而不外出工作，这是受我国农村家庭人口结构及其经营策略影响的。当前农村人口"空巢化"，主要是因为家中青壮年男性在外打工赚钱。在这种家庭经营策略指导下，为了实现家庭的再生产与财富积累，作为家庭成员的女性根据家庭的目标与任务调整自己的行为，[①]从而选择在家照顾老人和小孩，必然他们的互联网使用也就很少涉及传统意义上的工作。

二、互联网使用的主要问题

调研发现，农村居民在互联网使用过程中，主要出现"硬件问题""网络问题""安全问题"等。

（一）硬件问题

硬件问题主要是手机出现卡顿、软件闪退、屏幕等问题。例如，遇到的问题主要是使用手机时经常出现卡顿，无故闪退，连不起网络等问题。遇到这些问题时，我常常使用手机里自带的软件来清理加速，清理出一些内存。【访谈对象：SC-LZ-XY-MN-QYC004】

调研中，普遍反映遇到关于手机硬件的问题，这一方面表明需要提升手机质量，但是从另一方面可能说明当前农村居民使用的手机质量水平相对较低。这就会引起连锁反应，即手机本身不适用于价值创造活动，加之手机硬件问题频出，更会抑制手机的价值创造功能，从而影响农民通过互联网获取数据红利的能力与机会。

（二）网络问题

网络问题主要是指在互联网使用过程中出现的网络卡顿、网络不稳定等情况。例如，在使用互联网的时候，经常出现网卡的情况，就会影

[①] 石伟. 家庭经营策略下的农村年轻女性家庭权力与角色嬗变 [J]. 当代青年研究, 2021, 371 (02): 65-71.

响手机的使用。【访谈对象：HB-XA-LLZ-BFC001】

在调研中，我们一直在思考：为什么在当前条件下，互联网网络问题依然如此突出？查阅宽带发展联盟发布的2021年第四季度《中国宽带速率状况报告》，我国2021年第四季度，固定宽带网络平均下载速率达到62.55Mbits/s，移动宽带用户使用4G和5G网络访问互联网综合下载速率为59.34Mbits/s。[①] 虽然我国上网速度总体较高，但是仍然存在如下不平衡：一是区域不平衡，东部地区固定宽带下载速率高于全国平均水平，而中部和西部地区均低于全国平均水平，如图6-3显示；二是省份不平衡，上海、天津、北京、辽宁、江苏、山东、河南、浙江、重庆、河北十个省级区域固定宽带下载速率高于全国平均水平，其余省份均低于全国平均水平，如图6-4显示。

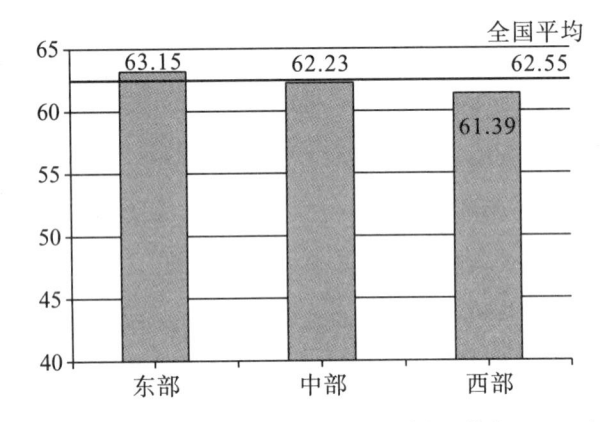

图6-3 固定宽带平均下载速率区域对比（单位：**Mbit/s**）

---

① 宽带发展联盟. 中国宽带速率状况报告[R/OL]. (2022-4-24). http://www.whwx.gov.cn/wxdt/202204/t20220424_1961025.shtml.

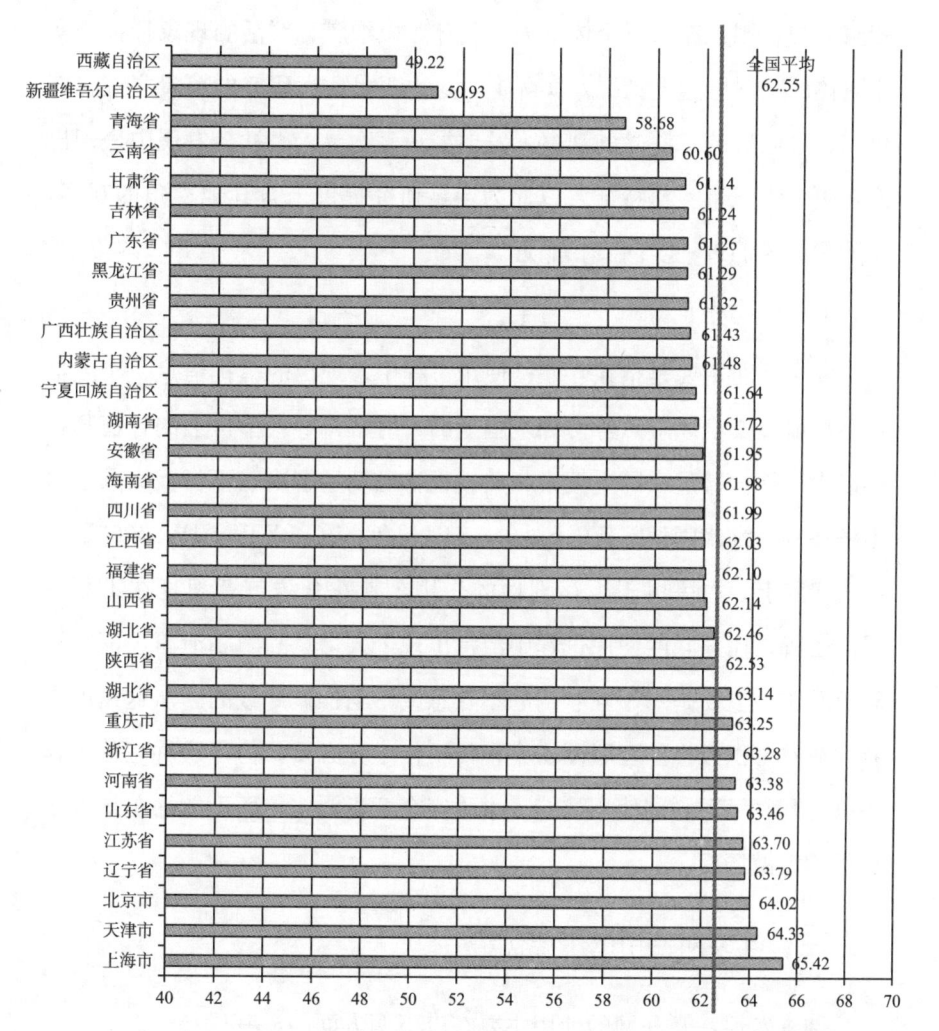

图 6-4　全国（不含港澳台地区）固定宽带下载速率图（单位：Mbit/s）①

也许，正是因为这种区域不平衡导致了部分地区依然出现网络速度等相关问题。当然，从另一个角度来看，宏观数据往往表现为一种"社会事实"，描述了当前互联网速度的客观状态，这种状态来自对微观个体的事实统计，但是并不能解释现实中的每一个个体。但是来自微观的

---

① 宽带发展联盟. 中国宽带速率状况报告 [R/OL]. （2022-4-24）. http://www.whwx.gov.cn/wxdt/202204/t20220424_1961025.shtml.

田野调查，则是充满对个体的人文关怀，以细腻、鲜活的现象捕捉现实中具体的互联网速度情况。实际上，这也正是质性研究的可贵之处，即可以通过微观的、深入的观察，发现客观事物及人类社会发展中表现出来得更为细腻事实与特征，以此为定量研究提供来自其他视角的观察，从而帮助我们进一步向真相靠近。

（三）安全问题

安全问题主要是指在互联网使用过程中表现出的骚扰信息、个人信息泄露以及安全风险点等。如电脑老旧，时常蓝屏；手机上的弹窗骚扰难以去除等。通过在网上搜索相关教程自己动手解决，不行找大人，再不济找专业维修师傅。【访谈对象：HB-YC-ZG-XT-CJW20003】

实际上，农民由于生存理性的作用，其安全防范意识正在不断加强。之所以在互联网使用过程中经常出现个人信息和隐私泄露、网络诈骗等问题，主要是对于互联网的不熟悉或不当操作导致的。从这角度来看，在农村积极推广互联网安全宣传工作十分必要。但是这种宣传工作要以提升农民互联网使用技能、增强安全意识为主，而不能简单地走走样子、做做场面。

三、互联网使用的主要优势

调查发现，互联网的使用主要在以下两方面凸显其优势。

（一）提升生活满意度

互联网与居民生活满意度的关系是数字鸿沟研究领域的一个重要问题。[1] Kraut 在不同研究阶段得出了关于互联网与生活满意度关系矛盾的结论，即他在 1998 年的研究与其在 2002 年的研究中，分别得出了关

---

[1] Cuihong L, Chengzhi Y. The Impact of Internet Use on Residents' Subjective Well-Being: An Empirical Analysis Based on National Data [J]. Social Sciences in China, 2019.

于互联网与生活满意度不同作用关系的结论,[①][②] 我们称之为"互联网悖论",这使得学者更加关注互联网与生活满意度的关系。从国内研究来看,对于互联网与生活满意度的关系认识仍有分歧,如汪连杰认为使用互联网的农民比不使用互联网的农民的幸福感更高,[③] 但有学者则认为互联网的使用提高了被鼓励的概率,从而降低生活满意度。但是从整体来看,国内学者研究大多认同互联网使用会提高生活满意度。[④] 我们的调查也能为这一研究提供一些借鉴与参考。

我们的调查发现,互联网使用让农民生活便利程度不断提高。

有了互联网以后,我们可以经常在网上买东西,同样的布鞋,在当地买不仅要坐车去市场买,还可能贵,但是在网上点几下就可以购买了,很方便。【访谈对象：LN-HC-GW-ZJ006】

当然,这种生活满意度究竟有多深？是否随着时间变化而变化？还需要后续的持续跟踪调查与研究。

（二）增强社会参与

在中国,农民是一个重要的社会群体,表现出明显得基于土地的依赖性、分散性、家庭性的特征,由此导致了自身的封闭性、自治性、被支配性以及边缘性。[⑤] 这种特性在城镇化、数字化转型进程中被不断放大,形塑出转型期中国农民趋于原子化、理性化的特征。这些特征使得农民社会参与的意识不强,同时受传统文化、成长经历、个人特征等影

[①] Kraut R, Patterson M, etc. Internet Paradox：A Social Technology that Reduces Social Involvement and Psychological Well-being？[J]. American Psychologist, 1998 (53)：1017-1031.

[②] Kraut R, Kiesler S, etc. Crawford A. Internet Paradox Revisited [J]. Journal of Social Issues, 2002 (58)：49-74.

[③] 汪连杰. 互联网使用、闲暇偏好与农村居民幸福感——基于性别差异视角的分析[J]. 哈尔滨商业大学学报（社会科学版）, 2018 (04)：26-34.

[④] 陈鑫, 杨红燕. 互联网对农村居民主观幸福感的影响及作用机制分析 [J]. 农林经济管理学报, 2021, 20 (02)：267-276.

[⑤] 徐勇. 国家化、农民行与乡村整合 [M]. 南京：江苏人民出版社, 2019.

响，其参与能力一般也较低。[①] 公众参与是国家治理现代化的重要标志，实现农民积极参与，对于提升乡村治理现代化水平具有重要意义。

在调研湖北省的某个村庄时，一位村支书的访谈内容，让我们感受到了数字技术的发展在一定程度上促进了农民的社会参与。

有了互联网以后，我们的村里相关的情况都会公开，在网上都看得到。我们村还有专门的群众服务机构，还有调解大厅。还有红色宣传等专门场所，还有一些健身锻炼的地方。我们村现在最简单也普遍的就是全民参与了。因为当村支书，现在主要做的就是"筑堡工程"，以党建引领基层治理为主线，强化我们的基层治理。【访谈对象：HB-YC-ZG-XT-CJW20002】

据此，我们在调查中发现的数字技术所表现出来的优势基本讨论结束。但是到这里，我们并没有讨论数字技术带来的红利，这是因为在我们的调研中，并未得到与此相关的信息，也未带来类似的感受。我们把目光再次瞄向现有理论研究，学界已开始讨论数字经济与农民增收之间的关系，但尚未形成统一结论。部分学者认为，数字经济提高了农村剩余劳动力的非农就业的概率及其份额，[②] 促进了传统产业的数字化转型，因此有助于农民收入提升。[③] 另一部分学者却认为，数字经济并没有提升农民收入，而是降低了生活成本，所以提升了家庭的相对收入。加之地理、文化以及政策因素影响，数字经济的非均衡性与原有的城乡

[①] 蒋永甫. 农村环境治理中政府主导与农民参与良性互动的实现路径——基于行动的"嵌入性理论"视角[J]. 云南大学学报（社会科学版），2021，20（05）：117-124.

[②] 唐红涛，谢婷. 数字经济与农民收入消费双提升[J]. 华南农业大学学报（社会科学版），2022，21（02）：70-81.

[③] 李怡，柯杰升. 三级数字鸿沟：农村数字经济的收入增长和收入分配效应[J]. 农业技术经济，2021（08）：119-132.

二元结构叠加，使得农民数字增收的可能性极为有限。① 我们调研的经验事实可能更倾向于后者的认识，即由于非均衡性影响，当前数字经济与农民数字增收之间的关系并不明显。当然，也可能和我们选择的调研区域有关。今后，我们将不断扩大调研区域，以寻求更为丰富的经验事实，为这一研究提供支持。

四、突发公共事件对互联网使用的影响

在现实中，我们观察到这样一个现象：受新冠疫情的影响，部分农民开始使用互联网。在我们设计问卷时，就有这样的疑问：疫情前后，农民的互联网使用情况是否出现变化呢？之所以有这样的疑问，是因为虽然现有研究提及突发公共事件与互联网使用之间的关系，但对于内部如何影响的情况尚未解释清楚，尤其是以农民为主体进行的研究则更少。

因此，在我们的访谈中，我们设计了这样一个问题：分别以学习、工作、社交、娱乐和商业活动为对象，询问受访者在突发公共事件前后各项活动的互联网使用频次情况。

在调研后，我们发现：突发公共事件后，通过互联网进行线上学习、工作、商业以及娱乐活动的变化并不明显。这一结果和我们的预想有较大差别，我们原本以为，上述活动的频次在突发公共事件后会明显提升。那为什么前后变化不大的呢？可能有如下四个原因。

（1）对于学习而言，受农村人口结构影响，除了学生会进行线上学习，其他群体很少把互联网用作学习工具。之所以学生群体在线学习频次并未出现明显变化，很大的原因在于之前，学生已经基本保持每天在

---

① 李五荣，周丹，李雪. 数字鸿沟对农村家庭收入的影响及机制研究——基于中国家庭追踪调查（CFPS）数据的实证分析 [J]. 西南民族大学学报（人文社会科学版），2022，43（10）：116－127.

线学习的习惯。问卷中受访者的在线学习频次，均选择了"几乎每天"。这表明，在突发公共事件之前，农村儿童也已经基本上实现了线上学习，这得益于我国的互联网制度与相关政策安排。

（2）对于工作而言，正如我们前面分析的，农村现有人口本身不存在工作的明显"需求"。老人在家养老或进行自家农业耕作，但这种耕作都是传统式的；儿童因年龄等原因尚不能参加工作，而女性则受农村家庭经营策略影响主要在家照顾老人和小孩。在这种情况下，农村人口自然在互联网上较少开展工作相关活动，对比自然也就不明显了。

（3）对于商业而言，变化也不明显，这里的商业主要是指网络购物。变化不明显的原因可能是受到经济条件等因素限制。

（4）对于娱乐而言，在前面我们已经讨论过，当前农村互联网使用表现出"泛娱乐化"特征，而且这种特征在之前已经表现出来，因此前后差别不大。

突发公共事件前后对比最为明显的是线上社会交往活动明显增多。这主要是因为按照各地方管理规定，居民适当减少不必要的外出活动。在这种情况下，只能通过互联网进行社会交往。对于这一现象，我们随即会问：现今，这种转移到线上的社会交往活动是否还会持续呢？从感性的观察角度来看，对于这一问题尚未有明确的答案，部分活动依然采取线上进行，但是部分活动则出于各种因素考虑，从线上转为线下开展。

第五节　本章小结

互联网认知：①互联网有用性认知贯穿互联网使用的全过程，且这种有用性认知随着互联网使用的变化而不断变化，这丰富了技术采纳模型在认知方面的内容。②互联网易用性认知存在数字反哺现象。如果没有子代的帮忙，亲代可能对互联的网易用性认知偏低。通过数字反哺，子代向亲代传递数字技术以及相关理念，帮助他们快速融入信息社会，这同时也促进了家庭内代际间的情感沟通与连接。

我们主要从农民是否喜欢互联网这种心理倾向观察农民技术执行的态度情况，主要包括"积极态度""消极态度"以及"无所谓态度"。在对互联网认知以及态度形成的基础上，构成了农民日常互联网接入行为，主要从互联网接入动因、成本以及设备情况进行讨论。

互联网使用表现出"泛娱乐化"特征；互联网对于提升居民生活满意度、增强社会参与表现出明显的优势，对经济的促进作用在我们调查中并未得到有效检验，需在后续研究中持续关注；互联网使用存在"硬件""网络""安全"等问题。

在信息社会，当数字生存成为每个人都必须面对的问题时，我国传统的"家庭"观念依然在农民价值体系中占据主要地位。需要指出的是，虽然互联网并未实现农村居民100%全覆盖，但互联网已经融入乡村生活各个方面，每一位农民或多或少都参与了互联网的使用，从这个角度看，数字生存确实成为每一位村民都必须面对的问题。

受技术、制度、文化等因素影响，在村农民呈现出"思维现代性"特征，如同城市居民一样，对时间概念越发明确。但农民"思维现代性"与乡村环境及其治理的"乡土性"存在冲突。

我们发现需要重点关注乡村网络成瘾"两极现象"：青少年网络成瘾导致形成不良价值观，以及关于老年人的"银发成瘾"。这一问题是否得到关注与有效解决，事关农村社会稳定、乡村治理成效与国家安全稳定，必须认真对待这一问题。

第七章 "行"而结"网"：农民技术执行重塑乡村社会结构

自人民公社制度结束之后，我国农村的村民自治制度赋予乡村治理以现代性，表现出自由、民主、投票、市民文化等特征。学者围绕乡村这些关键特征进行研究，对乡村治理形成两个基本共识，一是普遍认为当前中国乡村治理运行的基础已发生了根本转变，二是当前乡村社会面临着治理危机。[①] 面对乡村社会的改变与治理危机的出现，国家探索以行政资源"下乡"的方式寻求乡村有效治理的路径，但由于乡村社会村民自治式微，出现了行政"挤压"自治空间，以及"干部干、农民看"的治理难题。如何实现行政部门与农村社会的有效衔接，并以此实现乡村有效治理，成为亟待解决的难题。而解决这一问题的关键，在于准确把握当代中国乡村社会的结构特征。因此农民技术执行是否重塑了乡村社会？如果重塑了，那乡村社会表现出哪些新的结构与特征呢？这是本章主要讨论的内容。

---

① 肖唐镖. 近十年我国乡村治理的观察与反思[J]. 华中师范大学学报（人文社会科学版），2014，53（06）：1-11.

第一节　农民技术执行塑成乡村社会新结构

一、乡村政治结构：多元分散，双向流动

从政治结构来看，数字化转型背景下乡村结构主要表现为政治回应与互动、去中心化、可评价性、远程参与性及新建话语体系，这改变了传统乡村社会中的农民政治边缘化，促进了农民日常性的公共参与行为。

（一）回应与互动

传统的政治信息是单向流动的，是从权力中心向外围层层扩散的。数字技术改变了这种单向流动，以一种双向流动的方式连接了权力中心与其他部分。因此，在数字化转型背景下，"庙堂"不再是高高在上的，政治过程也"走"下了神坛，农民可以通过自媒体绕过乡镇、省市让自己的"声音"直接被"中央"关注。数字技术突破了传统的政治界限，政治不再是"不可触碰"的，而且变成了普通百姓可以参与的，如果不满意还可以"表达自己意见"的。这种变化倒逼政治对社会公众"回应与互动"。[①]

人民网"地方领导留言板"的回应情况在一定程度证实了数字时代的这种政治回应与互动性。薛海平等学者利用软件获取了人民网"地方领导留言板"2008—2019年间的174万条留言，经过分析发现，回复率从2008年的20%上升到2013年的70%以上，其中四川网络舆情积

[①] 周彬，孔燕. 回应与互动：政府网络传播创新机制研究[J]. 行政管理改革，2021，143（07）：100-106.

极回复率高达100%。① 可见，数字化转型背景下，政府部门的回应与互动总体呈现上升态势，乡村治理也不例外。

（二）去中心化

去中心化是数字技术的重要特征，在乡村政治结构中也表现出政府权力的去中心化。在传统乡村治理中，更加强调"在场"性，突出以政府为中心的特征。即使实现了"政府管理"向"政府治理"的转变，但由于政府作为权力中心的实际特征并未改变，其他多元主体还是追随于政府。在这种情况下，治理的制度设计、涉及范围、深入程度、涵盖对象等，都是由政府直接或间接决定的。因此，这种多元主体治理并未达到期望的目的，致使多元治理依然是政府的独角戏，陷入"治理无效"的循环。

数字化转型背景下，以互联网等为代表的信息技术通过虚拟空间的虚拟"群组"将空间上分散的个人进行连接，把各类主体纳入治理过程与环节，每一个主体在虚拟空间都成了一个"中心节点"。多个"中心节点"不断汇集，最终形成整个过程的中心议题，突出其去中心化特征，实现多元主体的协同治理。在实践中，往往通过QQ群、微信群、腾讯会议等作为支撑平台，以此打造一个个不同的虚拟空间组织。当然，我们强调数字技术可以实现"离场"，但也并不摒弃"在场"治理，而是强调如何通过"离场"突破"在场"治理困境，提升农民的日常公共参与度。

（三）可评价性

数字化转型背景下，政府的政策及其行为不再是秘不可见的，而是需要公开甚至被"共享"的，随之而来的是农民对政府认识的改变，即

---

① 薛海平，刁龙. 课外补习网络舆情特征及地方政府网络回应研究——基于人民网地方政府领导留言板的大数据分析[J]. 苏州大学学报（教育科学版），2021，9（03）：32—45.

由原来"神秘感"而产生的"神圣感",变成因"透明化"而产生的"日常性",这种日常性还经常表现为农民的"指指点点",表现出其对政府作为的可评价性。这种"指指点点"在数字时代是更加形象化,即通过在手机上面触点屏幕,便可对政府的政策、行为进行评价、反馈等。相应的,农民的这种"指指点点"及其表现出来的态度,正在推进乡村治理手段及其方式创新,让政府更加及时对民众要求的回应,更加强调农民的满意度。

在这种转型背景下,农民的公共参与不再是一件"神圣"的事情,而仅仅是日常生活中的一个环节。每一位农民都可以拿出手机了解有哪些政策,政府做了哪些事情;而且,他们还可以超越空间,去和其他地方的政策与行为进行对比;跨越时间,去和不同阶段的政策与行为进行对比。

(四)远程参与性

中国人的"乡愁"连接着城市与乡村,更是每一个中国人无法抹去的情怀。在数字技术广泛融入乡村之前,受时间、空间、经济等多因素影响,"离土"的那些人(之所以用"人",是因为这里既包括农民工,也包括在城市定居的人)虽然有深深的"乡愁",但是他们无法时常关注家乡的情况,更不会参与家乡的政治活动。数字技术打破了这种空间界限,使得那些"离土又离乡"的人有更多的机会与方式参与家乡的建设。

在我们的实地观察中发现,被访者 ZCY 的儿子经常通过语音聊天、视频等方式了解老家发生的变化,并在自己能力范围内参与并帮助家乡的建设,如参与家乡小学合并意见讨论等问题。尤其是那些虽然在城市居住,但户口还在农村,尤其是土地还在农村的"农民",因为利益的关系,他们更加关注老家发生的事情,往往通过亲戚、老家微信群关注家乡政策等情况的变化,一旦涉及他们自身利益时,他们会非常积极地参与到相关活动中去，这种互联网技术带来的"远程参与性"，就扩大了农民政治参与的范围。

（五）新建话语体系

农民是乡村社会的基本元素，如何维护农民这一基础地位，发挥他们的主体性，满足他们的需求，成为乡村治理的基本要求。实际上，农民话语权是农民表达其自身意愿的一种权力与资格，同时也是农民通过话语对他人乃至国家形成一定的影响的方式。[①] 长期以来，农民话语表达的渠道并不通畅，其政治参与的意愿与能力也有不足，最终导致话语权的缺失。

到了 20 世纪 90 年代，我国确立了具有中国特色的社会主义市场经济体制。在市场化的影响下，传统的以"生存理性"行为选择依据的农民发生了改变，他们在保持"生存理性"并以此为基础时，形成了以获取收益最大化为特征的"经济理性"。在"经济理性"指导下，农民在与其他市场主体进行交互的过程中，不断地学习并掌握了市场性的话语体系和国家政策性话语体系，这就打破了传统农村由基层政权代理人垄断话语体系的模式。基于这一基础，农民在一定程度上构建了自己的一套话语体系，并能够与村庄中的政治精英进行平等政治对话。

随着数字技术的普及与运用，再次打破了乡村治理的话语体系，农民可以依托互联网越过基层政权代理人直接与上一级乃至中央进行对话与交流。在这种情况下，数字技术以虚拟形式搭建了农民话语权的新平台与新机会。基于这种机会与平台，农民可以积极表达个人的意见以及利益诉求。当然，政府也应当充分识别农民的各类需求，对其需求进行引领、调整与满足。

---

① 莫勇波. 论话语权的政治意涵 [J]. 中共中央党校学报，2008（04）：105-107.

二、乡村经济结构：国家战略下的城乡协同

正如在讨论互联网使用带来的优势时所指出的那样，我们在调研中并未得到与农民数字增收的相关信息。经过与现有理论对话，我们把导致这一结果的原因归结为我国乡村发展的非均衡性。当然，这也可能和我们选择的调研区域相关，在后续的研究中，我们将不断丰富调研数据，从中去寻找数字技术与农民增收、农村经济转型的一般规律。

可是，在调研过程中我们的确发现，今天的农村土地、农业以及从事农业的主体农民都已经发生了复杂的变化，看到了如下各种新情况：离土不离乡的农民、离土又离乡的农民、租地进村的人；农户不再都是自己耕种自己家的土地，而是分化为承包户、经营户；经营户又可以分为耕作自己土地的经营户、租本村土地的经营户和租外村土地的经营户。面对如此复杂的农业生产情况，如果我们在讨论数字化转型背景下的农民技术执行与乡村治理这一问题时，没有涉及乡村经济结构及其转型，显然是不合适的。因此，我们尝试通过分析新中国成立以来我国乡村经济的发展历程，以窥探数字化转型背景下乡村经济结构的变化与未来趋势。

（一）1949—1978 年：围绕土地所有权的乡村变革

在这一时期，我国乡村社会生产关系发生了多次变化。新中国成立之初，我国农业生产遭遇极大破坏，农业生产衰落，加之极度不合理的封建土地制度，党和国家通过土地改革形成了农民的土地所有制。但以小农为主的土地所有制又表现出过于分散、农民缺少生产资料等问题。为解决这些问题，国家进行社会主义改造，到 1953 年，土地归为集体经营。在 1959—1961 年三年经济困难时期，我国乡村社会在艰难中得以缓慢发展，在 1961 年下半年，通过政策优化与调整，形成了"三级所有，队为基础"的人民公社制度，国家开始对农产品进行统购统销。

在这种具有强大动员力与号召力的计划经济体制下，我国社会实现了计划性的生产安排，在一定程度上来看，生产资料得到了高效利用，充分发挥了集体优势。但是，在这一过程中，因个人激励措施不足等原因，农民劳动效率不高。可见，这一体制约束了农村劳动力发展，农民主体性受到抑制。加之国家为了实现工业化这一战略目标而采取"以农补工"策略，农村经济发展有较大制约。

（二）1978—1984年：农民主体性不断提升

1978年的改革开放，极大地提升了农民的积极性与主动性，我国农民积极参与改革开放的实践。农民积极投身到全国性的市场中去，以自身发展促进了我国乡村经济结构的转型。首先，市场机制被引入农村，打破了农村长期以来形成的农产品封闭流通体制，增加了农产品销售渠道，促进了农村的进一步开放。在不断地开放中探索创新，新流通体制的形成实现了农产品向商品的转变。在这一过程中，部分农民也从"农民"变成了"农民＋商人"的混合身份。其次，农村开放的过程也表现为产业结构调整的过程。在这一进程中，分散的家庭劳动模式被市场体制下的集体劳动所逐渐替代，生产经营组织也得到了激活，极大地提升了农民的积极性与主体性。在这种积极性的促进下，农业生产得到快速发展，农民收入实现显著提升，生活水平得到较大改善。最后，党和政府积极探索乡村经济体制改革，为进一步催生农民主体性寻找政策支持。

（三）1985—2002年：资源配置由计划经济体制转为市场经济体制

首先，乡村政策从上一阶段的不断探索趋于稳定与完善。党和政府通过出台系列政策培育农村市场并进行经济体制创新，实现了农村资源配置由计划经济向市场经济的转变。在这种改革以及各级政府部门努力下，我国农产品生产实现了大幅度增收。农业自身的生产能力不断增强。此外，国家也在不断创新农产品流通渠道，以解决统购派购弊端。

其次，乡镇企业为解决农村剩余劳动力转移与就业问题提供了支持。随着农产品大幅增收，以及全国改革开放的进一步推进，大量的农村劳动力开始离开农村到城市去打工，以这种方式支持国家城镇化建设。离家较近的乡镇企业吸纳了部分农村剩余劳动力，到20世纪90年代后期，大量乡镇企业面临倒闭破产等问题，但这不能否认乡镇企业在我国乡村经济发展中的重要地位与作用。

最后，国家以政策等方式鼓励乡村经济结构改革与探索，正是由于这些具有创新性的、符合我国当时发展实际的政策，才使得我国乡村经济实现快速发展与结构转变，也才形成了具有中国特色的农村工业化道路。[①]

（四）2002—2012年：社会主义新农村建设

在这一阶段，主要是通过城乡统筹，实现了社会主义新农村的初步目标。新中国成立之后，国家一直处于"以农补工"的状态，以服务于国家工业化战略目标。直到这一阶段，国家首先提出"工业反哺农业"的政策。在建设社会主义新农村过程中，通过制定与执行系列政策，确立了新的"三农"政策体系。尤其是国家明确提出公共财政对乡村全覆盖。2006年国家取消农业税，为农民发放补贴等，受到了农民的支持，激发了农民的积极性与主动性。其次，积极探索城乡一体化体制机制建设。据统计，截至2012年年底，在我国27个省级行政区域中，有3.2万个自然村完成了产权制度改革。这些都促进了农村经济结构的优化与调整。最后，大力培育新型农民，让农民不断提升各项能力和素养，不

---

① 高兴民，李宗明. 乡村经济结构演进与未来趋势研究[J]. 河南社会科学，2018，26(06)：1-6.

断提升家庭收入，加大基础设施建设和规划。

(五) 2012年以来：习近平新时代"三农"理论的实践

有学者梳理了2012年12月底以来，习近平总书记关于"三农"工作的上百段论述，并归纳了习近平"三农"理论的七大方面。我们选取其中和乡村经济结构相关的四个方面进行阐述。

一是明确我国农业农村发展已经进入了新的阶段，我国农业的主要矛盾表现为结构性矛盾，要以市场需求为导向调结构、优布局，推动农业提质增效。这实际上是继续明确以市场体制促进乡村经济发展的总基调，并强调当前中国农业的结构性突出矛盾。二是在继承马克思城乡关系理论基础上，重新定位工农城乡关系演变，对我国城乡二元结构进行纠偏。实际上，在党的十八大报告中已经对我国工农城乡关系作出重大研判，形成了"统筹城乡发展"的新格局，明确了坚持"工业反哺农业、城市支持农村""城乡要素平等交换和公共资源均衡配置"的政策导向，以形成"以工促农、以城带乡、工农互惠、城乡一体的新型工农城乡关系"。三是探索农村双层经营体制新形式。一方面要创新发展集体经济，另一方面还要让微观主体获得更多自主权，巩固和完善农村基本经营制度。实际上，这是对历史上中国乡村集体与个体、国家与社会关系的系统反思，进而提出既要发挥社会主义制度的集体优势，又要发挥农民主体性的实践探索。四是部署"三农"发展战略方向，以乡村振兴战略作为总抓手，明确农业农村优先发展，聚焦农业农村现代化总目标。可见，农业、农村、农民的地位得到党和国家的高度重视。

通过对我国乡村经济结构发展的历史梳理，可以发现：

从宏观来看，我国乡村经济结构演进，是依附在国家战略的前提下进行的。不论是过去的"以农补工"还是现在的"以工促农"，实际上都是在综合考虑如何实现国家战略的总体框架之下的具体实践，也就是把工业化、城镇化、现代化与乡村发展视作一个有机的整体。这一经验事实与结构主义理论相符，即把国家视为一个有机整体，而城市和乡村是这个整体中的不同子系统。两个系统之间有机协同，国家整体功能才能实现最优。如果按照这一思路，我们就可以理解国家为何要在新中国成立后将农民土地所有变为集体所有、为何要实施改革开放、为何要实施市场经济体制等系列问题，其目的是围绕着国家战略目标的实现。但从历史与实践来看，我国国家的战略目标体现的是中国共产党的意志，而中国共产党是代表着中国最广大人民的根本利益。从这个角度来看，党的意志、国家的战略与人民的利益是统一的、一致的。

从发展来看，我国乡村经济结构是要朝着产业数字化与数字产业化方向发展。但是，正如习近平总书记关于"三农"理论的论述那样，我们要充分利用好马克思唯物辩证法处理好其中的几个问题：一是数字化与实体化的关系，要大力发展产业数字化与数字产业化，但同时要注意到乡村经济实体的重要性，这种实体主要指的是农民个体的农业生产经营。在这里，我们比较认同关于中国城乡二元结构的保护性作用观点，要持续发展乡村，一定要坚持"农村是中国经济发展的压舱石"的认知。二是个人与集体之间的关系，要用现代化技术、新型生产经营组织助力乡村经济发展，但是也要确保我国目前生活在农村的那5亿农民的农业生产经营活动，因为这是他们的根，而且这个根，还关联着他们在城市生活的家人。

三、乡村社会结构：不完整的家庭

马克思历史唯物主义的起点是"现实的人"，作为"现实的人"，是在"社会关系"中以"社会"为中介而存在的。[①] 按照这一概念，要理解"社会"，可以从社会中的人的"社会关系"入手。在传统中国乡村

---

① 莫小丽. "社会"概念：马克思与吉登斯的比较——以《资本论》及其手稿为语境[J]. 上海财经大学学报，2016，18（06）：66-78.

中，家庭是农业生产与村庄生活的基本单位。① 因此，我们重点讨论乡村社会中的家庭结构及其演变以及家户制度的情况。

（一）家庭结构：多子女核心家庭—少子女核心家庭—隔代等不完整家庭

学界关于我国农村家庭结构的演变情况尚未达成一致。由于1953年和1964年人口普查原始数据难以获得，王跃生利用1982年全国第三次人口普查数据对集体经济时代末期我国家庭结构情况进行分析。他的研究发现，虽然1978年我国开始改革开放，但当时我国农村依然采用集体经济经营模式。这主要是因为，即使到了1982年联产承包责任制在农村开始实施，但受土地承包经营初期多方面未落实等因素影响，当时农村表现出新旧制度交替、旧体制为主的特征。②

在这种情况下，王跃生使用人口普查数据对不同时期我国农村家庭结构进行划分。我们以这一研究结果为基础，结合自己的理解，进行了如下阐释分析。

（1）改革开放至20世纪80年代，我国农村家庭主要以多子女核心家庭为主。在这一阶段，我国农村仍然以集体经济制度为主。数据统计发现，首先核心家庭占比最大，约为68%；其次为直系家庭，超过20%。形成这一现象的主要原因在于农村劳动力依然主要从事农业生产，家庭中多个子女婚后会选择分家，这导致了以核心家庭为主的结构特征。

（2）20世纪90年代至21世纪初，我国农村家庭结构主要以少子女核心家庭为主。1990年之后，农村中青年劳动力开始向城镇转移。

---

① 许志中，张诚，刘祖云. 农业技术何以重塑乡村？——基于个体、家庭、村落的三维考察[J]. 农村经济，2023，485（03）：108-117.
② 王跃生. 改革开放以来中国农村家庭结构变动分析[J]. 社会科学研究，2019，243（04）：95-104.

农村常住人口中老年人比例不断提升。随着计划生育政策结果逐渐显现，只有一个或两个的成年子女的家庭比例不断提升。当计划生育政策初期儿童成家之后，他们又组建了少子女家庭。因此，这阶段主要表现出少子女核心家庭的结构特征。

（3）21世纪初至今，受农村人口结构"空心化"影响，中国农村家庭在总量减少的情况下，其结构呈现出以隔代等不完整家庭类型为主的特征。这主要是因为随着计划生育政策初期儿童大多"为人父为人母"，但由于他们在城市工作繁忙等，需要农村家中的老人到城市帮助照料小孩。所以，部分地区出现农村家庭只有一个老人的情况。因此，大部分农村家庭结构表现出老人、儿媳妇（或女儿）下一代等在内的隔代家庭结构特征。

通过上述分析，我们发现，我国农村家庭结构经历了"多子女核心家庭—少子女核心家庭—隔代等不完整家庭"演变过程。从这一过程中似乎可以捕捉到我国乡村家庭的演化特征。

一是从数量上看，农村家庭结构从多子女向少子女转变。实际上，这是反映了农业生产方式变化。家庭的本质是生产关系，用恩格斯的理论来讲，就是"以生产为目的的社会结合的最简单的和最初的形式"。在恩格斯看来，家庭的功能应该与其所在时期相适应，其结构是由农业生产方式决定的。在改革开放初期，劳动密集型农业生产使得农民投入了家庭的全部劳动力，导致了我国农业投入的"过密化"。随着改革开放的推进，中青年劳动力向城市转移，现代技术的发展也在一定程度解放了劳动力，这使得农业生产方式不再需要过多的劳动力，进而在家庭结构上表现出数量减少等特征。

二是从结构上来看，乡村家庭结构表现出从完整到不完整的转变。按照中国传统的观念，完整的家庭应该是由亲代和子代组成的，这样的家庭结构不仅稳定而且有助于综合考虑家庭成员整体利益。但随着中国农村人口外流，在"空心化""老龄化"已成为中国乡村不可逆转的现实时，家庭结构必然向不完整转变。这种不完整在一定程度上带来了乡村社会的不稳定，主要表现为代际间情感不佳、农村养老问题等。

我们认为，乡村家庭结构上与数量上的转变，给乡村治理带来了新的问题。

一是需要关注农村中高龄老人的养老问题。21世纪初至今，我国农村家庭以隔代不完整家庭结构为主要特征，农村家庭同时存在亲代、子代和隔代的情况。而且，这种家庭中的子代多数为女性，可能是亲代的儿媳妇，也可能是亲代的女儿。此外，农村中还有很多单独居住的中老年夫妇家庭。因为他们在抚育幼儿方面不能发挥更大的作用，或者他们不需要帮着抚育幼儿，而又不会去城市生活，所以夫妇独自在农村生活。对于上述两类老年人，他们的养老问题都需要得到关注与有效解决。

二是要关注不完整类型家庭。在转型期，农村家庭遭遇的较大冲击是中青年人口长期外出，从而出现诸多类型的不完整家庭，代际功能的发挥受到限制。随着户籍制度、社会保障制度的不断完善与改进，家庭中的未成年人与父母共同到城市生活的概率也会不断提升，那么农村不完整家庭的情况会得到缓解。但是，我们也必须注意到，如果高龄老人不愿意同子女生活，那么农村老年人独居等情况会增多，这一问题也是我们必须关注的。

至此，我们陷入了对以下问题的思考：数字化转型对我们当前乡村家庭结构会有哪些影响呢？对于那些身体较好、居住在农村的老年人而言，互联网使用可以方便他们与子女、亲人的沟通，但是这种线上沟通方式能否弥补线下的缺憾呢？而对于那些身体不是很好的农村老年人而言，我们能提供他们给什么呢？这些问题显然超出了我们本次的研究目的与范围，但并不代表着不重要。我们在对策部分尝试性进行解答，但更需要后续持续的深入研究。

（二）家户制度面临的挑战

如前所述，家户概念更符合中国传统农村对家庭的界定。学者一般认为中国完整的家庭制度在于家与户的整合，中国家户既具有经济利益联结，又受到国家户籍制度的认可。家户制度包括了家庭制度与户籍制度，构成了中国农村社会的基础性制度。[①]当前，关于户籍制度的改革已经成为打破城乡二元结构、实现城乡公共服务均等化的必经之路，整个社会都在关注户籍制度改革，但至于如何改一直还在探讨中。我们这里提出这个问题亦是想提供一些研究支持。

我们在讨论乡村经济结构时，得出这样的结论，即综合考虑如何在实现国家战略的总体框架下，去讨论农村与城市的功能定位与职责分工，也就是将整个国家作为一个有机整体，通过城乡之间的协同发挥使整体功能最大化。如果这个结论能够有力解释中国农村发展实践，那我们可能就要思考，现有的户籍制度真的仅仅是阻碍了、导致了农村的发展不均衡吗？那学界关于"保护性"的城乡二元结构观点如何看待？当城市无法继续生活时，农民工回到老家持续生活的实践又如何呢？我们无意去讨论城乡二元结构到底是保护性的还是制约性的，但是，我们的确需要考虑作为家户制度的重要内容，户籍制度是否需要改，如果需要改，应该如何改？

也许，这个问题本身就不是通过改或不改能回答的，因为我们发现，可能不同的领域是不同的情况。比如在基本公共服务供给方面，那可能就需要去调整户籍制度，因为这样才能实现城乡公共服务的均等化。但是如果从要素流动的角度出发，尤其是从保护农民的角度来看，

---

① 徐勇. 中国家户制传统与农村发展道路——以俄国、印度的村社传统为参照[J]. 中国社会科学, 2013, 212 (08): 102-123+206-207.

至少目前，可能还不能调整户籍制度，或者说即使调整，也是要以保护农民为出发点进行。目前，我们有了一个模糊的认识，即对于户籍制度本身改与不改并不重要的，重要的是如何通过制度设计，在促进农业农村农民发展同时，不断强化农村"压舱石"作用。

在讨论户籍制度是否应该调整时，我们发现现实中的户籍制度已经发生了改变。在我们调查的东北农村，彩礼成为结婚的重要组成部分。当前，不少农村男性要想"娶老婆"，需要在县城及以上城市拥有一套住房。为了买房，部分村民选择把户口从农村转到城市，然后落户到买的房子上面。但是由于工作还在乡镇或农村，在县城居住不方便，加上冬天需要交取暖费等，在县城居住的生活成本明显增高，这使得这部分群体最终还是居住在农村。但他们的户口已经没在农村，所以也就没有了土地。也就是说，事实上，这些人生活在农村，还在农村从事生产活动，但是他既不属于农村家庭中的成员，也不再拥有土地。对于这样的问题，又如何处理呢？

四、乡村人口结构：依附国家战略的人口流动

（一）中国农村劳动力演变历程

对于这一问题的分析与讨论，仍要从历史演变的过程中去寻找答案。

1. 社会主义革命和建设时期：流动——限制

新中国成立后，为加快实现工业化，国家选择了以工补农、优先发展重工业的战略。受到工农劳动生产率差异以及城乡发展不平衡的影响，农民产生向城市流动的发展需求。据统计，1953年到1958年间，出现新中国成立之后的第一波"农民潮"，平均每年有300万人向城市

流动。[①] 农村人口向城市流动，给当时我国的城市经济秩序、城市既有劳动力带来较大冲击，且违背了国家以农补工的政策导向。因此，在1958年，《中华人民共和国户口登记条例》正式出台，明确规定"公民由农村迁往城市，必须持有城市劳动部门的录用证明，学校的录取证明，或者城市户口登记机关的准予迁入的证明，向常住地户口登记机关申请办理迁出手续"。这表明，国家通过制度手段开始限制农村人口的流动。

2. 改革开放和社会主义现代化建设时期：适度限制——全面开放

实际上，在这一阶段内部，还可以继续划分为如下几个小的阶段。

在改革开放初期，国家对农村人口流动的主要方式是适度控制。改革开放实施以后，国家限制农村劳动力流动的政策制度逐步取消。但是，因为1979年有414.6万知青返城，给城市就业带来巨大压力。在这种情况下，国务院出台了包括《关于清理压缩计划外用工的办法》《国务院关于严格控制农村劳动力向城市和农业人口转为非农业人口的通知》等一系列控制农民进城的政策，在一定程度缓解了城镇就业压力，但是也对农民的流动产生了约束。

到了20世纪80年代，政府再次允许农民雇工或自雇，从事以往由国家主导的工商业，这开启了通过农村自主工业化以增加农民非农就业和提高非农收入的中国特色的"三农"发展路径，即乡镇企业。[②] 乡镇企业吸纳了农村中的大量剩余劳动力，农民越来越向乡镇聚集。其间，中央、国务院出台了系列措施，以促进农民向乡镇流动，相关政策信息如表7-1所示。在这种鼓励农村人口向城镇流动的政策驱动下，到

[①] 赵文远. 20世纪50年代农民盲目外流与现代户籍制度的形成 [J]. 首都师范大学学报（社会科学版），2012，204（01）：130-133.
[②] 温铁军. 八次危机 [M]. 北京：东方出版社，2012.

1989年，农村劳动力转移人口数量达到3000万人。①

表7-1　20世纪80年代促进农民向乡镇集聚的相关政策

时间	主体	名称	主要内容
1984年	中共中央	一号文件	1984年，各省、自治区、直辖市可选若干集镇进行试点，允许务工、经商、办服务业的农民自理口粮到集镇落户
1984年	国务院	国务院关于农民进镇落户问题的通知	积极支持有经营能力和有技术专长的农民进入集镇经营工商业
1986年	国务院	国营企业实行劳动合同制暂行规定	要保障农民的劳动报酬、保险福利待遇等权益

随着农村人口不断涌入乡镇，又给乡镇就业带来压力。加之20世纪90年代乡镇企业发展遇到瓶颈，国家开始通过政策引导农民，避免盲目流动，通过相关政策引导农民有序流动，相关政策信息如表7-2所示。截至2000年，农民工总量达7849万人。②

表7-2　20世纪90年代引导农民的相关政策

时间	主体	名称	主要内容
1990年	国务院	关于做好劳动就业工作的通知	对农村富余劳动力，要引导他们"离土不离乡"……重点清退来自农村的计划外用工，使他们尽早返回农村劳动
1993年	中共中央	中共中央关于建立社会主义市场经济体制若干问题的决定	逐步改革小城镇的户籍管理制度，允许农民可以进入小城镇务工经商，通过大力发展农村第三产业，促进农村剩余劳动力转移

---

① 《中国农民工战略问题研究》课题组. 中国农民工现状及其发展趋势总报告[J]. 改革，2009（2）.
② 《中国农民工战略问题研究》课题组. 中国农民工现状及其发展趋势总报告[J]. 改革，2009（2）.

续表7-2

时间	主体	名称	主要内容
1994年	劳动部	促进劳动力市场发展，完善就业服务体系建设的实施计划	提出了农村劳动力跨地区流动有序化和农村劳动力开发就业试点两项计划工程
1995年	中共中央、国务院	中共中央办公厅、国务院办公厅关于加强流动人口管理工作的意见	允许农民进城务工经商，兴办企业以及在小城镇落户
1997年	国务院	国务院批转公安部小城镇户籍管理制度改革试点方案和关于完善农村户籍管理制度意见的通知	在小城镇已有合法稳定的非农职业或者已有稳定的生活来源，而且有了合法固定的住所后居住已满两年的，可以办理城镇常住户口；共同居住的直系亲属，可以随迁办理城镇常住户口

到21世纪初，党和国家高度关注农民在城镇就业生活的保障。2003年开始，我国迎来了新一轮的快速增长，城市对劳动力需求旺盛，甚至部分区域出现了"用工荒"的情况。[1] 这期间，政府也出台了一系列政策放开农村市场，保障进城务工农民的各项权益，具体内容如表7-3所示。除了该表中的各项政策之外，自2004年开始，每一年的中央一号文件都对保障农民工权益做出了规定。在此期间，农民工数量在2012年底达到2.63亿。[2]

---

[1] 吴要武. 70年来中国的劳动力市场 [J]. 中国经济史研究，2020，150（04）：30-48.

[2] 《中国农民工战略问题研究》课题组. 中国农民工现状及其发展趋势总报告 [J]. 改革，2009（2）.

表7-3 21世纪保障农民工权益的相关政策

时间	主体	名称	主要内容
2003年	国务院	国务院办公厅关于做好农民进城务工就业管理和服务工作的通知	取消对农民进城务工就业的不合理限制,逐步实现农民工与城镇居民在就业行业和就业工种上具有同等权益
2004年	国务院	关于进一步做好改善农民进城就业环境工作的通知	明确要求从解决农民工工资拖欠、加强劳动合同管理与劳动保障监察、处理农民工劳动争议案件等方面切实维护进城农民的就业合法权益
2006年	国务院	关于解决农民工问题的若干意见	明确了解决农民工问题的重大意义、指导思想、基本原则以及重点工作任务,即解决农民工工资偏低和拖欠问题、依法规范劳动管理、解决社会保障、公共服务供给、建立维护农民工权益的保障机制、促进农村劳动力就地就近转移就业等

3. 党的十八大至2020年:农业转移人口市民化

党的十八大以来,我国进入了中国特色社会主义新时代。在这一时期,全面深化户籍制度改革、加快推进新型城镇化建设成为主要的工作中心,政策文件的关键词表现为"农民工市民化""农业转移人口市民化"等。党的十八大报告提出要"加快改革户籍制度,有序推进农业转移人口市民化,努力实现城镇基本公共服务常住人口全覆盖"。中央城镇化工作会议提出"要紧紧围绕提高城镇化发展质量,稳步提高户籍人口城镇化水平";2014年,国务院出台《关于进一步推进户籍制度改革的意见》,提出要"进一步推进户籍制度改革的要求,促进有能力在城镇稳定就业和生活的常住人口有序实现市民化,稳步推进城镇基本公共服务常住人口全覆盖"。一系列政策的出台,有序推进了农村人口向市民转化的过程,尤其是对农民工落户、权益保护、子女教育以及社会保障等方面做出了顶层设计。在这个时期,我国农民工也呈现出如下特征：首先，20世纪80年代及其之后出生的农民工成为城市劳动力主力军，第一代农民工则因为年龄原因逐渐退出城市劳动力市场，返回老家。其次，新生代农民工的学历较第一代农民工有显著提升趋势，大专及以上程度的农民工占比为16.5%。再次，农民工就业行业发展转变，第一代农民工主要以第一产业第二产业为主，新生代农民工主要以第三产业为主。最后，农民工数量持续增多，到2019年达到29077万。①

4. 2020年至今：农民工外出数量开始减少

自1978年改革开放以来，我国农民工外出数量呈现稳中有升的状态。但是受新冠疫情影响，农民工总量有所下降，截至2020年，农民工数量为28566万。②

通过分析新中国成立至今的农村劳动力变化，我国农村劳动力流动是在国家总体战略的指导下，农民为追求家庭成员整体利益而选择的系列个体行为。这一结论的得出，让我们看到了"国家—社会"之间的关系并不是二元对立的，而是相辅相成的。这种相辅相成，一方面表现为国家战略目标的实现，需要尊重农民的选择，需要满足农民的需求；另一方面则表现为农民自身解放与主体需求的满足，需要借助于党和国家的政策引领、扶持与帮助。这种相辅相成的结果必然就是农民的需求得到满足，农民自身得到发展，国家的战略目标也得以实现。当然，这种相辅相成的基础在于国家的战略目标与农民的主体性需求是一致的，也就是国家的发展必须坚持以"人民为中心"。

（二）当前乡村人口结构特征

上述关于新中国成立至今农村劳动力变化情况的分析，为我们了解

---

① 中华人民共和国中央人民政府. 2019年我国农民工总量达到29077万人 [EB/OL]. 新华社 [2020-04-30]. http://www.gov.cn/xinwen/2020-04/30/content_5507849.htm.
② 国家统计局. 2020年全国农民工总量28560万人比上年减少517万人 [EB/OL]. 央视新闻 [2021-04-30]. https://baijiahao.baidu.com/s?id=1698450608953694510&wfr=spider&for=pc.

中国历史上农村人口结构变化提供了研究基础，也为我们认识今天中国乡村人口结构提供了有力支持。总的来看，当前中国农村人口主要呈现出如下特征。

1. 总量少，农村人口"空巢化"

根据国家统计局相关数据，得到如图7-1所示的1980年至2020年期间中国城镇与乡村人口走势。[1] 可以发现，改革开放后，我国农村人口总量呈下降趋势。这种下降趋势表现为因为人口流动而造成的农村人口的"空巢化"特征。[2]

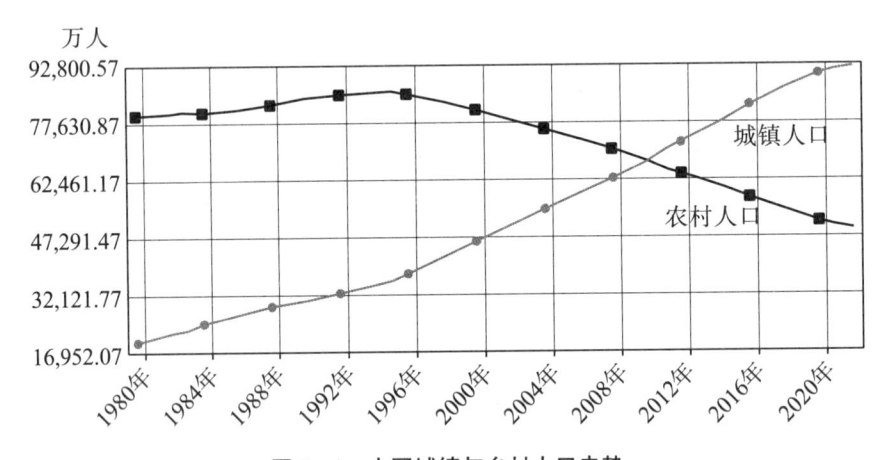

图7-1 中国城镇与乡村人口走势

2. 农村人口老龄化问题突出

对于东亚、东南亚等发展中国家而言，农村人口老龄化是一个普遍难题。[3] 根据第七次全国人口普查结果显示，2020年我国农村中60岁及以上人口占农村总人口的23.8%，65及以上人口占农村总人口的

---

[1] 根据国家统计局网站数据获取. https://data.stats.gov.cn/ks.htm?cn=C01.
[2] 马良灿，康宇兰. 是"空心化"还是"空巢化"？——当前中国村落社会存在形态及其演化过程辨识 [J]. 中国农村观察，2022，167 (05)：123-139.
[3] Rigg J, Phongsiri M, Promphakping et al. Who will tend the farm? Interrogating the ageing asian farmer [J]. The Journal of Peasant Studies，2020.47 (2)：306-325.

17.7%，均高于城镇老龄人口占比。① 对于这组数据，我们可以从两个方面来论证其真实性。

一方面，改革开放以来，我国农村农民向城市转移呈现稳中有升的趋势。这种稳中有升的趋势，必然导致农村人口总体上稳定下降。随着时间的推移，第一代农民工已到了老年，这一群体中的大多数人还是选择了回到县城或者农村（更多的还是农村）。而出生于新时代的农民工正在成为当前城市发展与建设的中坚力量。第一代老年农民工返乡加上新生代农民工进城，必然导致农村人口老龄化。再加上新生代农民工多出生在计划生育初期，这类家庭主要成员包括夫妻两人、一个或两个子女。这种情况使得农村老龄化问题更加严峻，因为这意味着多数农村老年夫妇将面临独自生活的情境。

另一方面，我们也从微观层面的调研验证了这一情境。在我们调研的东北农村，有一户人家的构成如下：一家三口，户主LZS为20世纪60年代生人，其爱人为同年代生人，户主父亲为20世纪30年代生人。这户人家按照人均拥有一定面积土地，但是自己没有经营土地，而是承包给村中其他村民集体经营，每年按照一定比例进行土地分红。目前，户主同其父亲在农村老家居住，主要是为了照顾老人。户主爱人则到省会城市照顾小孩。这户人家在一定程度上体现了当前我国农村一般家庭的情况。而村中更有一些家庭，只有老人一人在家，而子女在外工作或生活。

此外，我们还发现以下几种农村人口老龄化情况：父辈在城镇打工，到了一定年纪后返回乡村居住；父子两代人在城镇购房，但由于不适应城市生活，父辈返回乡村居住；独居老人被子女接到城镇，但居住一段时间不适应，最后还是回到乡村居住。

---

① 国家卫健委. 2020年度国家老龄事业发展公告［EB/OL］.［2021-10-16］https://baijiahao.baidu.com/s?id=1713757047387132959&wfr=spider&for=pc.

综上，无论是根据历史演进所进行的宏观分析，还是根据实地观察所得到的微观经验，都有证据表明当前我国农村老龄化这一严峻事实，这也成为乡村治理不得不面对的现实问题。

3. 直接从事劳动生产的劳动力减少

首先，农村劳动力人口总量下降直接导致了这一结果。其次，从农村人口结构来看，以老年、妇女以及儿童为主的农村人口结构影响了农村劳动力数量。当前，常常用"386199"来形容农村人口结构情况。[①]"38"主要是指留守在农村的妇女，他们主要承担照顾家庭的责任，包括照顾小孩、老人，同时有些还要帮忙照顾农活。妇女留守在农村，主要是受到农村家庭经营策略的影响。"61"主要指的是留守在农村的儿童。虽然在政策上已经解决农民工子女在城市义务教育阶段就近入学的需求，但是在现实情况中，受工作情况、家庭收入等多种因素影响，多数家庭还是选择了把小孩留在农村抚养。"99"指的是留守在农村的老人。农村"386199"这一典型的结构，使得直接从事劳动生产的劳动力大幅减少。近几年，部分区域甚至出现了只有"99"存在，即妇女与小孩也都搬到城镇生活。

最后，家庭人口规模变小也在一定程度减少了农村的劳动力。20世纪50年代前，我国家庭平均规模为5.3人左右；1953年第一次全国人口普查数据显示，平均家庭人口规模为4.33人；随着人口增加等因素影响，到1978年前，我国家庭平均人口规模上升到4.78人。[②]根据第三、四、五、六、七次全国人口普查数据，全国人口千分之一变动情况抽样数据，整理得到如图7-2所示的改革开放后我国家庭人口规模

---

① 徐勇."再识农户"与社会化小农的建构[J].华中师范大学学报（人文社会科学版），2006（03）：2-8.
② 麻国庆.当代中国家庭变迁：特征、趋势与展望[J].人口研究，2023，47（01）：43-57.

情况。可见，随着生育政策以及观念的变化，自改革开放以来，我国农村地区传统的大家庭日益减少，以3个人左右的小家庭逐渐成为主流。而在这个小家庭中，男性青壮年劳动力到城市务工，也就出现了农村普遍的妇女和儿童留守的现象。

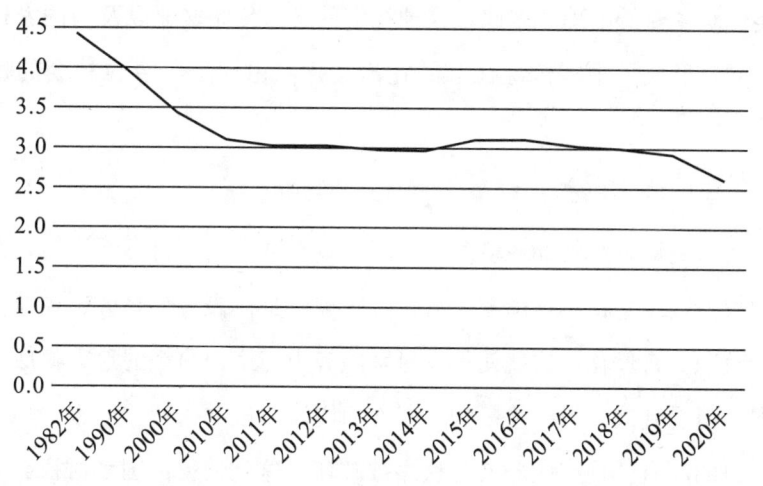

图7-2 改革开放以来中国家庭平均人口（单位：人）规模趋势图

五、乡村文化结构："熟悉＋陌生"

文化是乡村社会的灵魂，理解当前我国乡村社会的文化特征，是实现乡村治理的重要内容。但乡村文化又是同社会、权力等复杂政治关系相互缠绕的，这又增加了理解的难度。我们尝试从我国乡村社会的文化演变过程，来掌握数字化转型背景下乡村文化结构所呈现的特征。

（一）传统乡村社会：礼治文化

中国传统社会是以血缘、亲缘和地缘为纽带形成的"差序格局"，是一个封闭的、安宁的"熟人社会"。人伦、交往以及心灵秩序的保持依靠的是传统的礼俗。这种礼俗，不是以外力形式实现的，而是基于教化而养成的。① 这种礼俗的价值规范，一般以乡规民约、信仰、风俗、家风等形式表现。按照传统中国治理逻辑的"皇权不下县，县下为宗族"，传统乡村属于半自治状态。因此，也就形成了"天高皇帝远"的说法与认知。但是实际上，皇权可以通过科举选拔、家国情怀等隐性方式实现对乡村的治理。因此，这种礼俗秩序、传统文化以及与国家权力的协同，形成了中国传统社会的礼治文化，也促进了乡村社会的稳定结构。

（二）清末民初：探索乡村文化建设

清末民初，受外部环境影响，国家政权开始向乡村不断渗透，期望通过权力以及文化实现国家对乡村的管控，具体表现为将区、乡及以下的行政职员官僚化，这就使得乡村宗族势力与宗教组织的地方权威不断削弱。但受到战争等因素影响，一方面国家权威并未建立起来，另一方面乡村的原有"稳定的"文化秩序被破坏，这就使得中国乡村社会表现出失序、凋敝等特征。因此，以晏阳初、梁漱溟等代表的知识分子积极开展乡村建设工作。②

在这一探索中，文化建设是重点内容之一。晏阳初通过对河北村庄的调查，准确指出我国农村社会的"愚贫弱私"的基本问题，期望通过以教育的方式重塑乡村文化。③ 梁漱溟主张从我国的旧文化中去寻求一个新文化，以此重塑乡村文化。④ 在这一过程中，国家政权的嵌入一定程度上破坏了农村的权力体系。⑤ 反而，民间自发的、扎根乡村的、以培育乡村主体为核心的移风易俗等文化活动，为转型时期的乡村治理提

---

① 费孝通. 乡土中国 [M]. 上海：上海人民出版社，2013.
② 陈勇军，郭彩琴. 乡村文化治理的国家嵌入：逻辑、路径及其限度 [J]. 学术探索，2023，279（02）：111-118.
③ 晏阳初. 晏阳初全集（一）[M]. 天津：天津教育出版社，2013.
④ 梁漱溟. 梁漱溟全集（一）[M]. 济南：山东人民出版社，2005.
⑤ 杜赞奇. 文化、权力与国家 [M]. 南京：江苏人民出版社，2018.

供了参考。

（三）中国共产党领导下的乡村文化治理

重视对农民的动员以及乡村文化建设，是中国共产党一直以来的优良传统。新中国成立之初，党和国家全面进入乡村，全面领导乡村文化建设。在1953年完成社会主义改造之后，国家在特殊的国内外环境下不得不采取全能政府方式开展乡村文化建设。在这一过程中，破"四旧"等运动的开展，导致国家在乡村文化建设中存在过渡性隐患，在极端化的活动影响下，当时乡村社会秩序遭到破坏。

改革开放后，随着市场经济体制的确立，市场对乡村文化的影响不断加强，与国家权力、社会组织等共同参与到乡村文化建设中去。在城镇化与工业化进程中，乡村文化又逐渐被城市化所解构。当互联网、大数据、物联网、人工智能等新兴信息技术与乡村结合后，以去中心化、多节点、信息海量、传播高速等为特征的数字技术进一步解构了乡村文化。面对现代化、城镇化、工业化、数字化等多重转型背景叠加的复杂现实，党和国家通过发布《关于进一步加强农村文化建设的意见》《关于实施乡村振兴战略的意见》等系列政策文件，将党和国家权威重新嵌入乡村文化建设，以期重塑乡村秩序。

但是，我们不得不承认，在今天多重转型的背景下，我国当前的乡村文化正呈现如下特征：①因人口外流而导致作为关系共同体的乡村文化衰落。一方面，青壮年劳动力向城镇集聚，乡村人口呈现总量少、结构老化的特征，剩下的农村人口没意愿、少能力、缺动力进行丰富的交互活动，更不用谈公共参与，导致留守人口的关系疏远；另一方面，离家的村民在工作的城市形成了新的"关系共同体"，这种关系可能是工作关系、情感关系等，但不管怎样，基本切断了与乡村的关系共同体的联系。这种留守人口与外出流动人口群体内部的双重疏远，必然导致乡村关系共同体的衰落。②"熟人+陌生人"的乡村社会。传统乡村社会的村民都生活在同一个物理空间，从事相同的农业生产，其同质性较高，基本属于涂尔干所谓的"机械团结"社会。但随着人口流动的频繁，村民生活在不同的空间，从事的产业也是千差万别，异质性不断增加，但彼此之间又不存在分工联系，未形成"有机团结"社会。在这种情况下，村民之间由原来的"知根知底"变得"知人知面不知心"，即使是熟悉的同村居民，也因经常不在村、缺少交流，而变得"陌生"。此外，互联网的使用打破了城乡空间界限，在村居民接触了外面的"陌生人"，他也可能会把与陌生人相处的方式用在同村人相处上，也就是用"陌生人"的方式对待"熟人"。而对于外出居民，他们在外工作生活所经历的人和事，使得他们已经熟悉了与"陌生人"相处的模式，再加上与乡村离开的时间越久，他们越发脱离了这种熟人社会。

第二节　农民技术执行形成乡村社会新特征

一、时空维度的动态乡村

在前述分析中，我们更多的是从时间演进的视角分析乡村政治结构、经济结构、人口结构、文化结构以及社会结构的变化，这体现了乡村历时性动态演进。实际上，乡村还体现了共时性的空间动态性。[①] 在这种共时性的动态空间中，哪怕是再偏僻的乡村，也不是完全孤立的，都拥有与乡村外部世界或多或少的联系。这种联系体现在有形的物质联系和无形的联系。

从有形的物质联系来看，主要是货币、商品、信息、劳动力等要素

---

① 胡晓亮，李红波，张小林等. 乡村概念再认知[J]. 地理学报，2020，75（02）：398-409.

的流动而产生的联系。正如在农村人口结构分析的那样，自改革开放以来，我国农村人口呈现持续下降的趋势，这种趋势背后反映的是人口在城乡之间的流动，这反映了农村与城镇之间的联系。尤其是互联网、大数据、物联网等新兴信息技术的发展，进一步加强了城乡之间的联系。这种联系渗透到了经济、政治、生活等各个领域。比如，调研中的东北某村庄的村民，可以方便地通过网络购买到远在四川的枇杷等水果；可以方便地和远在其他省份的家人进行语音和视频；可以通过网络视频观看任何地方发生的新鲜事情。

从无形的联系来看，主要表现为各类价值、规范、权力等内容的连接。农村人口呈现向城镇迁移的趋势，这种人口要素连接的城乡关系是直观可见的，是容易被观察的。但是，因为农村人口在城乡之间的流动而形成的新的价值观、规范等是不可见的、不容易被观察的。这种无形的联系，因为互联网的出现而被无限扩大。各种媒体平台的兴起，以乡村为元素的各类视频在网络上快速、广泛传播，将原本固定在某一空间的村庄及其文化传播到无限的网络空间，极大地拓展了农村的范围。调研中发现，东北当地一种水果被称作"南果梨"，这种水果成熟时在当地的价格一般在每斤1元左右，但是在网络的价格则变为每斤5元左右但销量仍然很好，是因为通过网络购买"南果梨"的主要是在外地工作的"东北人"，也就是因为"乡情"使得本地特产水果通过互联网"身价倍增"。

可见，数字化转型与工业化、城镇化、现代化叠加，使得当代中国乡村已成为外向型空间，静态的乡村社会变成动态的，线下的乡村变成虚实结合的乡村。具体来讲，乡村除了是某一地域空间中人的集合，而且还是内含于多元主体间的、跨越空间与内外部的、一种流动的关系，这种流动的关系凸显出乡村社会的动态性、多样性与关联性。

二、系统维度的融合乡村

按照结构功能主义与结构主义的思想,社会是由不同要素及其之间关系结构所组成的复杂系统,其内部各要素按照一定的秩序相互联系,对社会整体发挥相应的功能。不过,结构功能主义与结构主义存在一定的认识差异。结构功能主义倾向于把社会看作是一个类似化学分子的组合体,内部由多元素组成,不同元素之间不断调整彼此关系,当这些关系发生变化时,其他元素会自适应调整,同时会有相应的机制来维系社会秩序以获得新的平衡。①② 结构主义主要强调社会结构平衡是要基于一定条件的,社会内部各要素之间的平衡对于社会功能的发挥很重要,尤其是要关注底线利益与外部力量的动态协调。③

可以发现,结构功能主义与结构主义对于社会结构的分析是有不同基础假设的。结构功能主义强调社会结构的稳定性与自在均衡,认为内部某要素变动后其他要素会自动调试,最后形成新的稳定平衡。这实际上是对结构内部要素的变动持积极态度,理想地认为社会结构要素之间的有机协调与联系。某种程度上来看,结构功能主义过于强调社会整合而忽略了社会冲突。这些假设的倾向,使得我们将结构功能主义用于分析复杂现实社会时会遇到一些障碍与问题,最突出的表现为社会现实的动态性、冲突性与外部影响性,也就降低了其对社会现实结构复杂变化、关系不稳定的敏感性与解释力度。相比较而言,个人认为结构主义更关注社会的客观性与动态性,既有对复杂现实的敏感性,也有对内部

---

① 塔尔科特·帕森斯. 社会行动的结构 [M]. 张明德等,译. 南京:译林出版社,2012.

② 罗伯特·K. 莫顿. 社会理论和社会结构 [M]. 唐少杰等,译. 南京:译林出版社,2015.

③ 安东尼·吉登斯. 社会的构成:结构化理论纲要 [M]. 李康等,译. 北京:中国人民大学出版社,2016.

要素不断变化的客观认识，同时强调内部资源与规则的变化，需要通过外部资源补充、内部资源调试以及规则调试促进新的平衡。

按照结构主义的观点，我们可以把乡村社会看作是一个系统，数字化转型过程中，大数据、物联网、人工智能等新兴信息技术与乡村社会的政治、经济、文化、生态等各系统进行高度融合。数字技术与乡村社会的融合，实现了农村的数字农业、电子政务、网络文化、生态智慧等系统，促进了乡村社会各子系统的协同发展。除了数字技术与各子系统的融合，数字技术还全面深入渗透子系统内部，如从早期数字技术以农村淘宝等电子商务，到当前抖音、小红书等基础应用直播卖货助农，进一步的无人智慧农场建设等深层次运用，以及智慧医疗、线上教育等，为乡村社会公共服务均等化提供了新的路径探索。

三、价值维度的多元乡村

随着数字技术与乡村社会各子系统的全面深度融合，一方面促进了乡村传统物质产品的消费，如电子商务销售农产品等，另一方面，还向市场提供了乡村文化、乡愁情怀等非物质类产品。这种非物质类产品的销售，满足了市场上个性化的需求，更增强了乡村在市场中的地位，提升了农民的收入。不管是物质类消费还是非物质类消费，实际上都在一定程度促进了城乡之间的交流。其中，以文化、价值等非物质类产品为主的交流，使得封闭的、单一的、求稳的传统乡村文化向多元方向发展。

西方学界将农村的这种新变化称作"后生产主义"，即农业不仅仅关注粮食产量，而且关注粮食质量、文化价值、生态建设等多种功能生产。[1] 在后生产主义的乡村中，传统乡村的单一价值维度势必被多元模

---

[1] Mather A S, Hill G, Nijnik M. Post- productivism and rural land use: Cul de sac or challenge for theorization? [J]. Journal of Rural Studies, 2006, 22 (4): 441—455.

式所替代。① 后生产主义乡村之所以出现，主要原因在于城乡之间的要素流动，而数字技术促进了要素流动的范围与程度。随着我国城镇化进程的不断推进，截至 2022 年末，全国常住人口城镇化率为 65.22%，② 这就意味着全国约有 9 亿人生活在城镇。如前面分析，当前约有 4 亿人口往返于城乡之间。这就意味着大量群体有"乡土性"的消费需求。在这种需求带动下，乡村文化、价值等规范在城乡之间不断流动，也就促进了后生产主义乡村的文化价值多元化。

四、权力维度的分散乡村

不同历史时期的我国乡村的权力体系存在较大差别。新中国成立之初，经过土地改革和社会主义改造，农村土地由农民所有变为集体所有。直到 20 世纪 70 年代之前，计划经济体制下的城乡互动表现出强烈的计划经济特征，乡村的经济发展、日常生活等都在国家计划中。③ 加之户籍制度以及城乡流动政策的限制，城乡之间人口流动受到约束，因此形成了乡村以血缘、地缘为联系的"熟人社会"。④ 在乡村熟人社会中，产业以农业为主，形成了以乡村文化为中心的乡村共同体。乡村内部的威望来自血缘、宗族关系以及经验等，并以此构成了乡村社会的权力体系，对乡村社会进行治理。⑤

改革开放之后，我国的城镇化与工业化进程引发了乡村社会结构的

---

① Bjorkhaug H, Richards C A. Multifunctional agriculture in policy and practice? A comparative analysis of Norway and Australia [J]. Journal of Rural Studies, 2008, 24 (1): 98-111.
② 根据国家统计局 2022 年国民经济和社会发展统计公报所得。
③ 高丽，李红波，张小林. 中国乡村生活空间研究溯源及展望 [J]. 地理科学进展, 2020, 39 (04): 660-669.
④ 费孝通. 乡土中国 [M]. 上海：上海人民出版社, 2013.
⑤ 邓大才. 社会化小农与乡村治理条件的演变——从空间、权威与话语维度考察 [J]. 社会科学, 2011 (08): 77-83.

剧烈变化，重构了乡村的权力体系。改革开放激发了农民的积极性，大量农民有向城镇进行迁移的意愿，但城市又一时无法解决巨大规模的劳动力就业，因此乡镇企业这种带有中国特色的组织形式得以登上历史舞台，解决了农民在非农产业就业的巨大需求，推进了我国当时的乡村工业化进程，促进了中国乡村经济的现代化进程。[1] 在这一过程中，农民由原来的"农民"身份变成了"农民+工人"的双重身份，乡村社会出现了职业与农业产业相分离的情况，因此分化并重组了乡村权力体系，即传统话语权围绕农业生产形成，新的话语体系则围绕农业与工业产业形成。同时，城镇化进程促进了城乡之间的要素流动，但此时的要素流动，更多是从农村向城市单向流动。这种流动瓦解了农村封闭的系统，将城市的一些新的规范与价值带入乡村，对农村封闭、单一、简单、一元的价值体系造成冲击，年长的、宗族的、传统的价值规范的束缚能力越来越弱，而那些与市场、产业、经济相关的价值规范逐渐增强，进而形成混杂的农村权力体系。

进入21世纪，工业化、现代化、城镇化与数字化转型进程叠加，我国乡村也在这一大的背景下发生变化，数字经济成为乡村的主要支撑。[2] 从国家来看，自上而下推进数字乡村引领乡村发展方向；从农村来看，乡村自下而上的数字经济实践也在重构乡村。淘宝村、农村电子商务的发展，显示出数字经济也具有草根性，并具备互联网的多中心分散以及协同等特征。[3] 除了乡村数字经济的发展，乡村智慧养老、智慧农业、智慧政务等新兴事物的发展，必然会引发乡村权力、空间、社会等维度的重构。在传统乡村，引领乡村发展、进行重大变革的往往是乡

---

[1] 周军. 中国现代化进程中乡村文化的变迁及其建构问题研究 [D]. 吉林大学, 2010.
[2] Grimes, Seamus. Exploiting information and communication technologies for rural development [J]. Journal of Rural Studies, 1992, 8（3）: 269-278.
[3] 郭承龙. 农村电子商务模式探析——基于淘宝村的调研 [J]. 经济体制改革, 2015 (05): 110-115.

村精英群体，他们依托来自血缘、地缘而形成的社会资本在乡村社会引领普通人共同行动。[1] 但是，互联网、大数据、物联网等新兴信息技术的出现，任何普通人掌握了互联网技能，便可利用互联网产生的红利实现分散化、网络化的生产格局，如以家庭为单位进行小作坊生产，多个家庭形成无中心的网络格局，从而将家庭从宗族的大家庭中脱离出来，促进了乡村家庭规模的改变，实际上也就改变了传统的以血缘为核心的差序格局。这种改变，随之而来的就是农民个体的分散化与原子化，[2]进而又带来乡村权力体系的改变，表现为：①权力多元，既包括传统的宗族、经验权力，也包括市场、价值等权力；②权力分散，不再像传统乡村那种集中于某个或某几个人，而是像互联网一样，无中心、网络化的一种散状结构；③异质性，即互联网技术打破了时空界限，本地村民转向多元产业，具有良好数字素养的返乡居民探索数字技术与生产生活的深度融合，因此，原本同质性高的乡村变成了不同产业、不同职业、不同素养的组合。

在这种权力分散的过程中，突出表现为日常话语重构。日常话语建构于乡村的文化情境中，在数字化转型进程中被潜移默化地影响着并变化着。互联网的普及与应用，改变着农民的日常生活与话语体系。例如，电子商务的发展改变了传统的生产与经营方式，年轻的、掌握数字技术的新型农民成为乡村数字经济的主导群体。在这种话语体系下，传统的宗族话语被年轻的、掌握技术群体的话语体系削弱。随着传统话语体系的不断弱化，年轻人依托互联网技术将原本一体的乡村进行了解构划分，不断提升数字话语体系影响力。不仅如此，那些掌握互联网技术

---

[1] 郭承龙. 农村电子商务模式探析——基于淘宝村的调研[J]. 经济体制改革，2015(05)：110−115.
[2] 贺雪峰. 新乡土中国：转型期乡村社会调查笔记[M]. 桂林：广西师范大学出版社，2003.

的年轻人还在虚拟空间抢占"先机",通过虚拟身份与全国甚至全球的居民共享生产与生活方式,这势必使得全球化的、现代化的、西方的话语体系与我国传统乡村话语体系相碰撞。

五、关系维度的"家庭本位"乡村

在传统我国乡村社会,家庭既是一家人活动的物理空间,也是生产生活的基本单元,家庭的重要性在于为农民安身立命以及勤劳付出提供了本体性意义。[①] 虽然处于工业化、现代化、城镇化与数字化"叠加"转型的现实背景中,但我国传统乡村社会"家庭本位"的传统依然持续,只是表现出了不同的特征。这种家庭本位形成了如下新的特征与表现。

(一)基于共享的家庭经营策略

家庭经营策略,是在制度约束、家庭资源、目标等综合因素下家庭及其成员所进行的决策与行为,表现出家庭的能动性与应对复杂社会的适应性。[②] 在数字化转型背景下,我国乡村社会家庭主要还是以三代直系家庭为主,如我们调研的东北村庄,受访者 LZS 家中共有三代人。这种家庭主要以实现家庭效益最大化为经营目标,通过家庭财富、人力资源、社会资本转移等提升子代能力,如 LZS 主要住在农村,但是为了儿子在外工作,举家出钱购买了城市的房子。这种方式能够实现家庭代际之间的和谐关系,并以此推进家庭的发展情况。在这种情况下,比较稳定的是青壮年返乡创业,通过信息技术从事相关行业,家中父母主要职责在于辅助子女照料家庭,并在自身条件允许情况下从事农业生产

[①] 夏当英. "数字化家计":韧性小农的生计策略再转型[J]. 社会科学战线,2022,326(08):231-241.

[②] 刘超. 城镇化进程中的农民家庭策略与发展型家庭秩序——基于"一家三制"的讨论[J]. 宁夏社会科学,2022,231(01):161-167.

等活动，以最大化利用家庭劳动力资源。

随着数字技术的发展，基于数字技术的、涉及空间、情感等共享的数字活动，有助于提升家庭收入。除了经济上的意义之外，这种共享能够促进子代与亲代的日常交流，维系家庭成员之间的情感交流，实现代际协同的资源配置与经济收益最大化。

（二）县域内"团聚"的新型家庭经营模式

数字化转型背景下的乡村社会，正在从物理空间的"半工半耕"的城镇就业向基于互联网的、"在家"就业转变。在以电子商务等为代表的数字活动中，家庭成员的关系、相处方式均发生了重大变化。从距离上来看，因为互联网，可以实现务农、务工与经商的同时"在场"，这也使得原本城乡分离的家庭有了新的形式，即县域内团聚；从情感上来看，子代与亲代同在农村，但与传统均从事农业情况不同，以代际分工为基础的家庭生产，一方面加强了代际之间的生活与情感交互，另一方面又避免了传统的同住屋檐下而产生的各类矛盾。实际上，这种县域内团聚的家庭形式，本质还是一种"半工半耕"的家庭经营模式，只是由原来的物理空间拓展到物理和虚拟的双重空间。在这种家庭经营模式下，人们从人多地少的农业生产中脱离出来，到城镇去寻找新的工作，反过来，这些在城市工作的劳动力又依赖家里的农业作为一种保险手段。这种县域内团聚的家庭经营模式，体现着乡村社会中农民群体的主动性与能动性，既是对我国传统"半工半耕"经营模式的继承，但同时也表现出数字时代的新特征与新方式。

与传统的核心家庭、小型家庭等不同，这种县域内团聚的家庭形式的出现，主要由如下原因导致：县城良好的教育等公共服务，促使农民到县城居住，但是由于县城居住成本较高，以及农民家中还有土地、亲人等，老年人一般更愿意居住在乡村，而子代居住在县城，形成城乡两栖、县域内团聚的新型家庭形式。这种家庭成员"共同在场"的家庭经营模式，促进了县域内的城乡融合，同时县域内城与乡的距离是较为合适的满足家庭日常交往需求的距离。当然，满足这一经营模式的基础是县域内能够提供青年人足够的且稳定的就业岗位，这样才能吸引来、留得住青年人。

可见，数字技术所带来的新型家庭经营模式，一方面能够继承乡村传统的"家"文化，另一方面又与现代市场经济体系相连接，可能成为吸引青年回乡创业的有效路径。这种模式缓解了因人口流动导致的乡村空心化、乡村养老、市场化进程中的家庭压力等问题，可退可进的家庭经营策略突出其韧性，有效释放了家庭生产力，可为全面推进乡村振兴以及中国式农业农村现代化提供了有益探索。

（三）基于家庭协同的乡村共同体

家庭本位在激发农民活力、勤劳工作方面起到了重要的作用。正是因为对家庭发展的期待，中国农民才会在艰苦的环境中总会抱有希望，这也是我国社会之所以面对复杂内外部环境但依然保持稳定的重要因素。但是，"家庭本位"的负面作用则在于农民热衷于经营"家庭"，而忽视了"公共领域"，因为过于关注"家庭"而忽略了公共事务共同体。数字化技术突破了时空限制，将物理空间与虚拟空间实现有效衔接，使得生产、分配、销售等各环节的界限模糊。在这种情况下，就需要家庭成员内部的有效合作与配合。但仅有家庭内部的协作是不够的，还需要在国家参与、政府引导以及邻居帮助的网络社会中，才能获取更多数字红利。从这个角度来看，数字技术有望成为连接不同家庭的中介与桥梁，通过数字技术实现多家庭的协同，进而打造乡村共同体。

基于家庭协同的乡村共同体，有助于实现乡土性、现代性、自主性的有机融合。在这种模式中，农民基于分工基础重塑乡村活动，以经济组织为中介，将邻里关系重塑为合伙人关系，并将范围扩大至合适的范围（甚至可以到县），形成村—乡镇—县城多级网络平台，在互动、交流中构建新的规则与约束条件。这种基于家庭协同的乡村共同体，其内部会形成统一的认同与偏好，进而统合乡村内部的不同利益。最终，乡村将因村庄内部新交往的紧密性重塑并形成乡村"团结资本"，进而提升促进乡村发展内生动力。

第三节　本章小结

农民技术执行重塑了乡村社会结构，乡村政治结构表现为政治回应与互动、去中心化、可评价性、远程参与性及新建话语体系，这改变了传统乡村社会中的农民政治边缘化情况，促进了乡村治理由"传统精英"话语权向农民话语权的转换。我国乡村经济结构是依附于国家战略演进，是围绕着党的意志、国家的战略与农民家庭利益而展开的，其核心在于党的意志、国家战略与农民利益是一致的。农村家庭规模不断缩小且不完整，我们应关注户籍制度改革，确保改革对农业农村农民的保护。乡村人口流动是依附国家战略的行为选择，其目的是追求家庭成员整体利益。受人口流动、产业分工等因素影响，乡村呈现出"熟悉＋陌生"的文化特征。

乡村社会结构的变化，使得当前乡村社会呈现如下新特征：①时空维度动态性，乡村由静态内向空间向动态外向空间转变，线下的乡村向线上线下结合的虚实乡村转变。乡村不仅仅是地域空间中人的集合，而且还内含于多元主体间的、跨越空间与内外部的、流动的关系中，这一流动关系凸显出乡村社会的动态性、多样性与关联性。②系统维度的融合性，数字技术与乡村社会的政治系统、经济系统、文化系统深度融合，实现了农村的数字农业、电子政务、网络文化、生态智慧系统等，促进了乡村社会各子系统的协同发展。③价值维度的多元性，主要是由于城乡之间交流日益增多，原本封闭的、单一的、求稳的传统乡村文化向多元维度发展。④权力维度的分散性，当下乡村社会权力既包括传统的宗族、经验权力，也包括市场、价值等权力；表现出无中心、网络化的分散结构。⑤关系维度的"家庭本位"，家庭既是家庭成员活动的物理空间，也是生产生活的基本单元，家庭的重要性在于为农民安身立命以及勤劳付出提供了本体性意义，数字化转型背景下的农民仍然表现出"家庭本位"特征，根据家庭成员整体利益实现情况进行行为选择。

第八章 农民技术执行生成逻辑：依附国家与家庭调试

至此，我们已经讨论了农民以"家庭本位"为特征的理性选择，基于理性的互联网选择与使用，以及农民互联网使用所重塑的乡村社会等内容。以历史演进、政策文件、统计数据、实地观察与访谈、新闻报道、学术研究等多渠道信息交叉验证等方式，检验并分析了农民技术执行框架的主要内容。基于此，我们从理论层面对农民技术执行全过程进行提炼与总结，试图厘清农民技术执行的生成逻辑，解释农民技术执行行为。

第一节 依附国家与家庭调试的农民行为选择

乡村治理的核心是国家与农民的关系。[①] 在我国，两者共同置于中国共产党的领导之下，就可以从党建引领国家建构和社会内生来理解乡村治理。[②] 为了实现乡村有效治理，理想的乡村治理模式是党建引领下

[①] 徐勇. 国家化、农民性与乡村整合[M]. 南京：江苏人民出版社，2019.
[②] 陈明，刘义强. 交互式群治理：互联网时代农村治理模式研究[J]. 农业经济问题，2019，470(02)：33-42.

的国家建构与社会内生的有机衔接，这也是实现乡村活力与秩序有机统一的理想模式。①

但是，在乡村治理实践中却出现了这样的困境：一方面，自20世纪80年代建立"乡政村治"治理格局直到提出社会主义新农村建设，以政府为主导的国家建构是"远离村庄"的，是"悬浮"在乡村之上的。受市场经济体制的影响，乡村农民原子化与个体化趋势明显，农民在"家庭本位"影响下对乡村治理"漠不关心"，农村集体意识逐渐淡化，进而导致乡村社会内生机制弱化，乡村共同体变为了碎片化的利益个体与家庭。另一方面，党的十八大以来，国家向乡村不断加大投入力度，促进了乡村的发展；党的十九大在深刻把握我国基本国情以及经济社会发展阶段特征的基础上，提出乡村振兴战略。国家在战略层面指明了乡村发展、新型城乡关系的正确方向，但是如何具体执行、选择何种路径，却是需要在实践中探索的。其中，国家行政资源下乡成为重要的选择之一。国家行政等公共"资源"下乡的政策设计与初衷是与村民自治有效衔接，形成乡村有效治理的合力。但是在现实中，受信息技术、市场经济体制、城乡差异等因素影响，当代中国乡村难以实现农民自发形成自治行动的基础与条件，由此导致的农民主体的缺失又进一步弱化了村民自治。加之基层政府为了完成考核任务，以更为"有力"的方式推进行政资源下乡，这必然在现实中出现行政资源挤压村民自治的实践难题。

因此，如何激活农民主体的积极性与参与性，以农民的再组织与再动员整合碎片化的乡村社会，成为乡村治理过程中亟须解决的重要问题。与此同时，随着新型信息技术的不断发展，农民、乡村、国家均处于数字化转型的过程，这也增加了解决这一问题的难度。

---

① 王琦. 行政衔接自治：构建新时代乡村治理体系的实践表达及逻辑审视——基于农村集体产权制度改革的分析[J]. 学海，2022，198（06）：142-149.

正如本书对农民技术执行框架的构建与实证分析那样，农民在面对外部环境变化时，基于以"家庭本位"为核心的理性对以互联网等为代表的数字技术进行评价、接入与使用。这种"家庭本位"表现为农民考量家庭整体利益（可能是最大化，也可能是最优）[①]，但是农民的这种理性选择下的行为并不是完全由其自身决定的，而是受到以实现国家战略为目标的国家制度的影响，甚至表现出一种"依附国家"的状态。当然，这种"依附"并不表示农民真正清楚了解国家的战略目标与意图，而仅仅是他"自认为"的国家战略。在"依附"国家制度的基础上，农民以"家庭本位"为根本原则所进行的互联网认知、评价、接入与使用，产生了一系列的结果。这些结果不仅对农民自身产生了影响，而且重塑了乡村社会的政治结构、经济结构、社会结构、人口结构与文化结构，进而形成了动态的、融合的、多元的、分散的以及"家庭本位"的乡村。面对数字化转型所带来的这些新变化与新特征，国家制度应做出与之相适应的调整，农民也应对应地调整行为。总的来看，在数字化转型背景下，农民依附于国家制度进行行为选择，但这一选择受到农民"家庭本位"观念的影响，最终在"依附国家"与"家庭调试"的双向互动过程中，形成了农民的技术执行行为。这也从更为宏观的角度解释了为什么网络基础设施相同或相似情况下，不同农民以及家庭的数字获利存在差异，而不再仅仅把数据鸿沟归结为个体层面的微观解释。当然，这种技术执行行为反过来又在影响农民行为以及社会结构。

综上，我们提出了依附国家与家庭调试理论解释框架，并尝试对数字时代的中国乡村治理给出如下理论解释。

---

① 注：学界对农民以家庭整体利益实现情况做出行动决策的认知基本达成共识，但是存在以下分歧：部分认为要实现家庭整体利益最大化，部分则认为受条件等因素限制，无法实现家庭整体利益最大化，只能实现家庭整体利益最优化。基于我们的研究目的，我们不强调利益最大或者最优，我们强调的是农民从家庭整体利益的角度出发去调试自身的行为。因此，我们用"家庭整体利益"进行表述。

我国农民因为对中国共产党的深厚感情，其内心是与党和国家紧密联系的，所以选择依附国家总体制度战略。但是，在农民心中，国家又分为整体政府和具体政府。整体政府是党和国家作为整体被感知的，具体政府是实际中和农民接触的各级政府，当然接触最多的还是乡镇基层政府。因此，农民总体上会"依附"国家，也就是"依附"整体政府，但不是一种盲目的"依附"，而是会考量家庭成员整体利益情况。最终行为是依附整体的国家，与具体政府"讨价还价"，同时根据家庭成员整体利益情况调整行为。这体现在数字技术行为上，表现为互联网选择与应用的差异性，这一行为又在一定程度上重塑了乡村社会与国家制度。在这一过程中，中国共产党通过对各级政府与乡村基层的双重嵌入，实现了党的意志、国家战略与农户家庭的有机融合。

从农民家庭角度来看，农民依附国家，更多的是表现出一种"支持与顺从"。[①] 这更多的是农民对待作为整体政府出现的国家的态度，也就是农民认为的"感谢党和国家""为了国家，宁愿牺牲自己一点小家"。但是农民面对具体政府时，他们还会表现出"讨价还价"的姿态，尤其是当他们"觉得"自己"吃亏"时，这种"讨价还价"行为表现得越发明显。在此基础上，农民会从"家庭本位"出发，通过对客观数字技术的价值认知、态度表达、接入与使用，形成数字时代的农民个体行动。经互动交往后，当乡村社会满足集体行动所产生的条件时，数字时代农民集体行动才会得以形成。但目前来看，可能促成集体行动的社会基础尚不清晰。如果没有国家行政资源的适当介入，乡村很难再次形成农民自发的集体行动，就难以发挥农民在乡村治理中的主体性地位与作用。从这个角度来看，要促进乡村治理中党建引领的多元主体协同，完全单纯依靠农民主体是行不通的，必须介入外部力量。

---

① 刘娟，王惠. 谁是乡村振兴的主体？——基于农民视角的考察 [J]. 中国农业大学学报（社会科学版），2023，40（02）：147-161.

从国家治理角度来看，作为整体政府与具体政府在实践中的行为也是有所差别的。作为整体政府，从城乡融合的系统观点考量，从制度设计、政策出台、资源下沉等多方面指导、支援、推动乡村治理。作为具体政府，一方面是整体政府政策的执行者，要以目标责任制的方式完成上级政府交代的任务；另一方面，作为具体政府，尤其是乡镇基层政府，他们工作的开展要"依靠"村两委。为了便于推动工作，他们往往使用"命令"方式"指挥"村两委开展工作。当然，在具体工作开展中，由于涉及不同主体的利益，具体政府与农民之间会存在一定矛盾，为了解决矛盾，具体政府往往采取"多方协调""积极推进""临时搁置"等不同策略。

从党的领导角度来看，农民依附国家的技术执行行为，仅限于家庭成员整体效益得以实现的基础上，即出于"家庭本位"考虑，而不关心乡村集体发展；尤其是受利益、竞争等因素影响，基层政府可能会与农民存在一定"矛盾"，最终影响"国家战略"的具体执行，出现行政资源挤压自治空间、与乡村基层脱离等多种问题。而具体政府与农民之间的矛盾得以解决，其根本在于党组织通过中心学习、组织动员、资源重塑以及规则协同等方式"嵌入"其中，实现"国家战略"与"农民家庭"的有机衔接，进而在党的领导下形成行政与自治有效衔接的乡村治理模式，提升乡村治理合法性。

第二节 "依附国家与家庭调试"的解释说明

一、数字技术：客观技术与被执行的技术

客观数字技术主要包括两层含义，一是一般意义上的数字技术，包

括网络基础设施、大数据技术、物联网技术等，这种数字技术表现为对政府赋能与对社会赋权。二是互联网接入，也就是通过一定设备进行互联网连接。我们把互联网接入进一步分为两类：一类是依托于台式电脑、笔记本电脑等载体的互联网接入，称作"常规互联网接入"；另一类是依托于智能手机为载体的互联网接入，我们称作"移动互联网接入"。对于居民而言，如果并未进行互联网接入，那么数字技术对于他们而言也仅仅是一种客观技术。只有当居民接入互联网并开始使用时，互联网技术才成为被居民执行的技术，也才会对居民生活和政府行为产生影响。

自然地，被执行技术就是指居民通过互联网接入而实现的数字技术的选择与应用，具体表现为居民对互联网技术的态度、价值认知、接入与使用。从这一点看，客观技术与被执行技术的共性在于两者都指向了数字技术，不同点则在于数字技术是否被人所选择与应用。对客观技术与被执行技术的划分，体现的是人对数字技术的主体性作用，彰显人在数字技术选择与应用中的主观能动性。

二、家庭本位：农民理性的现实考量

农民的行为选择是在一定理性指引下形成的。数字化转型背景下，农民理性呈现"多元—灵活"特征。其中，"多元"是指同时存在生存理性、经济理性与社会理性，"灵活"是指农民在面对外部复杂环境时，会在生存理性、经济理性与社会理性中随意转换，可能三者同时存在，也可能有一种占据主导地位。当然，受传统乡土中国中"家"观念的影响，当前农民理性的"多元—灵活"特征，在本质上表现为一种"家庭本位"，也就是在农民选择其行为时，是以充分考量"家庭成员整体效益"为基本原则的，当前乡村社会所形成的"年轻人在城镇、父母在农村"的生活模式，就是"家庭本位"影响下的家庭经营策略。中国乡村家庭在历史各阶段都能够主动适应社会以及建构社会，家庭始终是农民心理依赖的终极价值。

当前，农民的"家庭本位"理性选择决定了如下生存形态及其特征。

（1）"家庭本位"表现为县域内团聚的新型家庭居住模式。"家庭本位"的出发点是综合考量家庭成员整体效益。在这种理性指导下，当前农村家庭形成了一种新型的家庭居住模式，即县域内团聚。其中，家庭中的年轻夫妇在县城生活，因为县城有更多的工作就业机会，同时他们的子女也在县城读书，享受城镇教育等公共服务。而家庭中的亲代则选择继续在农村生活，一方面是他们不舍得乡村，另一方面还可以节省家庭开支。甚至在突发状况时，乡村还可以成为重要的避风港。县域内团聚解决了老年养老以及家庭情感淡化等诸多问题，但需要县域内提供持续稳定的工作就业岗位，才能使这种模式得以维持。

（2）农民无法依靠自身走内生性发展道路。农民的"家庭本位"，追求的是家庭成员的整体效益。尤其是数字技术的发展，使得农民的个体化、原子化趋势越发明显。但受生活压力等影响，农民在日常生活中仍主要以"家庭本位"为导向，而不去关心集体的事情，这就导致当前乡村治理中的公共参与度不高等问题。可见，无法依靠农民自身推进乡村治理以及乡村振兴。

（3）农民行为依附国家战略。农民在追求家庭成员整体效益的过程中，往往受到国家制度的影响。实际上，国家制度与农民的"家庭本位"是相互嵌入的。在这种相互嵌入情况下，与其说农民行为选择受到国家战略影响，不如说是依附国家战略而进行的行为选择。尤其是新中国成立至今的历史不断告诉我们，依附于国家战略，遵从国家制度，是新中国农民考量家庭成员整体效益的重要选择，而促进这一逻辑得以在新中国实现的重要原因在于，我们的国家战略是贯彻党的意志的体现，而中国共产党是为人民服务的。

（4）"弱者的武器"向"网络的武器"转变。在农民依附国家战略的行为选择过程中，农民不再使用斯科特所描述的"弱者的武器"，即不再选择"偷懒、装糊涂、开小差、假装顺从、偷盗、装傻卖呆、诽谤、纵火、怠工"等行为，而是选择使用"网络的武器"来进行表达自己的诉求。之所以能实现这种转变，是因为互联网的去中心、网络化特征影响了传统的权力走向，农民可以通过网络直接与各级政府进行沟通与协商。

三、被执行技术：认知、态度、接入与使用

当数字技术被农民所选择与应用时，客观数字技术成了被执行技术。在前文中，通过实证分析，验证了互联网认知、态度、接入与使用四个部分，这同时也是农民技术执行的四个重要方面。

（一）认知：互联网有用性与易用性

互联网有用性认知贯穿互联网使用的全过程，且这种有用性认知是随着互联网使用的变化而发生变化的。真实反映了我国农民互联网使用情况，也丰富了技术接纳理论在认知方面的内容。

互联网易用性认知受数字反哺行为影响。我们发现，对于亲代而言，他们对互联网易用性认知虽然受自身受教育程度、经济条件等因素影响，但是在这过程中，子代的反哺发挥着重要作用。这种数字反哺强化了亲代对互联网易用性的认知，也就促进了他们接入并使用互联网。数字反哺行为表现出"家庭效用最大化"的社会理性特征，这也说明即使进入信息社会，当数字生存成为每个人都必须面对的问题时，我国传统的"家庭"观念依然在农民价值体系中占据主要地位，这也说明了我们数字技术的迅速发展，不仅没有磨灭中国人的"家国"情怀，更在一定程度上加深了这一价值理念。

（二）态度：积极、消极和无所谓

农民对待互联网的态度差异较大，主要表现为：一是积极态度，包括"比较满意""满意"；二是消极态度，包括"不喜欢""不愿意改变现状"和"接受能力弱"三种；三是无所谓态度，包括"被要求使用""无所谓"和"好坏参半"。

（三）互联网接入：动因、成本与设备

从接入动因来看，主要包括：一是主动接入，将互联网视作是数字时代的一项必须技能；二是被动接入，主要因为与家人联系的需求、群体压力和公共突发事件的影响。其中，群体压力表现为"其他人都会自己不会的压力"和"不用会吃亏"的认识。从接入成本来看，互联网接入主要包括电话费、手机购买与修理费、时间成本。农民对时间观念的反复提及，在一定程度表明农民在思维文化层面实现了"城市化"。从接入设备来看，当前接入以手机为主，这种移动互联网接入催生了互联网影响的普遍性。

（四）互联网使用：泛娱乐化

农民互联网使用呈现出"娱乐泛化"特征，这容易导致农民用虚拟空间代替真实世界，致使部分农民在不知不觉中陷入虚拟世界而远离现实，具体主要包括"影视类娱乐""操作类娱乐"和"其他类娱乐"。农民互联网使用呈现出硬件、网络以及安全问题。互联网使用具有提升生活满意度、增强社会参与等优势。突发公共事件除了对农民线上社交行为产生影响外，对学习、工作、娱乐等活动影响不大。

四、技术执行结果：新情况与新特征

按照技术执行理论，农民技术执行行为会受到制度的规范与约束，但其执行结果也会重塑社会制度及社会结构。因此，农民技术执行行为

引起自身理性的转变，在理性指导下的农民个体行为也会发生变化，由此而形成的农民相互交互行为促进了乡村变迁，呈现出新的情况、特征，并为数字时代的乡村治理提出了新的挑战。

一是农民技术执行重塑了乡村结构，主要表现在：①政治结构方面，数字化转型中的乡村表现出政治回应与互动、去中心化、可评价性、远程参与性及新建话语体系，这改变了传统社会中的农民政治边缘化境况，促进了农民日常性的公共参与行为。②经济结构方面，乡村经济结构是依附国家战略而演进的，数字时代依然如此，但目前乡村数字经济并未大范围实现。③社会结构方面，家庭结构由多子女核心家庭、少子女核心家庭向隔代等不完整家庭转变，家户制度正面临被瓦解的风险。④人口结构方面，农村人口空巢化老龄化并存、直接从事劳动力人口少、家庭规模不断变小。虽然数字技术促进了农村劳动力在城乡之间流动，这仅是外在表象，其实质是农民在依附国家战略情况下，以家庭本位为原则选择能考虑家庭成员整体利益的行为。⑤在文化结构方面，农村因人口外流而导致作为关系共同体的乡村文化衰落；同时，伴随着人口频繁流动，村民生活在不同空间，从事产业千差万别，农民间异质性不断增大，村民之间由原来的"知根知底"变得"知人知面不知心"，即使是熟悉的同村居民，也因经常不在村、缺少交流，而变得"陌生"。

二是农民技术执行引起乡村新特征，主要表现在：①时空维度的动态乡村，是指乡村已成为外向型空间，静态的乡村社会变成动态的，线下的乡村变成为虚实结合的乡村。乡村除了是某一地域空间中人的集合，而且还是内含于多元主体间的、跨越空间与内外部的、一种流动的关系中，这种流动的关系凸显出乡村社会的动态性、多样性与关联性。②系统维度的融合乡村，是指大数据、物联网、人工智能等新兴信息技术与乡村社会的政治、经济、文化、生态等各系统进行高度融合，促进了乡村社会各子系统的协同发展。③价值维度的多元乡村，是指在多元流动的乡村社会中,以文化、价值等非物质类产品的交流,使得封闭的、单一的、求稳的传统乡村文化向多元方向发展。④权力维度的分散乡村,当下乡村既包括传统的宗族、经验权力,也包括市场、价值等权力;权力不再像传统乡村那种集中于某个或某几个人,而是像互联网一样,是一种无中心、网络化的散装结构;互联网技术打破了时空界限,原本同质性高的乡村变成了不同产业、不同职业、不同素养的组合。⑤关系维度的"家庭本位"乡村,即基于共享的家庭经营策略、县域内"团聚"的新型家庭经营模式以及基于家庭协同的乡村共同体。

五、国家战略:城乡系统的功能最优

按照结构主义分析方法,可以把国家视作一个整体,城市与乡村是其内部两大系统,通过资源与规则的约束与调整,实现城乡系统有机协同,进而实现国家整体功能最优,即国家战略的实现。因此,新中国成立之后,国家在不同阶段出于战略目标的考虑,对城乡系统进行不同的调节,于是出现历史上国家与乡村关系的不同表现:新中国成立之初的国家与乡村"结合不够",社会主义改造之后的"集中",改革开放尤其是"乡政村治"之后的"放开",取消农业税后的"服务",党的十八大之后的"振兴"等。可以看出,二者关系形态是基于国家战略目标而进行的制度设计。

如果把国家看作是一个系统,那这个系统总体功能的实现依赖于城乡两个系统的有机协同。为推进工业化、现代化、城市化进程,党和国家在城市治理中投入了大量的资源,是对城市系统功能的不断完善。今天,党和政府认识到,要注重乡村系统功能的发挥,也就有了乡村振兴与中国式农业农村现代化的战略规划,这为进一步从学理上解释乡村振兴战略与中国式现代化战略的科学性提供了支撑。

国家战略的实现,是以一系列的制度作为推进工具的。在推进国家战略的制度设计中,加大行政资源下乡是重要方式之一,但是要界定清楚乡村治理情境中,国家行政权力与村民自治权力的边界、衔接方式等,以寻求政府与农村社会的有机融合,既发挥国家行政的科层优势,又发挥村民自治的主体活力。

在国家制度设计层面,如果从历史的角度看,为农民提供相对宽松的制度环境,更能激发农民的主体性。因此,在促进城乡要素流动的政策实践中,以保护农民为基础,以激发农民主体性为原则,以宽松制度环境为保障。

如果以乡村中的"家庭"为单位,可以把以实现家庭效益最大化的"家庭制度"看作是乡村治理的内生制度,而以实现国家战略目标为核心的国家制度是乡村治理的外生制度。制度"在不同的情形和次序排列组合中相互作用,从而导致相去甚远但又有迹可查的结果"[①],科学合理的制度可以塑造有效的问题解决路径与方式,进而引导微观行为,从而在很大程度上规定着乡村农民的轨迹、选择以及行为后果。因此,国家制度是规制农民行为的基础前提。但是,制度本身并不能直接转化为实践,也就是说制度优势并不等同于实际效能,需要落实在农民的日常行动中去。从这个角度来看,国家制度与家庭制度两者不是彼此独立的,而是相互嵌入的,具体表现为国家战略与家庭本位的相互嵌入,两项制度嵌入的场域在"乡村"。

六、党组织:国家与村民的双重嵌入

由上可知,要阐释国家战略与家庭本位互构的逻辑,关键在于寻找到衔接国家与农民关系的枢纽。在我国情境下,实现对国家战略与家庭本位得以有效连接的关键在于中共党组织的"嵌入"。对于国家而言,

---

① Tilly C. To expalin political processes [J]. American Journal of Sociology, 1995, 34 (6).

表现为独具特色的党政体制,其核心在于党对政治体制的全面领导。①具体来看,这一体制是通过把党组织、制度以及价值等嵌入国家行政体制,确保党的意志在国家行政中得以体现并执行。作为一种复合型结构,这种党政体制超越了党政政治与行政组织双重逻辑。② 在这种党政体制下,党具有高度的权威性与灵活性,其优势体现在于通过其强大的组织动员能力,实现对国家行政的结构重塑、资源重组与功能整合。

对于村民自治而言,党组织在设计方面已经非常明确,即党组织通过村支部的形式嵌入乡村社会,实现的是乡镇党委对村支部的领导,也就是政治领导。如果从"乡政村治"的体制来看,乡镇政府是村社"指导"单位。因为这种关系,村社更多是处于"自治状态"。而乡镇党委作为村支部的"上级",则具有领导作用,就能对村社发展方向、意识形态等进行把握,进而实现党的意志在乡村的贯彻与落实。

第三节 本章小结

农民技术执行表现出"依附国家与家庭调试"的生成逻辑:我国农民因为相信党和国家,所以选择依附作为整体政府的国家总体。但是,在农民心中,国家又分为整体政府和具体政府。整体政府是作为党和国家被整体感知的,具体政府是实际生活中和农民直接接触的各级政府,接触最多的是乡镇基层政府。因此,农民总体上会"依附"国家战略,但不是一种盲目的"依附",而是会考量家庭成员整体利益情况。他们最终行为是依附作为整体政府的国家,但是会与具体政府"讨价还价",同时根据家庭成员整体利益情况调整行为。这体现在执行数字技术行为

---

① 杨华. 县域治理中的党政体制:结构与功能[J]. 政治学研究,2018(05):14—19.
② 景跃进,等. 当代中国政府与政治[M]. 北京:人民出版社,2016.

上，表现为互联网选择与应用的差异性，这一行为又在一定程度上重塑了乡村社会与国家制度。在这一过程中，中国共产党通过对各级政府和乡村基层的双重嵌入，实现了党的意志、国家战略与农民家庭的团结。

中国情境下的国家与乡村基层关系。①党、国家与乡村基层的统一性。在中国情境下，国家与乡村基层之间的关系不是二元对立的，而是表现为党、国家与乡村基层的统一：一方面表现为国家战略目标的实现，需要尊重农民的选择，满足农民的需求；另一方面则表现为农民自身解放与主体需求的满足，需要借助于党和国家的政策引领、扶持与帮助。②党通过组织融入，引领政府与乡村社会。③党组织通过党员嵌入，起到社会群众的动员与组织作用。

乡村振兴与中国式现代化的学理支撑如下：如果把国家看作是一个系统，那这个系统总体功能的实现依赖于城乡两个子系统的有机协同。新中国成立后，为了实现国家工业化目标，国家向城市投入大量资源，对城市系统功能不断完善；而现在党和政府已充分认识到，要注重乡村系统功能的发挥。因为只有城乡子系统间的有机协同，才能实现国家整体最优，这实际是从学理上清楚地阐释了乡村振兴战略与中国式现代化道路的科学性与逻辑性。

第九章　农民集体行动社会基础的考察："印象中的乡土中国"

面对农民的理性及其技术执行重构的乡村社会新特征，如何实现农民集体行动成为解决行政部门与乡村自治衔接问题的基础。波普金的理性小农理论关注可能促进农民集体行动的社会基础，那在当代中国乡村社会，是否还具备农民集体行动的社会基础？如果促进农民集体行动的社会基础已经发生变化，对行政与自治衔接会带来哪些挑战？这些是本章要解决的主要问题。

第一节　"印象中的乡土中国"概念及其解释

一、"印象中的乡土中国"的提出

学界关于中国乡土社会形态、乡村社会结构的研究经历了如下的过程：首先，学界采用功能主义方法，从社会结构—文化功能维度对乡村社会主体行动及其制度功能进行分析，形成了以"乡土中国"为代表的我国乡村研究；其次，学界关注我国小农家庭与社会变迁，发现了我国乡村经济基础与特征，即"过密化""内卷化"；最后，结合我国传统以及我国转型实际，构建"后乡土中国"概念。当然，这一过程中还出现了二元结构、底层社会等概念，受篇幅所限，我们不做逐一讨论。

对于既有研究，我们在思考：当前我国正在全面推进乡村振兴战略、向中国式现代化迈进，在工业化、城镇化、现代化与数字化共同作用下，是否改变了农村社会结构、文化功能、乡村样态呢？"乡土中国""过密化""后乡土中国"等概念，还适用于解释今天的我国乡村社会吗？基于理论思考与实践调研，我们尝试提出"印象中的乡土中国"概念，以此来解释数字化转型背景下我国乡村社会的特质和基本性质，也以此探讨促成农民集体行动的乡村社会基础是否存在。

对于"印象中的乡土中国"概念的提出，我们首先需要说明的是："印象中"并不表示当代中国乡村社会已不具备"乡土中国"特征，而是强调这种"乡土中国"特征在当前转型背景下已然发生了改变，使得我们对乡土中国的一些认识仅停留在"印象中"。这个问题解释清楚了，那下面的问题也就比较容易理解了，即"印象中的乡土中国"并不是与现代性、乡土性完全割裂，恰恰相反，我们更想表达的是，在当前转型时期，现代性、乡土性、"印象中的乡土中国"等多种特征是同频共生的。因此，我们在分析"印象中的乡土中国"概念时，要综合考虑乡村社会在乡土性、现代性与数字性同时存在的条件下所表现出的特征。

我们提出"印象中的乡土中国"概念，其主要目的在于描述当前这种复杂时期，我们的乡村到底是什么样？到底表现出哪些特征。"后乡土中国"是对"乡土中国"经历社会变迁后的认识，相比而言，"后乡土中国"概念提出的时代背景与今天的背景更为接近。因此，我们借鉴陆益龙关于"后乡土中国"的分析思路，探讨数字化转型背景下我国乡村的形态与特质。

二、"印象中的乡土中国"的特质维度

陆益龙在对"后乡土中国"进行分析时，从"村庄共同体""熟悉

关系""情感与道义联系"维度分析乡村社会的特质,并认为这三个维度集中体现乡村社会特质。与此类似,我们也从上述三个维度进行特质分析,以讨论"后乡土中国"概念提出后,在面对工业化、城镇化、现代化、数字化"叠加"转型时,乡村社会呈现出的特质与情况。

(一)衰落的村庄共同体

乡村社会由一个个具体的村庄形成,村庄进而成为体现乡村特质的载体。陆益龙认为,村民在同一物理空间中生存与生活,共享同一空间的资源,这种行为形成了认同的心理,进而构成村落共同体。这种村落共同体既表现为地域性空间共同体,也表现出经济社会与文化心理的共同性。陆益龙认为,在城市化进程中虽然每年有数万个自然村消失,村民也在不断地进城打工,但村落仍然存在和延续,依然有大量人口居住在村落。从这个角度来看,他认为村落在现代社会中有相对独立性,也是其自身特质之一。可见,他在强调村落共同体时强调"同一物理空间""共享同一空间资源""认同心理"这三个要素,那数字化转型背景下,这三个要素是否发生了变化呢?

从"同一物理空间"来看,今天的乡村社会至少发生了如下变化:一是处于"流动的多元物理空间",主要表现为农村中的老人、妇女和儿童会往返于城乡的不同物理空间。对于老人来讲,他们需要到城镇帮助子女照看小孩,等城镇家庭不是很"需要"他们时,或者他们自己不适应不喜欢城镇生活时,他们又会回到农村;对于妇女和儿童来讲,有些小孩要到城镇读书,有些则在节假日经常到不同的城镇去游玩。调研中还发现,当地农村已经形成一种"婚姻文化",即城镇拥有一套住房已成为结婚的必备"彩礼"之一,这就使得多数农村家庭为了子女结婚,基本每户人家都在城镇买房。很可能多数人家不会住在城镇,但他们也会经常往返于城镇的"家"和农村的"家"。可见,当前村庄中的村民已经不再是单纯地居住在"同一物理空间",而是流动在不同的物理空间。二是处于"虚实同构的双重空间",农民通过网络"看"到了另外一个"世界",在那里,可能有别于自身完全不同的生活方式。我们在调查中发现,部分农村青少年看到短视频中的那些"幸福""美好"生活时,有些青少年会更加努力学习,以追求像视频中的那些美好生活;有些青少年则会不同程度地出现"攀比""生活不公平"等心理状态。可见,互联网的使用与发展,在一定程度上拓展了村民的生活空间,由原来单纯的物理空间向虚拟与现实相结合的空间转变。

如果"同一物理空间"已经演变成"流动的多元物理空间""虚实同构的双重空间",那基于共同物理空间而"共享同一空间资源"的要素也随之发生变化:一是"共享多元物理空间资源",即生活在不同地方却与当地人"共享"物理空间资源,之所以这里"共享"加了双引号,是因为可能受到制度等限制不能实现真正的共享。如受户籍制度等因素影响,公共服务等资源并不会被真正"共享",但这并不否认农村居民较之以前确实获取了更多不同物理空间的资源。二是"与陌生人共享虚拟空间资源",因互联网而与不同的陌生人连接,农民在虚拟空间共享各类资源,这无疑已成为一种现实。

既然空间已转变、共享资源要素已调整,那乡村的"认同心理"还存在吗?我们调研发现,当前的这种认同心理呈现两种趋势:一是"认同心理不断减弱",多元物理空间使得农民在不同时期面对不同的人,尤其是在虚拟空间面对更多的是陌生人,这就增加了他们的"交易成本",那这种认同心理必然不断减弱。二是成为"印象中的认同",表现为农民因为面对不同物理空间以及虚拟空间,多数农民怀念"以前"的那种简单的乡村生活。受访村民的一句话让人印象深刻,"以前村里人都认识,不会骗自己村里人的",这背后其实就是对"认同心理"的一种向往,而这种"认同"可能只能出现在"印象中"。

现有事实无法明确指出"村落共同体"是否还独立存在,但是至少出现了如下的变化：从空间来看，成为"流动的多元物理空间"和"虚实同构的双重空间"；从共享资源来看，成为"共享多元物理空间资源"和"与陌生人共享虚拟空间资源"；从认同心理来看，表现为"认同心理不断减弱"和"印象中的认同"两个新特征。而这种变化，使得村庄的自然边界不断被打破，农民的活动不再局限于村庄内部，对村庄的认同也在逐渐淡化。这种对村庄认同的淡化，最直接的影响就是村民之间的联系减少，村民的集体意识以及集体行动不断弱化。

（二）缩小的熟人社会

按照陆益龙的观点，因为村落共同体在一定程度上是延续的，由此构成的"熟人社会"仍然是当前中国乡村社会的主要特质。他认为，"熟人社会"是对乡村社会的地方性与整体性的一种概括总结，而不是指个体之间是否熟悉。这种地方性与整体性，是指乡村内各村民之间的信息是对称的，也就是村民之间都是"知根知底"的。在农村社会中，因为生活在一个共同的"村庄"，个人及其家庭成员的情况、人与人之间的社会关系、集体行为等都是被其他人"看在眼里的"。虽然我国乡村社会经历了经济转型与文化变迁，但人与人之间的关系与交往方式并未发生根本性变化，乡村的整体性与地方性依然存在，因为形成这种存在的地缘和血缘关系依然部分地保留在乡村社会。

调研发现，当前乡村社会中农民之间的联系方式已表现出"传统＋互联网"混合联系方式，显然这并不是陆益龙所关注的，他更关注作为地方性与整体性体现的人与人之间的"信息对称"程度。那如何看待当前我国乡村社会的"熟悉"情况？可以从地缘与血缘基础来看。从这一角度来看，当前乡村社会中的常住居民主要还是以地缘与血缘为基础的，最明显的例子便是农村青年的结婚配偶。在我们调研的东北某村中发现这样一个现象，当地青年结婚对象主要还是以本省青年为主，其中更多的还是周围村庄的青年。即使我们所调研的村庄已经表现出一定程度的市场化特征，但是这种现象依然存在。这在某种程度表明，构成当前"熟人关系"的地缘与血缘关系并未消失。那从这个角度来看，当前我国乡村社会基本还属于"熟人社会"。但面对当前我国农村人口不断减少的总趋势，这种"熟人社会"至少从规模上来讲是不断缩小的。而具体到某一个村庄，当村庄人口减少到仅以老人、妇女与儿童为主时，那这个村庄的活力基本属于衰退状态，村庄内农民之间的交往也逐渐减少，更多是通过网络与家人、朋友进行沟通与联系。因此，我们认为当前我国乡村社会呈现出一种"缩小的熟人社会"特征。这种"缩小"并不是指规模意义上的，更多的是指彼此之间联系程度的削弱。

（三）弱化的情感与道义

陆益龙认为，村民之间存在着情感与道义的联系。他一方面将农村"随份子"视作是农民之间进行情感联系的纽带，另一方面将其看作是基于情感而产生的互助性的道义与责任。但我们在东北某农村进行驻村观察时发现一个奇怪的现象，就是村民对于"随份子"这一行为的态度发生了转变。过去，他们之所以要参与"随份子"，是因为大家都住在村里，家家都会有婚丧嫁娶等情况。所以，他们把"随份子"当作是一种彼此帮助方式，同时也是一种交换的"资源"，一旦自己家遇到这种情况，也会得到其他家庭的帮助。但是，随着农村人口逐渐外流，留在"农村"的农民依然要"随份子"，但是表现出"能少就少"的一种态度。究其原因，一方面是因为家里人在外地，自己今后可能也会离开；另一方面则是因为农村婚丧嫁娶酒席已经变了"味道"了，从一种理性的习惯变成了一种"创收"的手段。更有甚者，因为自己家常年没遇到婚丧嫁娶等情况，认为自己在这种"交易"中"亏了"，个别家庭会假借各种名义办"酒席"。所以，在调查的村中，我们会发现诸如"升学宴""谢师宴""女婿买房""参军宴"等"新型酒席"。

从这个角度来看，因为农村人口的逐渐减少，以及居民原子化趋势越发明显，村民之间的情感与道义呈现弱化的态势。而互联网的去中心、网络化特征，也在一定程度上削弱了这种"情感与道义"，我们称之为"弱化的情感与道义"。

三、"印象中的乡土中国"的突出表现

陆益龙在分析"后乡土中国"表现时，从"村落共同体""生计模式""知识、规范与价值观念"维度进行分析，我们以此维度对当前乡村社会的突出表现予以观察。

（一）"印象中的村落共同体"：流动、多元与虚实同构

我们在前文已经就"村落共同体"进行了讨论。虽然我们无法明确"村落共同体"是否独立存在于乡村，但是通过实地观察，村落共同体至少出现了如下特征的变化。

从空间来看，成为"流动的多元物理空间"和"虚实同构的双重空间"。我们在东北农村调研发现下例模式，在某种程度上具有代表性。

户主LZS为20世纪60年代生人，同其父亲（20世纪30年代生人）居住在农村老家。一方面，LZS及其父亲、妻子还是农村户口，所以在农村还有土地。他们自己不耕种土地，而是将自己家土地租给村中其他家庭，每年从土地中获取分红。另一方面，LZS和父亲一辈子基本生活在农村，习惯了在农村生活。所以，对于他们而言，他们还是比较愿意生活在农村的。LZS爱人同为20世纪60年代生人，目前在儿子家居住（位于省会城市），主要是照顾上幼儿园的孙女。但是由于LZS的儿子在外省工作，所以家庭中的常住人口为LZS爱人、儿媳妇与孙女儿三代人。可以看到，LZS一家四代共6口人，居住在两个省、三个地方（"多元物理空间"），每逢节假日他们都会返回农村老家团聚（"流动"），他们平时的沟通、交流主要依靠电话、微信等（虚实同构）。【访谈对象：LN-HC-GW-ZJ007】

从共享资源来看，农村居民"共享多元物理空间资源"和"与陌生人共享虚拟空间资源"。其中，"共享多元物理空间资源"主要是指随着户籍、医疗等制度的改革，越来越多的农村居民可以跨地区享受不同的物理空间资源。ZCY是我们调研村庄的一位农民，他出生于20世纪60年代，他的儿子在其他省份工作。2019年，ZCY及其爱人到他们儿子所在城市生活一段时间，其间在当地医院进行了静脉曲张手术，产生包括治疗、住院等各类住院费用1.5万元左右。因为ZCY参与了新农合，所以当他回到老家后，报销了部分费用。

"与陌生人共享虚拟空间资源"则在今天的农村更为常见，通过2021年光明网的一篇报道可以观察到这一变化。"一根网线，一块屏幕，将相距300多千米的城市名校与贫困山区城镇学校师生紧紧连在一起。通过同步课堂，这两所学校两个班级的师生已共同学习了一年多时间，两地师生异地同堂、同学同研、共同成长。"① 这篇报道主要介绍通过互联网，把成都七中的优秀教育资源送到四川凉山彝族自治州雷波中学，偏远地区的同学享受到了虚拟空间中的优质资源。

从认同心理来看，农村表现出"认同心理不断减弱"和"印象中的认同"两种特征。这种认同心理的衰减，可以从三个维度得以呈现：一是从乡村文化形式来看，传统手艺、文化、戏曲、祠堂、院落等都在不断消逝，但新的乡村文化并未生成，新旧文化交替的空窗期，使得农民失去了精神的家园。二是从文化自身的规范作用来看，市场经济的发展虽然促进了经济与效率的提升，但也使得传统乡村人与人之间的"熟人社会"变成了物与物交换的"市场社会"。乡村伦理价值体系的瓦解，必然弱化其文化规范功能。这也解释了为什么近几年乡村暴力、危害他人生命财产安全的事件频发。三是传统文化价值的分化，现代经济一步

---

① 光明网. 远程直播"探路"教育精准扶贫［EB/OL］.［2021-04-13］. https://m.gmw.cn/baijia/2021-04/13/1302227437.html.

步削弱传统文化及其影响，乡村原有的礼俗秩序逐渐被瓦解，家庭内部的长幼关系开始"平等发展"，进而影响亲代子代之间的关系；传统血缘、地缘的亲近关系不断疏远，难以形成家庭之间的有机联系；乡村家庭间贫富差距大，引发不平衡心理。

（二）"农业＋副业"的生计模式：数字赋予丰富形式

陆益龙认为，"后乡土中国"突出表现之一就是生计模式，即由原来的以农业为主向"农业＋副业"的兼业模式转变。他强调，这种生计模式的转变并未改变农业的基础地位，但是多数农民的主要收入却是来自"副业"。

我们认同农业基础地位没有改变的观点，时至今日，党的二十大报告依然把农业农村优先发展放到首要位置。对于中国这样一个人口大国来讲，农业的重要性以及基础地位将是一个长期的重要战略问题。那"农业＋副业"的生计模式是否改变了呢？从内容上来看，当前农村居民依然遵从"农业＋副业"的生计模式，而且副业同样成为他们的主要收入。但是，如果从形式上来看，今天的"农业＋副业"的形式表现得更加多元化。在"后乡土中国"中，副业更多还是物理空间的除农业之外的其他产业。但是，在数字时代，副业的形式不断扩大，各种新型职业与行业成为农民的新选择。从2018年农业农村部科技教育司与中央农业广播电视学校组织编写的《2017年全国新型职业农民发展报告》中可以看出，2017年，我国新型职业农民总量突破1500万人，占第三次全国农业普查农业生产经营人员总量的4.78%。而且，在这些新型职业农民中，70%以上的农民通过手机进行农业产品销售。[①]

实际上，"农业＋副业"这一模式是中国农民在几千年传统中形成

---

① 新华社. 研究报告：新型职业农民发展呈现"五高"特点[EB/OL]. [201801026]. http://www.gov.cn/xinwen/2018-10/26/content_5334786.htm

的一种模式，这一生计模式将会在数字时代得以继续延续，只是具体形式发生变化而已。

（三）"印象中的知识、规范与价值"：两种类型的冲突与碰撞

正如陆益龙所描述的那样，在现代性和城市化冲击下，乡土文化正在逐渐地消失，乡村的知识、规范与价值正在向多元化发展。今天，我们会发现这一趋势更加明显，但也有些许不同。

一方面，促使知识、规范与价值多元化的原因更加复杂。现代性与城市化被陆益龙认作是导致这种改变的原因，随着时间的推移，数字化已成为当前不可忽略的重要因素。今天的中国乡村，其所处时代背景更为复杂，综合表现为工业化、城镇化、现代化与数字化"叠加"转型，这进一步促进了乡村社会知识、规范与价值的多元化。

比如，我们在东北某农村观察时发现这样一个现象：传统农村比较注重长幼秩序，原因在于乡村社会遵循这样的底层逻辑，即年长者更有经验，经验是传统社会的主要知识来源。但是随着信息技术的发展，经验已不再是传统社会的主要知识来源，而读书学习与信息技术成为更加重要的知识来源，读书学习与信息技术往往和年轻一代联系在一起。因此，在今天的乡村社会，掌握更多信息资源的年轻人更有话语权了，这就颠覆了传统乡村"以长为尊"的社会事实，也就使得乡村社会的权力变得多元、话语体系也更为多样。

另一方面，乡村知识、规范与价值呈现多元化，并表现出两类特征：一是传统的知识、规范与价值呈现弱化，如前面章节讨论的农村"随份子"所代表的道义情感的"消失"；二是数字时代所具有的多中心、弱连接等特性，又引发了许多新兴知识、规范与价值的出现，如因线上匿名而出现的"网络暴力"等。因为这两类特征，我们发现在当代中国农村表现出的冲突与碰撞，两者引发农民的种种不适应与迷茫，时

间一长，就会引发"抑郁""焦虑"等心理问题。这也就解释了为什么这么多过去城市常见的心理疾病，这几年在农村也逐渐蔓延。

综上所述，我们通过类比"后乡土中国"概念及其内容，发现在数字化转型背景下当代中国乡村社会呈现出的新问题。其实，我们也在不断地思考：如果把这些新的变化、新的形态称作"印象中的乡土中国"，是否表明当前我国乡村社会完全不再是"后乡土中国"了呢？是否认为我国乡村社会已经进入了"印象中的乡土中国"这一新的阶段呢？如前所述，我们无意在理论上标榜"印象中的乡土中国"概念的创新，也无意于论证我国是否从"后乡土中国"转向"印象中的乡土中国"，我们目前更期望探索数字化转型背景下当前我国乡村社会表现出了哪些新的特征与新的形态。因为只有把握了这些新的特征与新的形态，我们才能更好地理解当前农民的心理与行为，更好地以此探索乡村治理中国家与农村社会有效衔接的路径。因此，我们所提出的"印象中的乡土中国"概念，更多是对当前乡村问题的理解，重点并不在理论概念的更新。当然，在今后的研究中，我们会继续观察与分析，以判断"后乡土中国"与"印象中的乡土中国"之间的进一步的、更为明确的区别与联系。

第二节 乡村有效治理面临的挑战

按照波普金关于理性小农集体行动的观点，当乡村社会出现以下问题时，就会阻碍理性小农的集体行动：①村民之间的相互作用模式日渐不稳定，合作没有了前途；②村民与乡村外部人之间的交互作用日渐频繁，使得乡村社会内部的相互信赖与信息丰富的特征不再存在；③分裂、不再稳定的社会难以实现共同的价值等；④有一种集体行动，是始终无法实现的，即以最穷农民的生存需要为核心的再分配行动。

以衰落的村庄共同体、缩小的熟人社会以及弱化的情感与道义为特征的"印象中的乡土中国"，显然不再具备形成集体行动的社会基础。加之乡村社会所表现出权力的分散与双向流动，不完整的家庭、人口流动频繁导致的村落空心化与老龄化，"熟悉＋陌生"的乡村文化，这些都在表明这样一个现实：数字化转型背景下的当代中国乡村社会，基本已不具备传统中的能够促进农民集体行动的社会基础与条件。农民集体行动的缺失，将会导致村民自治的"缺位"，这对国家与农村社会的有效衔接提出了巨大挑战。

一、制度体系滞后

制度是"一系列被制定出来的规则、守法程序和行为的道德伦理规范，它旨在追求主体福利或效用最大化利益的个人行为"①。按照制度经济学观点，制度会沿着已有路径发展，表现出路径依赖。② 改革开放以来，中国乡村社会制度体系变革一方面推动了中国乡村社会的发展，但是在另一方面，也一定程度束缚了乡村社会发展。尤其是在数字化转型的当代中国，乡村社会制度在某种程度上表现出与数字技术不适应的情况。

（一）既有制度无法约束虚拟空间

数字技术的优势之一在于突破时空限制，这一方面有效解决了因乡村人口空巢化而导致的治理主体"脱域"等问题，但另一方面也给乡村治理带来新挑战，即数字技术把乡村治理场域扩展到虚拟空间，现有制度却对虚拟空间的约束力有限。以乡村治理的多元主体协同为例，掌控着信息优势的主体易产生"寻租"行为，损害了农民的合法权利。

---

① 诺思. 经济史中的结构与变迁 [M]. 上海：上海三联书店、上海人民出版社，1994.
② 陈玉华，舒捷. 从制度建设到技术治理：我国乡村治理的合法性改善及未来走向 [J]. 理论月刊，2022，491 (11)：52-58.

正是因为现有制度无法对虚拟空间的相关情况进行约束，导致农村家庭成员对数字技术存在这样一种认知：网络社会"骗子"太多。在这种认知下，家庭成员会选择相互劝诫，不要在网络上随意支付，不要随意和陌生人聊天。久而久之，家庭成员对数字技术的戒备之心越来越大。在这种情况下，何谈要让他们参与到数字增收等系列活动中去呢？考虑到现有制度并未对这类问题进行规范与约束，也就更谈不上规范数字技术获取红利等行为。因此，亟须从数据全生命周期着手，强化对数字技术的监管与约束，规避数字技术带来的负面影响。

（二）既有制度无法约束"技术专政"行为

数字技术凭借其数据、算法等优势，可能会形成一种隐匿的、难以被觉察的"数字专政"，从而对某些主体、事件进行有选择性的信息传播、影响人们决策。数字化转型背景下，数字乡村建设成为乡村治理的重要内容。在数字乡村建设过程中，农业相关信息、农村人口、农民行为等都以数据的形式记录，最终通过数据清洗、数据分析，依托一定的算法进行智慧决策。但实际上，数据与算法本身并不是完全客观的，而是会受到数据使用者、算法开发者的影响，可能带有强烈的偏见。基于数据与算法偏见而形成的治理决策一旦被实践采纳，就会在无声无息中异化乡村治理不同主体行为。

以乡村治理实践为例，部分政府部门通过技术手段获取农民在微信朋友圈、抖音等自媒体平台的海量数据，通过第三方公司对数据进行处理分析，以对当前乡村居民需求进行总体把握，并以此作为决策辅助工具。但是，这种数据获取方式忽略了那些没有使用互联网或者没有在互联网发言的农民需求的情况，决策无法对这部分群体的需求进行回应，造成了决策的不公。虽然数据技术的应用存在这些问题，但是当前各级政府似乎"热衷于"所谓的"智慧化"创新，并声称他们因为技术的应用，已经摆脱了经验化决策，实现了科学化决策。但实际情况却是，数据本身有瑕、算法运作黑箱等问题，不仅没有解决各类不当、不公情况，[①] 反而在一定程度上为这些不公找到了冠冕堂皇的借口和理由。

（三）亟须建立健全消除数字鸿沟的相关制度

数字技术的发展，一方面为乡村建设与发展提供了新的动力，但另一方面数字技术与城乡差异叠加，催生了新的鸿沟，即"数字鸿沟"，而数字鸿沟反过来又进一步形成了新的城乡差异，表现如下。

（1）城乡数字基础设施的差距。总体上，我国城乡之间在数字基础设施方面的差距呈不断缩小趋势，但仍存在差距。截至2021年底，我国累计建成5G基站142.5万个，已成为全球最大5G网络国家，地级市城区实现全覆盖，县城城区覆盖98%，乡镇镇区覆盖80%。[②] 这也就是说，我国乡村5G覆盖率比城市还低20%左右。

（2）城乡网民总量之间的差距。根据第50次《中国互联网络发展状况统计报告》显示，截至2021年底，我国农村网民规模2.93亿，占总体网民的27.9%；城镇网民规模7.58亿，占总体网民的72.1%。城市居民依然是网民主体，城乡网民之间还存在差异。

（3）城乡互联网使用方面的差距。有学者对比分析了城乡未成年人互联网使用情况，发现城镇未成年网民的互联网使用更聚焦于搜索、社交、新闻、购物等具有社会属性的相关行为，而农村未成年网民更倾向于使用短视频等休闲娱乐。[③]

（4）城乡间个人素养与技能的差距。个人数字素养与能力，主要受到受教育程度的影响。因此，我们通过对比分析城乡居民受教育情况来

[①] 尹博文. 数字政府优化乡村治理能力的双重困境、深层原因及法律应对[J]. 现代经济探讨，2022，491（11）：123-132.

[②] 胡莹. 乡村振兴背景下城乡数字鸿沟审视[J]. 中国特色社会主义研究，2022，166（04）：60-69.

[③] 胡莹. 乡村振兴背景下城乡数字鸿沟审视[J]. 中国特色社会主义研究，2022，166（04）：60-69.

观察这一问题。第三次全国农业普查公报显示，2016年，全国农业生产经营人员为31422万人，其中，小学及以下学历占比为43.4%，初中学历人员占比为48.4%，高中及以上学历人员占比为8.3%。① 也就是说，我国乡村人口中，有近90%的人学历只具备初中及以下水平，这必然影响个人数字素养的形成与能力的提升。为了检验城乡之间是否存在素养与技能差距，我们从2018年的中国家庭追踪调查数据去寻找数据支持，在2018年，农民使用互联网进行学习、商业活动的人口仅占总人口的30%左右，明显落后于城镇居民。②

鉴于数字鸿沟这一新现象与新问题，现有制度无法有效解决这一问题。如果不设计与完善新制度，就无法保护数字时代弱势群体的合法性权益，就会造成严峻的社会不平等，难以实现"良序社会"的建设目标。

二、发展参与性有待进一步提高

（一）乡村空心化老龄化导致农民参与不足

自改革开放以来，中国城镇人口总体呈现出稳中有升的趋势；虽然总人口也呈上升趋势，但乡村人口依然表现出持续下降的态势。虽然在2020年底乡村人口下降趋势有所缓解，但农村社会"空心化""老龄化"的特征与趋势并未发生转变。

1. 乡村人口总量减少

国家统计局数据显示，1980年至2020年期间我国乡村人口总量呈

---

① 国务院第三次全国农业普查领导小组办公室、中华人民共和国国家统计局. 第三次全国农业普查公报 [M]. 北京：中国统计出版社，2018.
② 社科院最新报告：乡村振兴亟待弥补"数字素养鸿沟" [EB/OL]. 中国青年网，https://baijiahao.baidu.com/s?id=16943400895403583162&wfr=spider&for=pc.

下降趋势，如图9-1所示。① 这种下降趋势表现为因为人口流出而形成农村人口"空巢化"特征。乡村人口总量的下降，也就导致农民参与乡村治理的总量是减少的。

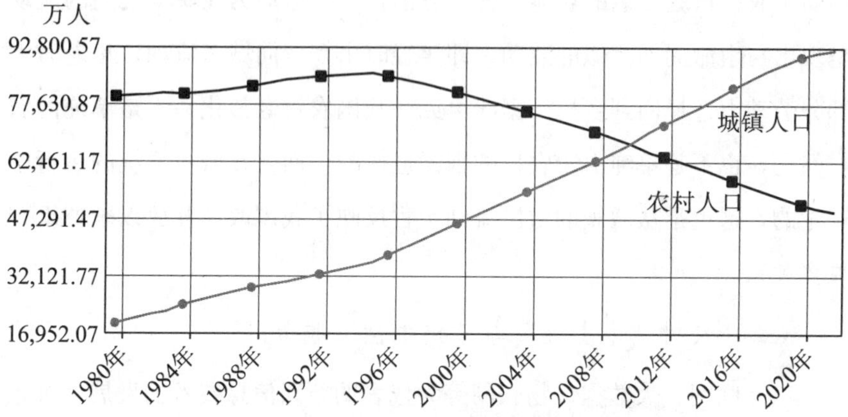

图 9-1 中国城镇与乡村人口总量走势

2. 农村人口结构失衡

根据第七次全国人口普查结果显示，2020年我国农村中60岁及以上人口占农村人口的23.8%，65及以上人口占农村人口的17.7%，均高于城镇老龄人口占比。② 农村人口老龄化使得农村人口结构失衡，老年人受健康状况、受教育水平等因素影响，公共参与的积极性不高。当前中国农村呈现"386199"特征，除去老年人之外，农村中主要人口为妇女与留守儿童。儿童因为年龄小还不能参加劳动，妇女则因为家庭经营策略选择，多数时间用于照料家庭，而没有时间参与乡村治理。农村人口的结构失衡，必然也对农村的公共参与提出严峻挑战。

在农村人口老龄化的同时，农村社会本身也呈现出老龄化特征，进

---

① 马良灿，康宇兰. 是"空心化"还是"空巢化"？——当前中国村落社会存在形态及其演化过程辨识[J]. 中国农村观察，2022，167（05）：123-139.
② 国家卫健委. 2020年度国家老龄事业发展公告[EB/OL]. [2021-10-16] https://baijiahao.baidu.com/s?id=1713757047387132959&wfr=spider&for=pc

一步恶化了农村中的公众参与。在我国农村,尤其是欠发达地区农村,由于经济发展与社会保障相对落后,导致社会老龄化趋势更为明显。一方面,年轻劳动力向城市流动不仅加剧了农村社会老龄化程度,而且还削弱了农村家庭养老的功能。另一方面,农村劳动力在城乡之间的流动呈现出与生命周期相似的波动,即年轻时由乡村向城市流动,年老时大部分劳动力选择回到乡村。据此可见,我国农村老龄化并不是单纯的农村问题,也不是单纯由于农村的因素造成的,而是在城乡系统的运行中产生的,这也是从微观的农民流动历程反映了我国改革开放以来的宏观城乡关系。

(二)农村"乡土性"与"技术性"脱节

以互联网、大数据、物联网等为代表的新兴信息技术的发展,推进了智慧城市、智慧政府的建设步伐,并在政府治理、城市建设、城市社区治理等方面取得了不错的成绩。因此,学界与业界也试图像推进智慧城市那样推进"数字乡村"建设,但在实际推进过程中遇到了诸多困境,如分散化乡村难以整体推进数字技术的规模化应用等。之所以出现这一问题,其根本原因在于城乡之间的差异。在长期观察农村的过程中,我们感受到了城市与农村之间的明显差异:从居民理性来看,城市是以经济理性为主的,农村是以社会理性为主的;从生活上来看,城市是按照时间计划有序进行的,农村是散漫、漫无目的的;从文化上来看,城市是开放的,农村是封闭的;从追求的价值来看,城市居民追求标准化的、流程化的、多元化的,农民追求简单化的;从集体属性来看,城市居民是个体化的,农民则是家庭化的;从互联网与工作生活结合来看,城市互联网是工作生活必需的,农村互联网则是闲适娱乐非必需的。

数字技术是开放的、多元的、网络的、多中心的,这与城市及其城市居民有着高度的同质性与兼容性,在数字技术与城市结合过程中,两者的融合显得相对顺畅，数字技术为城市发展提供了技术支持，城市也为技术普及提供了合适场域。而数字技术与农村的"乡土性"在兼容方面遇到了"结构性制约"这一问题，即这种制约并不是来自物质或负面的，是情境类型对行动者选择范围所形成的制约。[①] 数字技术与农村"乡土性"的冲突，使得数字技术无法彻底融入农村情境，进而限制了农村居民对数字技术的选择与应用，这必然影响数字化转型背景下乡村治理的数字化手段与路径运用。当然，这也引发了我们新的思考，数字化转型背景下，面对数字技术与农村"乡土性"冲突的现实，如何考虑乡村治理？如何看待数字技术在这一过程中的问题？这些问题终究需要得到回应与解答。

（三）乡村权力体系变迁引发公共参与危机

在分析乡村政治结构时，我们强调了农民技术执行所重塑的乡村权力体系，表现出来的不同特征，这实际上也对当前乡村治理形成了新的挑战。

从当前乡村权力体系的"回应与互动"性来看，数字技术改变了传统的信息由上向下的单向流动，形成了自上而下与自下而上为特征的双向流动。以12345服务热线为例，通过热线，表面上民众以最低成本、最高效率将问题反馈给政府，实现了基层社会与上级政府的有效互动，但实质上这种方式极有可能弱化公众参与。这是因为民众当遇到不顺心、不满意、不合适的问题时，不会选择向村主任沟通以寻求解决，也不会和乡镇政府沟通，因为时间等各类成本都很高。这时，农民会选择成本最低、效率最高的打电话方式进行投诉。这就把原本可以通过乡规民约等村民自治解决的问题交给了上级政府，而且是越过了基层政府直

[①] 安东尼·吉登斯. 社会的构成 [M]. 李康, 李猛, 译. 北京：生活·读书·新知三联书店, 1998.

接传递给上级政府。当这一"反映"按照12345流程分配到各基层政府时,他们出于严格的考核体系与高强度"竞赛"压力,不得不利用尽可能多的资源以"解决问题",这给基层带来巨大的工作压力。有数据显示,2020年北京"12345市民服务热线"通过派单受理448.71万件,其中区级部门处理168.9万件,街道(乡镇)办理165.3万件。[①] 长此以往,这必然会不断挤压村民自治生存空间,降低农民对公共参与的期望,同时会给基层政府带来巨大压力。

我们不得不思考近拟于这样的数字技术使用与应用所带来的负面效应以及长远的消极影响。这再次让我们意识到,数字技术并不是"万能药",现代的并不一定就比传统的要好。因为,我们党"从群众中来到群众中去"这一优良传统如果发挥得好,发挥得到位,那这些问题可能就都不是问题了。归根到底,数字技术用得好不好,其实评价标准非常简单,那就是群众的问题是否解决,需求是否满足。当然,这可能也是最难的问题。

三、经济发展与危机处理的双重挑战

(一)乡村经济发展面临的挑战

1. 产业方面:供给与需求的双重挑战

乡村振兴,产业先行。以产业为中心的乡村经济发展,是实现乡村有效治理的重要保障。在数字化转型进程中,中国乡村产业发展面临着供给与需求两个维度的制约与挑战。

(1)供给维度。

资金短缺是农村发展长期面临的主要问题,其根源就在于农村资金

---

① 王亚华,毛恩慧. 城市基层治理创新的制度分析与理论启示——以北京市"接诉即办"为例[J]. 电子政务,2021,227(11):2—11.

投入的长周期低回报与金融资本逐利性的矛盾。数字乡村建设以及数字产业发展，需要投入大量的基础设施、相关设备，还需要进行后期维护、运营管理、人才培养等，这就需要大量的资金投入，而其回报周期是漫长的。如果单纯依靠财政资金难以实现，而农户、合作社、村集体也不具备投资实力，金融企业虽然具备一定基础，但其逐利性又不会考虑此类投资。这一问题目前仍然制约着乡村数字产业与数字经济的发展。

数字技术支撑能力有限。我国数字应用水平在全球领先，但是数字技术开发等基础性领域创新能力仍然有限，尤其是在支持农业智慧化大生产方面。有研究表明我国数字技术，尤其是在农业人工智能、传感器、机器人等领域，与发达国家相比差距仍在 10 年以上。[①] 实际上，这是当前制约我国数字化转型的最根本与关键问题所在。

数字人才"下乡"的动力不足。一方面，随着城镇化进程的不断加速，乡村人口正在向城市流动，当前乡村表现出人口"空巢化""老龄化"双重困境，乡村内部数字人才明显不足；另一方面，现有制度、政策难以有效推动数字人才"下乡"，因为相比于城市，乡村所能提供的就业机会、薪酬待遇、福利保障等远远落后。虽然部分地区出现返乡创业大学生、退伍军人等"新乡贤"，但总体占比还很小，而且这部分群体是否在乡村持续生活、如何确保他们持续生活，都是仍需解决的重要问题。

乡村"数据孤岛"问题严重。自互联网等信息技术与政府管理、社会治理相结合以来，"数据孤岛"问题是一直被提及但仍未被解决的实践难题。这一难题既有制度体制约束，也受数据技术问题影响。而智慧城市等相关建设已运行十余年，

---

① 农业农村部发展规划司. 发展智慧农业建设数字乡村［EB/OL］.（2020－04－30）［2020－04－20］. http://www.jhs.,oa.fov.cn/zlyj/202004/520200430_6342836.htm.

"数字鸿沟"问题尚未解决，显然数字乡村建设中的"数字鸿沟"问题更为严重。当前农业农村数据体系建设相对滞后，尚未形成促进数据要素流动、共享的体制机制。

(2) 需求维度。

一方面，土地低集约化、农业高同质化的小农经营模式与数字技术存在冲突。在我国乡村社会中，农民的行为表现出基于生存理性，与社会理性共存的特征，在具体行为中就表现出"谨慎""求稳"等特征。加之受城镇非农就业不稳定等因素影响，农民会把土地看得很重，对土地流转持高度警觉态度，这就使得农村的土地流转程度较低，进而阻碍农业的规模化生产与集约化经营管理。据统计，截至2019年底，我国有农户2.2亿，50亩及以下农户耕地面积占全国总耕地面积的80%。[①]这种规模化程度低、集约经营比例小的情况，很难实现大规模的数字技术应用。

另一方面，农村劳动力结构阻碍了数字技术的应用与推广。当前从事农村电子商务人群的学历以中等水平为主，其中，初中占比为50%，大学及以上占比仅为16%左右。[②] 此外，我们在调研中发现，受计划生育政策影响，农村家庭人口主要表现为"2老人+2青年+1小孩"的模式。按照这种模式推算，当第一代进入60岁以上时，那么老年人在"2老人+2青年+1小孩"模式的家庭中占比为29%左右。按照这一估算，农村劳动力呈现老龄化特征，制约了数字技术作用的发挥以及数字红利的获取。

2. 公共服务供给：需求不足与有效供给率不高

经济社会的发展，在一定程度上可以通过政府提供的公共服务水平

---

① 赵春江. 智慧农业发展现状及战略目标研究 [J]. 智慧农业，2019, 1 (01)：1—7.
② 郭朝先，苗雨菲. 数字经济促进乡村产业振兴的机理与路径 [J]. 北京工业大学学报（社会科学版），2023，23 (01)：98—108.

与质量体现。在讨论公共服务供给问题时,我们考虑到,治理的目的在于通过资源的优化配置实现既定的目标。资源优化配置是一个复杂的经济学问题,但总会涉及两端,即供给端与需求端,其核心在于实现供给端与需求端的均衡。[①] 从农民技术执行中可以发现,当前农村社会面临农民数字需求不足和公共服务供给低效的双重困境。

（1）农村数字需求不足：总量与结构双重不足。

当前农村数字需求不足,一方面表现为因为人口"空巢化"导致的数字需求总量不足,另一方面则表现为因为人口"老龄化"而导致的数字需求结构性不足。

数字需求总量不足。现代社会的突出特征之一表现为高流动性。正如鲍曼所讲,流动性一方面创造了新机会,但另一方面也意味着脆弱性、不稳定性与不确定性。流动性可能会引发一切,但又都不能确定地去应付。[②] 在这种高流动性下,城市聚集了大量人口,农村呈现出"空巢化"特征。由于农村人口"空巢化",农村的常住人口与劳动力持续外流,农村社会总体需求不断衰退,这种趋势同样体现在数字需求中。有人用"386199"来戏称我国农村人口的结构特征,认为我国农村社会主要是妇女、小孩和老人。[③] 但是随着城镇化进程的不断推进,我们发现,部分地区可能只剩下老人了。在这种情况下,农村因人口不断减少而形成的数字需求总量不足的现状,使得数字技术的应用与推广也比较困难。

数字需求结构性不足。除了数字需求总量不足之外,因为农村人口

[①] 高海虹. 地方政府公共服务供给侧改革研究［J］. 理论探讨,2017,199（06）：168－173.

[②] 齐格蒙特·鲍曼：流动的现代性［M］,欧阳景根,译. 北京：中国人民大学出版社,2018.

[③] 徐勇. "再识农户"与社会化小农的建构［J］. 华中师范大学学报（人文社会科学版）,2006（03）：2－8.

结构特征，使得农村数字需求表现出结构性不足的特征。从现有农村人口来看，留在农村的主要是老人、儿童和妇女，相对来说，他们的受教育程度、对数字技术的需求程度、经济状况水平相对较低，这部分人往往使用的是在城市工作的家人"用过"的二手手机，只会使用一些简单的、基础的功能。近年来，随着农村物流配送体系不断完善，农民在村里便可享受电子商务带来的便利，但这仍无法进一步激活农民的"数字活力"。

（2）有效供给率不高。

自从 21 世纪取消农业税以来，国家就从农村资源的"汲取者"变为农村公共服务的主要"供给者"。尤其是党的十八大以来，国家向乡村投入大量的各类资源，以提高农村公共服务供给的质量与水平，推进城乡公共服务均等化。但是，当我们在调研时却发现一个奇怪又让人觉得"伤心"的问题：在国家资源的大力投入下，一个个村庄都非常"美丽"，也都非常"宜居"：整洁的道路、良好的健身器材、功能齐全的党员活动室等。但是我们发现，就是在村庄中看不到人。这让我们不得不思考一个问题：国家投入大量资源进行乡村建设，如道路交通、医疗教育、网络设施等，是否实现了有效供给了呢？这里的有效供给，主要是强调对农民需求的满足。但是如果一个村庄已经没什么"人"了，或者说本身已经属于要被撤并的村庄，是否还需要进行大规模的公共服务供给呢？公共服务供给的目的是实现农民的"对美好生活的向往"，但如果当农民已经不在农村，或者在未来几年即将迁移时，这样的公共服务供给是否还有必要呢？从这点来看，我们的乡村治理当前面临一个较大挑战在于，如何在确保公共服务基本供给同时提高有效供给效率。这可能是当前需要解决的重要问题。

（3）乡村养老成为制约乡村发展的重要瓶颈。

受人口老龄化与社会老龄化的双重影响，乡村养老问题成为制约乡村治理的重要瓶颈。解决乡村养老问题的两个关键要素在于经济社会发展水平以及人口老龄化情况。现有研究分别从乡村内生资源、①县域统筹养老体系②等角度探索农村养老问题解决路径，其根本在于把乡村作为基本单元，并以此构建有效的养老制度。但对于当前的我国乡村而言，乡村内的家庭、村集体等已基本无法承担养老功能。因此，构建符合当前需求与情况的乡村养老模式，成为乡村治理困局的重要突破口。

新中国成立后，我国乡村社会养老问题在综合考虑人口结构与经济发展的基础上，形成了不同养老资源、公共事务承担主体以及养老责任的养老模式。

第一，新中国成立至改革开放之前。为了快速实现国家工业化这一战略目标，国家对农村采取"队为基础，三级所有"的人民公社制度。在这种制度下，集体既是生产组织，也是生活资料分配组织。此时的养老资源主要来自乡村集体内部，公共事务由村庄集体承担，养老责任主体主要是家庭与村集体。

第二，改革开放至分税制之前。改革开放后，农村以家庭联产承包责任制的方式建立了统分结合的双层经营体制，乡村集体逐渐瓦解，失去了对生产生活资源的控制，这也就导致农村提供公共产品的能力被削弱。但此时农村养老问题并未被重点关注，因为家庭联产承包责任制提升了农民的主体性，增加了收入，此时养老资源与责任主要在家庭。加之乡镇企业、社队企业飞速发展，在一定程度上充当了提供公共产品与服务的角色。这阶段养老主要以家庭为主，乡镇企业、社队企业为辅。

第三，分税制改革至新农村建设之前。分税制改革的非预期后果是

---

① 贺雪峰. 农村养老实践模式及其应对——以 H 省 F 县调研为例 [J]. 求索，2022，331（03）：13-20.
② 胡宏伟，蒋浩琛，阴佳浩. 农村县域养老服务体系：优势、框架与政策重点阐析 [J]. 学习与实践，2022，458（04）：113-124.

地方集体企业走向衰落,[①] 这就影响了原本由集体企业所提供的农村养老服务。同时，随着市场经济体制的形成，大量农村青壮年劳动力向城市流动，导致了农村"自我维持型"照护困境,[②] 此时农村养老成了"真空状态"，留守老年人也成了普遍的社会现象。此时的中国农村养老已经开始暴露出严重的问题：因劳动力外流导致的家庭养老弱化，因乡村集体解体导致的养老资源与公共服务供给的"真空"。

第四，新农村建设至党的十八大之前。进入21世纪，以农村养老等为内容的"三农"问题越发严重，2003年，党的十六届三中全会明确提出城乡统筹以解决城乡公共服务不均等问题，此时农村养老资源供给开始由农村内部向乡村外扩散，也从基层向上级政府扩散；2006年取消农业税缓解农民压力，2009年全国开展新型农村社会养老保险试点，2014年，合并新型农村社会养老保险和城镇居民社会养老保险，初步构成制度化的养老保险保障，缩小城乡差距，但总体水平仍然较低。

第五，党的十八大以来，党和政府在城乡统筹的基础上强调城乡融合发展。全面建成小康社会的重点与难点在农村：党的十八届三中全会提出构建新型工农城乡关系；党的十九大报告提出实施乡村振兴战略；党的十九届五中全会进一步提出新型工农城乡关系。从脱贫攻坚到全面推进乡村振兴，大量资源进入乡村，为乡村养老提供了新的资源与模式，但现有组织困境制约了乡村养老问题的解决。

从这一演进过程可以看出，我国农村养老问题受经济发展、社会制度等因素影响，在不同阶段遇到了不同的问题，也产生了对应的解决方

---

① 周飞舟. 分税制十年：制度及其影响 [J]. 中国社会科学, 2006 (06)：100－115＋205.

② 程令伟, 王瑜. 农村失能老人"自我维持型"照护困境与应对路径 [J]. 华中农业大学学报（社会科学版），2021, 56 (06)：129－137＋192.

案。在中国转型的今天，我们应该采取何种方式解决农村养老问题，成为必须解决的实践难题。

（二）乡村危机治理带来的挑战

新冠疫情发生以来，虽然不同农村使用了不同的防控方式，但是有一种方式基本在每个村庄都采用了，即限制成员流动。实际上，这种行为背后，体现了乡村社会在处理危机时所体现的文化心理底色，这种文化心理底色表现为乡村社会对疾病等危机的一种"自成秩序认知"。[①] 这种自成秩序认知，是对疾病等危机的一种排斥心理与行为的体现。

在观察农民的日常生活中可以发现，乡村社会这种对疾病等危机的"自成秩序认知"，是有一定宗教性、民俗性的，表现为"把疾病归于巫术或妖术的现象在正式社会控制制度缺乏或薄弱的社会中很常见"。[②] 尤其是对具有强烈传染特征的疾病，这种排斥的心理与行为会表现得越发明显。很巧妙的是，乡村社会基于"自成秩序认知"而选择的防控行为，和国家防控体系不谋而合。

如果我们回溯历史可以发现，人类这种"自成秩序认知"是有渊源的。法国社会思想家福柯在其著作《疯癫与文明》中描述了类似的情节：对愚人船上患有传染病人放逐，进而分开疾病与神圣的心理，"他们和那些排斥他们的人期待着从这种排斥中得到什么样的拯救。这种方式将带着全新的意义在完全不同的文化中延续下去"。[③] 在这种描述中可以发现，通过对病毒的排斥行为而实现"自我救赎"。进一步地，除了对疾病具有排斥心理，对地域、身份等异质元素也会进行排斥。因

[①] 龙金菊，刘剑. 底色与因应：风险感知中乡村社会韧性治理管窥[J]. 湖北民族大学学报（哲学社会科学版），2022，40（04）：60-70.

[②] 房静静，袁同凯. 疾病认知、治疗实践与乡村医疗空间生产[J]. 青海民族研究，2021，32（01）：41-46.

[③] 米歇尔·福柯. 疯癫与文明[M]. 刘北成等，译. 北京：生活. 读书. 新知三联书店，2012.

此，我们就不难理解在疫情中出现的人群之间的排斥、不同区域之间的分离、不同身份人群之间的争论。可见，因为病情的复杂性、乡村内生地对疾病的排斥性，必然在行为上表现出封闭自我等形式。虽然这样的形式饱受非议，但是对于这一问题的解释，能够帮助我们理性看待乡村对待危机的文化特性与底层逻辑。

实际上，这种排斥特性根源于传统乡土社会中农民的生存理性，来自乡村社会面对生命危机的伦理选择，这是在农民在漫长的历史过程中所习得的、用于满足自身生存与家庭成员整体利益的理性选择，这也就表明了乡村社会文化的相对独立性。因此，在国家政权下乡、技术赋权乡村社会时，乡村文化的这种独立性必然会产生排斥与抵触，如何进行有效整合，成为摆在当前亟须解答的重要问题。

四、内在的结构化数字鸿沟

公平正义是中国特色社会主义的内在要求，在数字化转型背景下，乡村治理的技术应用一方面赋予其新的动能，但另一方面也产生了数字鸿沟。对于乡村治理公平性而言，城乡之间的外部鸿沟固然需要解决，但乡村内部的、结构化的数字鸿沟更是制约乡村治理公平性的主要瓶颈。

数字鸿沟现象随着互联网的普及而逐渐显现。根据经合组织定义，数字鸿沟表示不同社会经济水平的个人、家庭、企业和地理区域之间在信息和通信技术获取机会、使用方面的差距。随着信息和通信技术及其应用的深入发展，数字鸿沟的内涵也在发生不断变化。目前关于数字鸿沟的研究大致可以分为三个阶段，分别为数字接入沟阶段、数字使用沟阶段和数字结果沟阶段。

现有研究对不同地区、不同群体之间的数字鸿沟进行了测量。如图9-2所示，从2005年到2021年间，虽然城乡间互联网普及率差异有缩小趋势，但城乡差值还是从 2005 年的 14% 增加到 2021 年的约 23%。农村与全国互联网普及率也呈现相同趋势，从 2005 年的 5.89% 增加到 2021 年的 21.2%。这表明虽然农村与城乡、全国平均水平的差距在逐渐缩小，但我国农村互联网发展不仅低于城镇水平，而且低于全国平均水平。

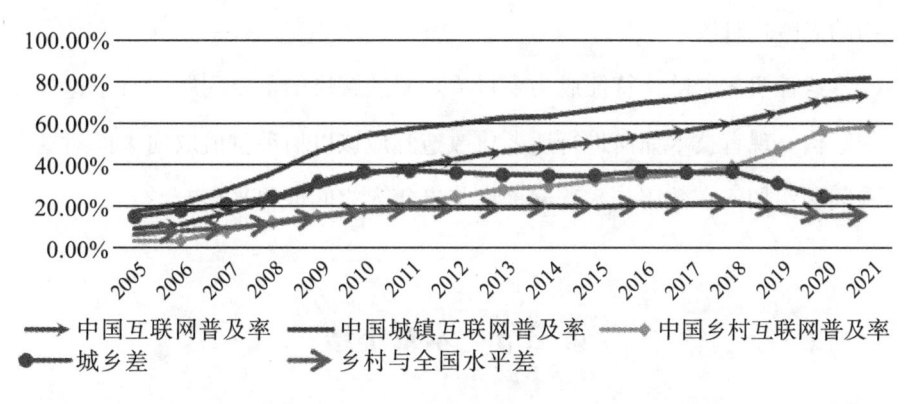

图 9-2　中国农村互联网普及率与城镇、全国水平的比较

数据来源：中国互联网络信息中心 2005—2018 年报告

我们通过调研发现，农村内在的、结构性的数字鸿沟可能更需要关注，它给数字化转型背景下乡村治理带来较大挑战。农村这种内在的结构性的数字鸿沟主要表现为人口结构和社会结构"双重老龄化"问题。① 首先，从人口结构来看，老年人在农村人口总量中占比显著提高。调研发现，随着计划生育政策的演进，农村家庭人口主要表现出"2 老人+2 青年+1 小孩"的模式。按照这种模式推算，当第一代进入 60 岁以上时，那么老年人在"2 老人+2 青年+1 小孩"模式的家庭中占比为 29% 左右，而这与中国社会科学院农村发展研究所与中国社会科学出版社联合发布的《中国乡村振兴综合调查研究报告（2021）》调

---

① 陆益龙. 后乡土中国的自力养老及其限度——皖东 T 村经验引发的思考 [J]. 南京农业大学学报（社会科学版），2017，17（01）：11-19+144.

查的结果类似：截至2019年，全体农村常住人口中60岁及以上人口的比重达到了20.04%。① 如果按照国际上通行的老龄化标准，即60岁以上的人口占总人口比例达到10%，则这一模式将大大超过老龄化标准阈值。这从微观上说明农村人口老龄化程度较为严重。其次，从农村人口结构中老年人占比较多这一事实来看，当前农村社会也已进入社会结构的老龄化阶段。②

这种双重老龄化特征成为乡村治理亟须解决的重要问题，对于这样的结构，现有技术如何进行适老化改造？应该以何种价值取向去面对这一问题？如何在数字技术普遍推广与老年人之间取得平衡？

第三节　本章小结

"印象中的乡土中国"概念的提出，无意于讨论中国乡村社会是否已进入该阶段，而是用这概念描述转型中中国乡村社会的总体形态，以此为基础分析当前乡村社会是否具备促进农民集体行动的基础条件。

"印象中的乡土中国"的特质维度如下：①衰落的村庄共同体。从空间来看，表现为"流动的多元物理空间"和"虚实同构的双重空间"；从共享资源来看，分为"共享多元物理空间资源"和"与陌生人共享虚拟空间资源"；从认同心理来看，表现为"认同心理不断减弱"和"印象中的认同"两种特征。②缩小的熟人社会。因血缘、地缘而形成的乡村"熟人"关系并未消失，受乡村"空心化""老龄化"等影响，乡村

---

① 中国社会科学院农村发展研究所，中国社会科学出版社. 中国乡村振兴综合调查研究报告（2021）[R]. 北京：中国社会科学出版社，2022.
② 陆益龙. 后土中国的自力养老及其限度——皖东T村经验引发的思考[J]. 南京农业大学学报（社会科学版），2017，17（01）：11-19+144.

社会变成"缩小的熟人社会"。③弱化的情感与道义。农村人口减少与居民原子化趋势进一步弱化了村民之间的情感联系,互联网的去中心、网络化特征进一步弱化了传统乡村规范的规制作用,表现为"弱化的情感与道义"。

"印象中的乡土中国"的特征如下:①流动、多元与虚实同构的村落共同体;②数字技术赋予更为丰富的生计模式,"农业+副业"的模式更加多样;③传统与网络化的知识、规范与价值发生冲突与碰撞。

之所以用"印象中的乡土中国"来分析当代中国乡村社会的主要形态,其原因在于农民的家庭本位特征:他们在行为选择时关注家庭成员整体利益是否实现,而忽略对乡村集体的关注,进而表现出衰落的村落共同体、缩小的熟人社会以及弱化的情感与道义三个维度。因此,突破农民家庭本位,成为平衡国家与农村社会关系的关键。

第十章　网络有机体：党建引领乡村社会的有机融合

　　面对"印象中的乡土中国"，当代中国乡村社会已难以自发参与到乡村治理，这成为当前乡村有效治理的瓶颈。我们不禁会问，在乡村治理中应该如何发挥农民的主体性作用，才能很好地组织动员农民呢？历史表明，我国乡村社会的未来发展，既不是西方社会那样的独立运行，也不是传统中国社会的基层管理，而是中国共产党、国家、乡村与农民家庭相互融合。按照这一历史逻辑，在数字化转型的当代中国乡村，要发挥农民在乡村治理中的主体性作用，就需要从中国共产党、国家、乡村与农民相融合的实践中去寻找答案。当然，对于"融合程度"的把握，就成为至关重要的问题。因为从历史角度来看，合适的"融合"既要给予农民一定的"灵活空间"，让他们可以充分考虑家庭整体利益，又要让他们统一于党的意志与国家战略领导下。

第一节 网络有机体概念

一、基于中国实践的"网络有机体"

波普金在关于农民集体行动的讨论中指出,具备互惠、共同团体、约定俗成、群体规模与组织领导五项特征的乡村社会,更容易实现集体行动。在关于群体规模讨论时强调,当收益/成本比率足够大时所容纳的 K 群规模,是实现集体行动的重要标准。在当今我国乡村,面对"印象中的乡土中国",是否还能促进农民的集体行动呢?是否还能找到这样一个"K 群"了呢?

此外,波普金也指出,有一类集体行动是无法实现的,即满足最穷村民生存需要的再分配行动。对此,我们需要思考的是,当代中国乡村是否存在这一问题?如果存在,应该如何解决?

事实上,无论是寻找可能促进乡村集体行动的社会特征还是"K群",抑或是解决"满足最穷村民生存需要的再分配行动",农民技术执行所重塑的乡村社会所表现出的新特征,以及"印象中的乡土中国"所描绘的乡村形态等,都表明这样一件事实:以乡村内部村民自发地形成集体行动难以实现,必然要向乡村外部寻求其他资源帮助。事物发展是存在一定路径依赖的,因此,可以从中国乡村治理的历史中去寻找乡村治理的外部资源。改革开放之后,尤其是党的十八大以来,我国的乡村治理彰显出党的全面领导的突出特征,表现为在党的领导下,党组织通过嵌入国家与乡村社会,实现了党的领导、国家战略、乡村发展与农民家庭的有机衔接。可见,党组织、国家是中国乡村治理的重要外部资源,而且这些资源与乡村、农民是融为一体的。

历史实践已经给我们如何激活农民主体性提供了答案,即党、国家、乡村与农民家庭的统一与融合,促进了乡村社会在依附国家战略的过程中实现自身建设与发展。面对今天的"印象中的乡土中国",我们仍然可以通过党、国家、乡村与农民家庭的融合去寻找形成农民集体行动的有效路径。因为党、国家可以在综合考虑政治、经济、社会等诸多因素下承担农民集体行动所需成本,如公共服务等,同时以情感、利益等实现农民的联结,以此解决"K群"和"满足最穷村民的生存需要的再分配行动"问题。

但遗憾的是,相比于鲜活的乡村治理实践,乡村治理研究还部分停留在国家与社会二元对立关系的探讨之中。尤其在工业化、城镇化、现代化与数字化"叠加"转型背景下,如果不从乡村治理历史与实践中去提炼符合实践的理论解释,有可能会继续陷入这种二元争论中。因此,我们试图以"网络有机体"概念解释乡村治理中党建引领下的国家、乡村与农民家庭的统一与整合,并将这一讨论置于数字化转型的大背景之下。需要说明的是,我们这里使用是"农民家庭"而非"农民",一方面是农民家庭本身也包括农民个体,另一方面主要是出于对农民的家庭本位社会理性的考量。

二、网络有机体的概念说明

"网络有机体"借助了涂尔干"社会团结"理论,意指乡村社会中党组织、国家、乡村与农民家庭的联结。但与涂尔干所区分的"机械团结"与"有机团结"不同,我们拟构建的乡村社会网络有机体并不分为"机械团结"与"有机团结",而是强调其内部同时存在"机械团结"与"有机团结"。也正因此,我们将之称作"网络有机体"而非"网络团结体",这是因为:①党组织保证了国家、社会的一致性。"机械团结"强调相似性,网络有机体中的党组织双向嵌入政府部门与基层社会,不论是组织还是个人，都是在中国共产党的领导下的，具有相同的目标、理想、文化等，从这个角度来看是相似的。②基于分工的有机协同。"有机团结"强调由分工而形成的有机体。在乡村治理中，不同主体承担的职能有所差异。从 2023 年中央一号文件来看，在乡村治理中，党组织主要发挥政治功能和组织功能，负责宣传党的政策、贯彻落实党的路线方针政策；政府负责治理职能，提升乡村治理效能。而乡村主要负责自治功能，基于农民的互惠互利实现农民家庭间的合作。从这个角度来看，乡村治理中的党组织、政府与乡村也是有分工的，但是其最终要成为统一的整体，即"健全党组织领导的乡村治理体系"。

"网络有机体"，既指乡村治理中多元主体构成的现实有机主体，也指数字技术应用所催生的虚拟空间主体。

党建引领下的国家、乡村与农民家庭形成"现实网络有机体"。首先，党和政府具有高度的内在统一性，表现为党是决策核心，政府是贯彻党的意志、进行政策执行的主体。基于这种关系，决定了国家对乡村社会的治理，是在党对国家的全面领导的基础上形成的。这种关系为政府开展社会治理活动提供了组织资源与体制资源，因为无论是何种关系，由于党组织以及党员内嵌于这些组织，所以这些关系内部也就具有了党的组织性。其次，党组织具有自身独立性，表现为在政府外部的组织中的众多党组织与党员。因此，从中国共产党作为我国政府和乡村社会的全面领导者这个角度来看，中国共产党既作为政治力量纳入国家范畴，也作为组织力量纳入乡村社会范畴。实际上，中国共产党就成为连接国家与乡村社会的枢纽。在乡村场域，乡村社会是由众多农民个体及其形成的集体行动所构成的。从这个意义来看，党、国家、乡村与农民家庭的整合与统一，构成了"现实网络有机体"。

党建引领国家、乡村与农民家庭还形成了一种"虚拟网络有机体"。这主要是数字技术的普及与应用，党的建设、政府治理、村民日常生活、乡村集体事务等维度都不同程度实现了数字化，随即产生了对应于现实世界的虚拟世界，那运行于现实世界的"现实网络有机体"通过数字技术"映射"到虚拟空间，以"虚拟网络有机体"的形式呈现，进而形成类似一种孪生的数字线上的虚拟空间团结体，我们称作"虚拟网络有机体"。

第二节 演进过程：由"政社合一"向"党建引领的网络有机体"

一、新中国成立至改革开放：政社合一的人民公社制度

新中国成立之后，为了解放与发展生产力，党和国家确立了农民土地所有制。这改变了农民在农业生产中的人身依附关系，但也面临一个新问题：小农户的分散经营以及自身的有限条件使得农业生产力低下，无法抵御自然灾害。同时，为响应国家工业化战略目标，为发展国家工业化汲取更多资源，党和国家积极探索农业合作化道路，以把乡村纳入国家战略总体系统之中。国家基本经历如下过程，实现了政社合一的目的。

1951年，党和国家规定了对农业进行社会主义改造的路线、方针和政策。

1953年，开始社会主义三大改造，农业社会主义改造经历了互助组、初级社和高级社三个阶段。农业合作社一方面有效解决了分散、基础薄弱的小农经济发展问题，另一方面为实现国家现代化从乡村提取资源提供路径。通过培养农民主人翁意识、推动每个农村加入农业合作社，构建了一体式的生产经营模式，土地由农民所有逐步过渡到集体

所有。

1958年，中共中央通过《中共中央关于在农村建立人民公社问题的决议》，构建了以"人民公社—生产大队—生产队"为特征的"三级所有，队为基础"的人民公社制度，这一制度体现出政社合一的乡村治理模式。[①] 从这个角度来看，人民公社制度既是一种生产经营组织形式，也是一种乡村治理模式。

政社合一模式下的人民公社制度，有效发挥了计划经济体制的制度优势，实现了党领导下的国家强大动员能力。这一制度也成为研究乡村治理的制度起点，深刻影响着我国的乡村治理变迁。但由于政府管理一切、包办一切的方式，在一定程度又限制了乡村社会的活力。

二、改革开放至市场经济体制确立前：政社分开的乡政村治制度

1978年，中国开启伟大的历史进程：改革开放。经济领域的改革开放源于农村的家庭联产承包责任制。此时，从组织生产角度来看，人民公社被以家庭为单位的组织生产所替代。基于生产方式的转变，农村生产关系也发生了改变，即从政社合一向乡政村治转变。一系列法律、规范、制度等政策文件推进了这一转变过程：

1979年，第五届全国人大二次会议通过《关于修正〈中华人民共和国宪法〉若干规定的决议》，决定把地方各级革命委员会改为地方各级人民政府，为建立乡镇政府提供了法律依据。

1982年颁布《中华人民共和国宪法》，确立村委会作为基层群众自治组织的法律地位。

1983年，中共中央、国务院正式发布《关于实行政社分开、建立

[①] 李建伟. 我国乡村治理创新发展研究[M]. 北京：人民出版社，2020.

乡政府的通知》，在全国范围内推行政社分开，建立乡镇政府。在这一政策影响下，截至1985年，人民公社退出历史舞台，乡镇政府走上前台。

1987年《中华人民共和国村民委员会组织法（试行）》通过，村民自治制度以法制形式得以确立，标志乡政村治模式基本确立。

1998年《中华人民共和国村民委员会组织法》正式颁布，对村委会的定位："由全村村民民主选举，进行自我管理、自我教育、自我服务的基层群众性自治组织。"从政策来看，将村委会定位为群众性自治组织，也就是强调了乡村自治功能。

由此可见，乡政村治具备以下特点：①人民公社转变为乡镇，乡镇政府成为基层政权组织；②行政村实行中国共产党村支部委员会和村民自治委员会负责制，即我们常说的"两委"负责制。村支部承担政治功能，负责宣传党的政策、贯彻落实党的路线方针政策，带领群众致富；村委会主要功能是带领群众发家致富。

虽然村委会在成立之初设计为村民群众自治性组织，但是在实践中却成了兼具自治与行政功能的组织。按照《中华人民共和国村民委员会组织法》《中国共产党农村基层组织工作条例》等法律、法规、条例的规定，村委会作为乡村的自治主体，由村民直接选举产生，在民主管理村务同时，接受乡镇的指导并配合乡镇完成国家任务。从这个角度来看，乡镇政府与乡村是"指导—协助"的关系，[①] 进而构成了"乡—村"模式。但是实践中，一方面充当"自治"功能的村委会，其作用主要是代表全村村民行使"办理本村公共事务和公益事业"等自治工作，是要做好"村民的头"；另一方面要发挥"行政"功能，完成乡镇政府下派的大量行政事务，当好"政府的腿"。

---

① 卢福营.冲突与协调——乡村治理中的博弈［M］.上海：上海交通大学出版社，2006.

这样的转变可能在于,《中华人民共和国村民委员会组织法》虽然明确了乡镇政府对村民委员会的指导地位,但是对于如何指导的具体内容等并未做相关规定,这导致了乡镇政府与村委会之间的关系界限不清。加之乡镇政府出于考核、压力体制等因素影响,确实需要村委会承担一部分行政工作,因此部分乡镇政府把村委会当做是自己的"下级",运用传统的行政命令方式"领导"村委会进行工作。与此同时,《中国共产党农村基层组织工作条例》规定了"村党委受乡镇党委领导",因此就从党组织层面促进了这种"领导"。这种正式规定的党组织内的"领导与被领导",与实践中非正式形成的"指导变为领导"的行政现实,共同促成了现实中村委会既是自治组织又兼具行政功能这一事实,而且在部分地区行政功能明显高于自治功能。

三、市场经济体制确立至党的十八大之前:乡村社会管理

随着经济体制改革的不断深化,乡村治理模式也逐渐由乡政村治模式向与社会主义市场经济体制相适应的社会管理模式转变。实际上,这一过程中还可以细分为如下几个阶段。

1992年至2001年,是我国农村改革全面向社会主义市场经济体制过渡阶段。在1992年邓小平南方谈话和党的十四大召开之际,党和国家确立了社会主义市场经济体制,农村主要是以农产品改革为核心进行资源配置等。

2002年至2011年,是我国农村全面综合改革阶段,这一阶段不再仅仅关注农业,而是从农业、农村、农民的全方位进行探索,以建立社会主义新农村为主要抓手,促进农村全面发展。如在2006年,党的十六届六中全会在《中共中央关于构建社会和谐社会若干重大问题的决定》中,明确提出要"创新社会管理体制,整合社会管理资源,提高社会管理水平,健全党委领导、政府负责、社会协同、公众参与的社会管

理格局"。这也标志着在中国农村全面综合改革阶段，乡村确立了主要以"管理"作为主要模式。

四、党的十八大至今：党建引领乡村治理

2012年，党的十八大虽然继续延续使用了"社会管理"模式，但进一步丰富了其内容，具体概括为"党委领导、政府负责、社会协同、公众参与、法治保障"。

2013年，党的十八届三中全会则明确提出，"全面深化改革的总目标是完善和发展中国特色社会主义制度，推进国家治理体系和治理能力现代化"，并将创新社会治理体制作为推进国家治理体系和治理能力现代化的重要部分。从这个角度来看，国家从"统合"的视角看待乡村治理问题，将乡村作为国家整体治理的重要内容。

2015年，中共中央、国务院发布《深化农村改革综合性实施方案》，为指导我国农村未来发展提供了指导性、纲领性方案。

2017年，党的十九大提出"打造共建共治共享的社会治理格局"，并提出乡村振兴战略，明确提出"加强农村基层基础工作，健全自治、法治、德治相结合的乡村治理体系"。

2022年，党的二十大报告继续提出"全面推进乡村振兴"，再次强调"坚持大抓基层的鲜明导向，抓党建促乡村振兴，加强城市社区党建工作，推进以党建引领基层治理"。

综上，中国乡村治理进入了向纵深推进阶段，乡村治理体系成为全面深化农村改革的重要内容。中国乡村治理也呈现出党建引领、政府主导、多元主体参与的新局面。

五、党政社发展趋势：党建引领的网络有机体

从新中国成立至今的乡村治理演变过程中可以看到，虽然中国乡村

治理经历了"政社合一的人民公社制度、政社分开的乡政村治制度、乡村社会管理与乡村治理"的不同模式,但在每一种模式中,都蕴含着党建引领的要素。

加强乡村治理中的党建引领,主要包括坚持党的领导及其在乡村治理实践中的具体落地。从党的领导来看,不仅要政治领导,还要发挥经济发展与乡村治理方面的领导作用。中国共产党从诞生之日起,就决定要团结全国人民,实现中华民族的独立、富强和复兴。这种性质决定了中国共产党不是一般意义上的政党,而是中华民族的代表;党员不仅数量多,而且都是各行业先进分子的代表,中国共产党把中国人民团结起来,实现了政治经济文化等方面的发展。因此,中国共产党的发展和国家的发展是一体的。从党的领导在乡村治理的实践中来看,当前已经形成了这样的趋势:村主任由村支书"一肩挑",由"农村党群服务中心"整合农村各类组织与农民,在形式上构造了"网络有机体",发挥着党的领导功能、国家治理功能以及促进农民日常生产生活的作用。而从农村人口逐渐减少、老龄化程度不断增加的趋势来看,单纯依靠农村居民自治其实失去了基础主体支撑,必然要在乡村场域充分吸纳党、政府部门、农民以及其他主体,构成内容上的"网络有机体"。

此外,随着大数据、物联网、人工智能、5G等新兴信息技术的发展与普及,数字技术及其应用已经渗透到乡村生活的各个领域:截至2021年11月,现有行政村已全面实现"村村通宽带";[①] 根据工业和信息化部下发的《"十四五"信息通信行业发展规划》,2025年实现行政村5G通达率达到80%。在这种情况下,即使对于那些尚未接入互联网的人,他们的生活也多多少少都会受到互联网的影响。因此,数字生存已成为每一个农民都会面临的现实问题。互联网使用带来的虚拟空间的

---

① 中国互联网络信息中心. 第49次中国互联网络发展状况统计报告[R]. 北京:中国互联网络信息中心,2022.

出现，使得我们的乡村治理不仅要面对传统的线下物理空间，还要面对新兴的线上虚拟空间，这也就构成了虚拟和现实相结合的"网络有机体"。

第三节　生成逻辑：党的领导、国家治理与农民生活

在实践中，"党的领导逻辑""国家的治理逻辑"和"农民的生存逻辑"促进了"网络有机体"的生成。

一、党的领导逻辑：价值、利益与权力

自新中国成立以来，党领导的乡村治理已成为我国的特色模式，党的全面领导也成为中国乡村治理的核心。实践中，党的领导逻辑体现为价值引领、利益共塑与权力耦合。

（一）价值引领

党建引领乡村治理，其根本在于党组织与乡村社会之间形成同一性的价值取向。但是，现实中面临的最棘手的问题在于，农民的策略行动是出于家庭本位的利益考量，而这种策略原则使得农民不太关心村集体的事项与活动，更谈不上有什么公共价值。此外，当前乡村社会基本已不具备农民集体行动的基础。实际上，公共价值是西方的舶来品，是基于公民个体而提出的。但这一源自西方的理论在我国情境中却无法有效解决问题，其根源在于中国乡村社会的基本单位并非仅仅是农民个体，而且还包括由农民组成的家庭。[①] 基于这一理解，我们在探索乡村公共价值时，就要从乡村中的家庭出发，通过实现家庭间的有效衔接塑造乡

---

① 仝志辉. 中国乡村治理体系构建研究[M]. 武汉：华中科技大学出版社，2021.

村"公共性"的重要枢纽，这也就成为党建引领乡村治理的重要取向。在实践中，四川省成都市战旗村坚持以农村家庭为工作基本单位，以党建引领重塑乡村公共性，其做法具有一定代表性。以下是战旗村的主要做法。

一是加强村中党员干部的队伍建设，以此提升乡村的凝聚力。具体来看，不断完善村党支部内部党员干部的能力，让村内党员紧密围绕村支部开展各项工作。党员干部会在影响家庭成员，进而动员到有党员的家庭，而有党员的家庭在与其他家庭互动时，也会形成一种潜移默化的影响，这种影响来自其家庭成员的行动，"党员确实不一样"。与此同时，由党员带头开展志愿活动，平时开展移风易俗活动，以此形成党组织内部的合力。在志愿活动与移风易俗活动中，往往因为党员带头影响了家里人，进而影响了周围的邻居。

二是通过各种途径营造乡村集体氛围，让村民"看得到"村集体，以此唤起他们的集体主义意识。这种氛围打造具有针对性，考虑农村人口以老年人和学龄儿童为主这一特点，开创了"老年人健康工程"以及"诵国学经典颂扬家风家训"活动。这两项活动的开展，有效解决了当地居民参与不足的问题，因为家里的小孩学习启蒙、老人的健康，都是农民家庭本位策略中极为关注的内容，这两个群体的问题解决了，家庭中的绝大多数问题也就解决了。同时，依托当地院校优势，以志愿服务等方式抓好村内的主要人群工作，进而营造了良好的集体主义氛围。

三是通过积极宣传优秀事迹、村内好人好事等方式，向村民宣传集体价值观念。比如，村委会创立了"自治管理积分卡"，由党员和队员对村民的房前屋后进行每日卫生检查，进而评比村内卫生示范户，以此宣扬集体价值。在这种活动中，即使有部分年轻村民认为与自己无关，甚至觉得"太落后"了，但是对于家庭中的老人或者是小孩子来讲，这种活动他们是非常"关心"的。所以，在他们的动员下，乡村中的家庭才会积极参与到这项集体活动中去。

除此之外，村内设计了集体活动区、养老区等公共空间，以此作为村民开展公共活动的载体，举办形式多样的各类活动，以潜移默化方式唤醒村民的集体意识。很明显，公共空间中活动的开展，一般都会有家庭中大于一的成员数量参与，这也就动员了绝大多数村民的参与。

（二）利益共塑

随着工业化、城镇化、现代化、数字化"叠加"转型进程的不断加快，乡村治理多元主体会根据各自利益产生不同行为逻辑：农民基于家庭本位，从家庭成员整体利益出发，当集体事项涉及自身家庭利益时积极关注，而和家庭利益无关时则"漠不关心"；基层党组织因为利益分化以及"应付型"组织政策执行的不足，使得部分"涉农"资源在分配时出现"灰色地带"；[①] 地方利益相关群体则通过与部分基层干部达成"利益结盟"，出现资源下乡的"跑冒滴漏"等问题。

因此，基层党组织要通过有效衔接多元主体，形成利益共同体，将不同利益相关主体凝聚在党组织周围，充分发挥国家下乡资源的功能与效应。

一是不断拓宽多元主体利益表达渠道。实现多元主体的利益衔接，必然首先要了解不同主体的利益诉求。因此，可以通过制度与技术拓宽多元主体利益表达渠道。在制度方面，探索构建"农民＋党员＋其他利益相关者"的"圆桌会谈"制度，充分表达、沟通、协调多元主体利益；在技术方面，利用大数据实时性、交互性等特征，依托自媒体、社交软件等多渠道构建利益诉求渠道。

二是充分挖掘山林湖田水草沙等生态资源价值，以此连接不同主体

---

① 刘双，余智勰. 耦合视角下基层党建引领乡村共治的逻辑、张力和路径[J]. 华中农业大学学报（社会科学版），2023，164（02）：131-138.

的相关利益。一般认为城市蕴含巨大的资源与价值，农村缺少资源不存在价值。这种观点的形成，是用所谓的"现代化"思维进行思考的结果。实际上，这种源自西方的"现代化"思维并不适用于我国情境。对待我国乡村，要借用"中国式现代化"思维，重新审视农村所蕴含着的丰富的资源，包括生态资源。并利用挖掘这些资源，盘活出巨大的价值，以此寻找新的利益结合点。

（三）权力耦合

中国乡村社会治理一直在追求两对关系的平衡，"自治"与"行政"、"活力"与"秩序"，如果按照马克思唯物主义辩证法来看，这两对关系本身就存在矛盾，在实践中必然出现各类问题。当前主要表现出的问题是党领导下的政府资源下沉挤压了乡村自治的空间，"干部干，农民看"的现象突出，导致农民参与度不高等问题。出现这一问题的原因多元且复杂，其中重要原因之一在于因为乡村活力低，使得党组织、国家资源下沉变成了政府的"直接包办"。[①]

实践中，党组织可以通过构建纵横交错的权力结构，一方面实现党的领导，另一方面又激活乡村的活力。从纵向来看，一是不断加强党组织与村民的沟通，倾听民众的诉求。通过制度创新、技术平台应用等，加强对农民需求的了解与判断，在需求满足与价值引领中寻找到结合点，在引导中促进村民的获得感。二是明确权责边界，党组织负责方向性引领，村组织发挥村民参与主动性，打造包括返乡创业人员、毕业返乡大学生、教师等在内的乡村自治体系，激活乡村活力。从横向来看，主要是通过三治融合实现权力耦合。一是通过党的领导与自治结合，提升村民自治意识，促进村民自治能力。主要是通过观念培育、政策宣

---

① 蔡文成.基层党组织与乡村治理现代化：基于乡村振兴战略的分析[J].理论与改革，2018（03）：62—71.

讲、知识普及、氛围营造等多种方式，对村民进行积极引导。同时，扩大自治的民主范围，推进全过程人民民主在基层的贯彻与落实。二是通过党的领导与法治结合，倡导基层法治社会构建。主要通过宣传、活动、移风易俗等方式推进法治观念深入人心。三是通过党的领导与德治相结合，以好人好事宣传、家风传扬、星级文明化评比等方式，重塑转型背景下乡村社会的新文明。

二、国家的治理逻辑：公共服务、行政资源与数字技术

在乡村治理中，国家治理逻辑主要体现为城乡公共服务均等化、行政资源下沉以及数字乡村建设。

（一）城乡公共服务均等化

激活乡村社会活力的两大因素是稳定的就业与保障公共服务。受国家总体战略以及国家财政等因素影响，城乡公共服务差异历来是被关注的重点。随着国家现代化进程的不断推进，以及当前"三农"问题的严峻，国家通过系列政策推进城乡公共服务均等化，以此加强乡村公共服务投入与保障。

从总体情况来看，2017年，党的十九大报告首次提出"乡村振兴"战略，并在其中首次提出"城乡融合发展"概念，以及实现城乡融合发展的总要求，即"产业兴旺、生态宜居、乡风文明、治理有效、生活富裕"。2022年，党的二十大报告提出，"统筹乡村基础设施和公共服务布局，建设宜居宜业和美乡村"。2022年，中办国办印发《乡村建设行动实施方案》提出，"强化县城综合服务功能，推动服务重心下移、资源下沉，采取固定设施、流动服务等方式，提高农村居民享受公共服务的可及性、便利性"。

从公共服务的不同方面来看，在医疗养老方面：2014年，国务院发布《关于建立统一的城乡居民基本养老保险制度的意见》，将新型农

村社会养老保险和城镇居民社会养老保险两项制度合并实施,以建立城乡统一的城乡基本养老保险。2016年,国务院发布《关于整合城乡居民基本医疗保险制度的意见》,将现有的城镇居民基本医疗保险与新型农村合作医疗合并为城乡居民基本医疗保险。据统计,截至2016年9月底,全国三分之二的省份对其已经实现了总体规划或全面整合。[①]

在教育方面：2015年,国务院发布了《关于进一步完善城乡义务教育经费保障机制的通知》,提出建立城乡统一的义务教育经费保障机制。2016年,国务院发布《关于统筹推进县域内城乡义务教育一体化改革发展的若干意见》,提出构建以县为单位的乡村教育建设、统筹城乡师资、保障乡村教师待遇等机制。

在人口流动方面：2014年,国务院发布《关于进一步推进户籍制度改革的意见》,构建城乡统一的户口登记制度,建立与之相匹配的教育、卫生、就业、住房、土地等统计制度,探索建立居住证制度等。

（二）行政资源下沉

自从2006年取消农业税以来,政府由"汲取型"变为"服务型"。尤其是党的十八大以来,在乡村公共服务不断完善的背景下,为了进一步提升乡村治理活力,提升农民主体性,国家不断推进行政资源下乡,以实现行政与自治的有机衔接。

2021年,中共中央、国务院联合发布《中共中央 国务院关于加强基层治理体系和治理能力现代化建设的意见》,提出乡镇要围绕全面推进乡村振兴等任务,加强乡村卫生健康人才队伍建设。

2022年,民政部等16部门联合发布《关于健全完善村级综合服务功能的意见》,重点强调健全完善村级综合服务功能,推动各类服务资

---

① 林万龙. 从城乡分割到城乡一体：中国农村基本公共服务政策变迁40年[J]. 中国农业大学学报（社会科学版）,2018,35(06)：24-33.

源下沉到村，明确提出"要坚持将党的领导贯穿于村级综合服务全过程和各方面，突出政府基本公共服务保障主体作用，发挥市场机制作用，调动社会力量广泛参与，推动各类服务资源向农村下沉，向欠发达地区、边远地区倾斜"。

2023年，中央一号文件《中共中央 国务院关于做好2023年全面推进乡村振兴重点工作的意见》提出要强化农村基层党组织政治功能和组织功能，"派强用好驻村第一书记和工作队，强化派出单位联村帮扶""推动基层纪检监察组织和村务监督委员会有效衔接"等，这都表明国家在乡村治理方面的行政资源下沉。

2023年，国家乡村振兴局印发的《农民参与乡村建设指南（试行）》强调，"完善农村基层党组织引领带动机制""推动乡镇干部常态化下沉网格、村干部包网入户"等。

（三）数字乡村建设

国家在推进乡村治理过程中，借助数字信息技术，实现智慧乡村建设，以此推进乡村振兴与数字中国战略。数字乡村建设，一方面是农民运用现代信息技术能力提升自我的农业农村现代化水平，另一方面也是国家依托数字技术进行外部赋能的数字治理。

2018年，中共中央、国务院联合发布《中共中央、国务院关于实施乡村振兴战略的意见》明确提出，实施数字乡村战略，做好顶层规划，开发适应"三农"的信息技术、产品以及服务等，推动远程教育、医疗等应用建设，消弭城乡鸿沟。

2019年，中共中央办公厅、国务院办公厅印发《数字乡村发展战略纲要》，提出如下战略目标：到2020年，数字乡村建设取得初步进展，如4G网络覆盖率达98%；到2025年，取得重要进展，如深化4G普及、5G的创新应用；到2035年，取得长足进展，如城乡数字鸿沟大幅缩小，农民数字素养显著提升等。

2022年，中央网信办等5部门印发《2022年数字乡村发展工作要点》，部署了10个方面30项重点任务，包括粮食安全数字化屏障、网络帮扶成效提升、加快数字基础设施短板、智慧农业建设、乡村数字经济新业态等。

2023年，农业农村部信息中心牵头编制并发布了《中国数字乡村发展报告（2022年）》，全面总结了数字乡村建设的进展与成效。据统计，2021年全国数字乡村发展水平达39.1%。但是，我们也发现，数字技术在促进乡村建设同时，也带来的新的问题，如城乡数字鸿沟、线上交流代替线下互动交流而导致情感联系弱等诸多问题。

三、农民的生活逻辑："关起门生活"与"激进参与"

在乡村治理的三重逻辑中，受到党政一体的现实影响，党的领导逻辑和国家的治理逻辑是统一的，党的领导通过国家治理来实现。而作为乡村治理的农民主体，一般情况下是不参与或较少乡村治理的，表现为"关起门生活"只考虑家庭整体利益；但是当自身利益受到"侵害"时，则表现出积极参与的态度，这构成了农民复杂的生存逻辑。正如我们讨论数字生存概念时的结论，这体现着"生存是发展的前提、发展的根本目的是生存"辩证统一的思想，也就是强调生存基础上的发展与发展为了更好地生存。

（一）"关起门生活"

如前所述，我们发现，农民在做出策略行为选择时，占据其思想的主要逻辑还是社会理性，表现出考量家庭整体利益的"家庭本位"特征。在这种家庭本位的影响下，家庭成员关注的是如何通过不同的分工、居住模式等，综合提高家庭整体利益，而较少或不去关心村集体的相关情况。

在我们调研的东北村庄，近年来形成了这样一种不良风气：村里办酒席的理由越来越多而且千奇百怪，除了传统的婚丧嫁娶之外，"升学宴""谢师宴""买房宴""装修宴""子女买房宴"等，比比皆是，让村民苦不堪言。如果不去，会让人觉得"不近人情"，但是如果都去，对家庭而言也是一种经济负担。在这种情况下，村民对村庄的感情不仅没有增进，反而越发反感。

"如果不是因为没能耐，没办法搬走，谁愿意住在这里啊。村里就这么大，大家基本认识，谁家有点事，就得去随礼。现在只要家里有点事儿，就要办酒席，有时同一件事情，自己家和亲家都要办一次。而且随礼钱也越来越多，100元都不好意思。这样下去，每年都得小一万块钱，这谁受得了啊。"【访谈对象：LN-HC-GW-ZJ007】

家庭本位的观念，再加上村里的不良风气等，影响了部分村民对生活的村庄的感情。而对于传统村庄而言，其核心特征之一就是因地缘而形成的这种情感共同体。但是面对这种情况，情感共同体能维持多久，真的很难说清楚。

尤其是数字技术的发展，使得村民的交往对象突破了空间的限制，这在一定程度上也减少了村庄中人与人之间的交流与合作的机会，原本的邻里互助等乡村特征也在逐渐消失。种种原因与现象加剧了农民的这种家庭本位思考惯性，也就使得他们在村庄中的生活大多时候是"关起门生活"的，而较少参与到乡村建设中去。

（二）"激进参与"

在一般情况下，家庭成员并不"关心"村庄集体事项，而只关注家庭内成员的收益情况。但是随着工业化、城镇化、现代化与数字化"叠加"转型进程的不断推进，人的价值观日益多元，彼此之间却容易产生不和，进而引发乡村内部的矛盾。

从矛盾的来源看，一类是农民之间的日常矛盾，因为农民在日常生活中，邻里关系、情感纠纷、经济纠纷、土地权属、宅基地纠纷等都可能导致村民之间的矛盾；另一类则是政府在"进入"乡村过程中，影响了农民及其家庭利益，所形成的政府与农民之间的矛盾。从目前情况来看，无论属于哪类矛盾，当前村民主要采取以下两种方式来表达自己的"态度"。

一是通过线上的方式。随着信息技术的普及与应用，政府建立各种与农民沟通的路径，如公众号、网站留言板、12345服务热线电话等。当农民遇到矛盾与冲突时，会首先选择线上途径进行反映，如在朋友圈发布消息，在自媒体平台发布信息，在政府网站留言等。近年来，这种线上反映形式也越发受到农民的"喜欢"，其原因可能在于成本低、扩散范围广与速度快，农民认为通过这种方式可以更好地达成自己的诉求。

二是通过线下线上结合的方式。部分村民在遇到矛盾时，仍然会选择上访等方式进行反映。但是，往往也会同时采取线上的措施，如录制视频、拍摄照片并将之发布到网络平台，以此获得更多的关注，达到其希望的目的。

第四节 网络有机体类型

农民在技术执行过程中，表现出只考量家庭整体利益而不关心乡村集体的"家庭本位"理性。从新中国成立至今的农民行为分析中，仍然看到以家庭本位为特征的社会理性在农民理性中所占据的主导地位。家庭本位特征，一方面使得农民为了实现家庭整体利益而辛苦工作、任劳任怨，促进了乡村社会的团结与稳定；另一方面，因为农民只关心家庭成员收益情况，不再关心集体，加之当前乡村社会不再具备促进农民集体行动的基础条件，农民难以在乡村治理中发挥主体性作用。

因此，实现乡村治理，需要瞄准"家庭本位"这一根本特征，以此出发，探索有效衔接国家战略与农民家庭的枢纽。网络有机体的提出，为实现两者的有效衔接提供了有益探索。同时，考虑到数字技术拓展了乡村治理空间，使之表现出线上线下融合的趋势。因此，我们找到划分网络有机体的两条主线：家庭内外与线上线下。其中，家庭内外，是指家庭成员内部还是家庭成员外部，包括家庭内部、家庭之间、家与村集体之间、家与国家之间、家与党组织之间等。线上，是指互联网所创造的虚拟空间；线下，是指现实的物理空间。以此两条主线为坐标，构建如图10-1所示的乡村治理"网络有机体"，即为网络有机体的四种表现类型。

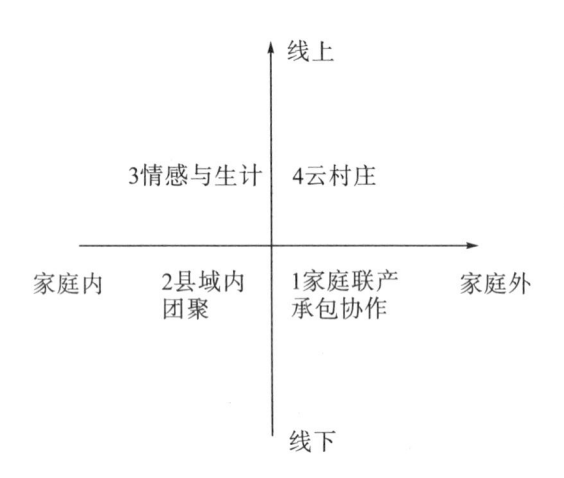

图 10-1 网络有机体四分图

一、家庭联产承包协作团结体

面对越来越陌生的"人"、多元的价值、线上线下不断扩大的"群体"，作为流动的、分散的、重视家庭本位的农民，如何形成网络有机体其实是一个非常具有挑战的问题。因为，从理论上看，尚没有哪些理论给出清晰的解释。从实践上看，新中国成立之初的人民公社制度在形式上实现了组织生产与乡村管理的"集中性"，但更多的是一种"机械"

集中；自家庭联产承包责任制实施以来，村社集体无论在规则约束、资源配置等方面，都失去了"权力"，相比于村社集体，农民及其家庭掌握越来越多的资源与权力；加之市场经济体制、城镇化进程以及数字技术的普及，促进农民形成集体行动的乡村社会基础逐渐瓦解，这形成了当代中国在世界百年未有之大变局下所面临的时代难题：如何发挥农民的主体性？如何实现农民的再组织化与有力动员？如何实现国家战略与农民家庭的衔接？如何在乡村治理中实现中国共产党全面领导下的多元主体协同？要解答一系列问题，需要从农民最为关切的内容出发，即土地。这是因为，对于农民来讲，土地是他们的"根"，只要有土地和种子，勤劳善良的中国农民就会产生丰富的"硕果"。关注土地，我们首先会想的是，当前乡村社会中，农民与土地存在哪些关系？

随着工业化、城镇化、现代化与数字化"叠加"转型进程的不断加快，乡村人口流动性增加，导致土地与农民之间的关系多样且复杂：自由承包土地且耕种、在本村租赁耕种以及跨村租赁耕种等多种类型。面对诸多的土地关系类型，我们应该从何出发呢？从新中国历史来看，家庭联产承包责任制成为释放农民活力、提升生产效率、推动社会发展的巨大动力，以家庭为单位的制度变革可能会让农村再次焕发新的生命力。从理论中的农民理性来看，中国农民的社会理性强调家庭本位意识，也向我们表明家庭可能成为有益探索的突破口。因此，我们试图以农民家庭为单位，强调土地集体所有制度不变，基于家庭联产承包责任制，从社会、经济与政治维度探讨有效的协作方式，构建"家庭联产承包协作团结体"。实际上，这是对中共中央、国务院在2019年联合发布的《中共中央　国务院关于保持土地承包关系稳定并长久不变的意见》的理论阐释。

（一）构建家庭联产承包协作经济团结体

不论是从农民自身理性出发，还是从当前中国特色社会主义市场经济体制出发，当前有效团结中国农民的最基础、最根本的纽带是经济。因此，必须首先构建乡村社会中家庭间的经济利益连接枢纽。家庭联产承包协作经济团结体，主要是指在市场规则下，乡村家庭之间因存在共同利益而形成的共同行为。

对于留村农民，要实现留村农民家庭间的农业生产互助合作，如种子购买、集体播种、水渠修建、土地灌溉、农药播撒、集体收割、集中销售等。对于人离开农村但还留有土地的农民，探索土地租赁、集体规模化种植等多种模式。但是需要注意的是，这应该从全国角度进行统筹，确保这种协作经济团结体与小农户之间的适当比例。也就是说，规模化、集体化、协作化经营要适度，而不能完全取代小农户等传统方式。因为，从系统功能来看，小农户等乡村子系统是应对国家整体系统突发危机的关键组成，正是不同子系统之间的差异才构成了整体系统的有序。

在实践中，以家庭为单位的协作方式探索，已形成了具有推广意义的经济团结体模式。湖南省怀化市溆浦县洑水湾村探索建立了"全产业链托管"模式，由村集体管理原本分散在农民家庭的生产资料，并对村内各家庭的柑橘林进行统一集约化管理，实现了"降本增效提质"的目标。据统计，原本由家庭分散管理的柑橘单位成本为0.7元/斤，经由集体管理后，成本降为0.3元/斤，精品果量提高40%，每斤高出市场价2元左右，[1] 不仅为集体增收，而且农民家庭也实现增收。更具有吸引力的地方在于，农民家庭中的年轻人仍然可以继续在外工作。这样，既充分满足了农民对家庭成员整体利益的考量，又实现了集体经济收入

---

[1] 溆浦经典. 新型集体经济的八种模式 走出特色发展之路 [EB/OL]. [2022-07-31]. https://mp. weixin. qq. com/s? _ _ biz = MjM5MTExODM1NQ = = &mid = 2654423119&idx = 2&sn = 88a8ae493bf1cc0f64faa4f03fab59ec&chksm = bd798d338a0e0425735feb5c4f0e0ea7a955d3ecfaa205600390738d2ba287b25e4fc2095513&scene = 27

的提升，增加了村集体的话语权，有利于组织动员村中的留守村民。

（二）构建家庭联产承包协作社会团结体

按照德国社会学家滕尼斯的观点，社会共同体是基于血缘、情感、精神而形成的，[①] 是乡村社会自然演化而成的。社会团结体类似于传统乡村基于血缘、地缘而形成的社会共同体。在我们研究的乡村社会中，传统的情感共同体部分存在，尤其是对于那些老人而言，他们喜欢聚在一起唠家常等。但是由于他们年纪普遍较大，所以日常交流也在不断减少，这种情感共同体呈现式微的趋势。对于乡村的妇女或儿童而言，因为往返于城乡之间，和乡村中其他人的日常交互活动相对较少。此时，可以探索构建基于兴趣、爱好或需求的乡村社会团结体。比如，对于乡村妇女而言，受家庭分工影响，她们以操持家务为主，自然对日常用品等需求量较大。加之乡村家庭主妇一般比较节俭，对于"物美价廉"的产品关注度高。此时，当地村委会或者村干部可以组织村内妇女形成"电商小组"，以"团购"等方式用更低的价钱在网上购买日常生活用品，以此加强彼此之间的情感联系。

（三）构建家庭联产承包协作政治团结体

按照法国启蒙运动代表人物卢梭的观点，政治团结体是将国家和人民联系起来，[②] 即基于政治体制与政策法规而形成的联系，表现为相近的话语体系等。这种国家与农民的联系，不应该是口号宣传式的，而应该是内化于乡村经济发展、公共服务提升过程的。例如湖南省永州市的祁阳县，以清单管理制度方式加强对村域公共事务管理，将需要村级组织落实的内容简化为组织建设、脱贫攻坚、经济发展、乡风文明、乡村

[①] 斐迪南·滕尼斯. 共同体与社会 [M]. 林荣远, 译. 北京：商务印书馆, 1999.
[②] 让-雅克·卢梭. 社会契约论 [M]. 吴迎娅, 编译. 北京：民主与建设出版社, 2016.

综治、安全生产、民主管理、征拆安置、美丽乡村建设九类工作,^① 这一方面明确了村域公共事务治理范围,另一方面通过乡政—村治的有效互动,强化了政府与农民之间的联系。

二、县域内团聚团结体

农民出于"家庭本位"考量,所追求的是家庭成员整体利益。在这种社会理性指导下,当前农村家庭形成了一种新型的家庭居住模式,即县域内团聚。其中,家庭中的年轻夫妇在县城生活,因为县城有更多的工作就业机会,同时他们的子女也在县城读书,享受县城的教育等公共服务,而家庭中的父辈则选择继续在农村从事生产生活。一方面,是这些老年人习惯了农村生活方式,他们"不舍得"离开生活了一辈子的乡村。另一方面,老年人在农村从事力所能及的生产活动,还可以为"大家庭"节省开支。尤其是在遇到突发状况时,农村还可以成为一家人重要的避风港。从这个角度来看,即使是在县城定居的人,只要他们在农村老家有土地、有房,他们心中真正的"家",更可能是那个农村的"家"。当然,这种对"家"的界定,正在随着老一辈人的逝去而逐渐淡出人们的"视野"。

这种县域内团聚表现出一种流动性,即家庭中的年轻人平时在县城工作,逢周末、节假日就会返回农村家中,与父母家人团聚。这一模式既能有效缓解农村养老问题,又能促进家庭成员之间的交流,但需要具备一个前提条件,即县城能够为居民提供稳定的就业岗位,以及社会保障与公共服务等。我们在东北农村调研中遇到的LB一家人的居住模式,在这方面具有一定的代表性。

LB,女,20世纪70年代生人,她和爱人在县城服装生产厂工作,

---

① 刘俊生,陈璟. "村为中心"的乡村治理共同体:祁阳实践[J]. 行政论坛,2021,28 (03):76-86.

周一到周五住在县城。但是小孩和家里老人在农村生活，小孩也在老家农村读书。当我们问起为什么不把小孩和老人接到县城一起生活时，LB是这样回答的：

哎呀，我们肯定也想一家人在一起，可是在城里生活太贵了，哪哪儿都要钱，每个月的水电费都是不小的花销，再加上冬天还得交取暖费，就更贵了。小孩来这里上学，我们也没时间管理。而且，这几年市场也不好，我们俩都不知道能在这边干多长时间，如果哪天这边赚得少了，我们也打算回去了。【访谈对象：LN-HC-GW-ZJ008】

县域内团聚，是家庭内部成员间交流的一种复合形式。但是，从我们调查的农村来看，大部分农村是无法留住年轻人的。即使有一些年轻人，也是暂时性居住。能留住年轻人的，至少应该是在县及以上的城市，而且还应该是能够提供稳定就业、提供良好社会保障与公共服务的县。可见，虽然乡村治理的对象是乡村，但是绝不能就乡村问题谈乡村问题，而应该把村、乡、县联结起来做系统思考，以推动县域内团聚团结体发展。

三、情感与生计网络有机体

情感与生计网络有机体，是指家庭成员内部之间通过互联网虚拟空间所进行的情感交流与家庭生计模式。

（一）情感网络有机体

情感网络有机体主要是指在乡村人口外流情况下，农民出于"家庭本位"考虑，家庭中的年轻男性，有时是夫妇，到城镇去从事非农相关工作，以获取更多的收益，来促进家庭成长。而家庭中的老年人则带着孩子在乡村生活，因为这样可以节约整体家庭生活的成本。尤其是在遇到突发紧急事件或危机时，在城市工作的年轻人可以回到农村老家继续生活。

在数字技术尚未普及与应用时期，受通信设备等限制，城乡家人之间虽然可以沟通，但是频率较低，而且仅限于电话、书信等单一沟通方式。长时间这种沟通与交流，彼此之间的情感逐渐淡化，家庭之间的连接可能会出现一些问题。数字技术普及应用之后，尤其是智能手机与移动互联网络的发展，分隔城乡的家人可以通过手机软件等进行语音和视频交流，有事没事、随时随地都可以把自己的情况和家人沟通，沟通的频率大幅提高。"看得到"的沟通让彼此之间"觉得"没有那么远了，这种虚拟空间所增强的情感联系部分缓解了家人之间的交互困境。但是，需要注意的是，这种虚拟空间所实现的情感联系仍然无法代替面对面的交流与沟通。也许未来的 VR 虚拟现实等技术会部分改善这种情况，但是否会替代面对面的相处以及产生的情感呢？至少目前尚无法实现，但随着技术的不断发展，未来呢？还未可知。

（二）生计网络有机体

生计网络有机体主要是指在家庭本位的逻辑下，农民为了实现家庭成员整体利益提升，采取家庭成员的差异化分工。这种差异化分工表现为两种形式。

一是线下亲代辅助线上子代。数字技术的普及与发展，为农村产业发展提供了新动能与新的机会，部分青年人选择返乡创业，在家从事电子商务、直播带货等线上工作。在这种情况下，这些年轻人由于工作繁忙，仍然无法照顾家庭与孩子。此时，家庭老人继续承担起照顾家庭与孩子的职责，而且在力所能及的情况下从事农业、非农业劳作，以支持家庭发展。传统的分工中，年轻人远在他乡，父母独自，或者带着孙辈在老家。在数字技术应用下，老人以线下的方式辅助"在家"的青年人，形成这种新型的线下亲代辅助线上子代的新模式。

二是依托互联网催生的新型分工。"每个时代对既往积累资产的运用，通常仅限于与之适应的部分"①，在工业时代里，那些受教育程度低或失去劳动能力的人基本属于"僵化"资产，因为他们是没有太多机会进入劳动市场的。但是在互联网时代，具备这些特征的人，通过网络直播、在线销售等互联网的帮助下，在互联网时代焕发新的"价值"，进而成为互联网时代的受益者。例如，原本只能在家照顾家庭、小孩的老年人，通过互联网可能成为知名的老年主播，进而成为家庭的主要收益来源，而此时的子女则成为老年主播的技术顾问、摄影师、化妆师等。

四、云村庄团结体

云村庄，主要是指大数据、物联网、人工智能等新兴信息技术与乡村政治、经济、文化等各领域全面融合，使得物理空间的乡村得以在虚拟空间呈现，以此进行线上线下协同的乡村治理。同时，在乡村建立教育、医疗等公共服务智慧平台，以此实现智慧化治理。具体来看，表现为如下两种类型。

（一）村庄内留守人员的线上空间

村庄内留守人员主要是老人、妇女与儿童。在传统乡村治理中，这些留守人员不仅公共参与意识淡薄，而且基本不具备参与的能力与时间，进而导致留守村庄的人与人的交流也逐渐减少。在这种情况下，部分村两委通过建立微信群等方式，把村内的人员在线上空间进行聚集，同时在线上还可以方便开展如村务公开、政策宣传等活动。甚至日常的"问好"与"家长里短"，都可以促进留守人员之间的交流，引导他们逐步参与到村集体的相关活动与事务中去。

---

① 邱泽奇，张树沁，刘世定等. 从数字鸿沟到红利差异——互联网资本的视角［J］. 中国社会科学，2016，250（10）：93－115＋203－204.

(二)离土离乡人员的线上空间

除了构建村内留守人员的线上空间,部分地区还建立离乡人群的微信群,为提升乡村治理水平提供更为广泛的资源。离乡人群主要包括:在外读书的大学生、在外工作的人员、退休在其他地方养老的村民等。通过这些微信群的建立,可以促进如下活动的开展:一是向在外的群体实时发送乡村相关政策与发展变化,一方面让家乡人更了解家乡的情况,另一方面还可能实现需求对接;二是向在外工作群体进行家乡发展情况宣传,吸引更多的年轻人回到家乡进行创业。

第五节 本章小结

历史实践表明,中国共产党、国家、乡村与农民家庭的"团结"更可能促进农民集体行动。因为党、国家可以承担在综合考虑政治、经济、社会等诸多因素下农民集体行动所需的成本,如公共服务等,同时以情感、利益等实现农民的联结,以此解决"K群"和"满足最穷村民的生存需要的再分配行动"问题。团结的核心在于对团结程度的把控:既要给予农民一定的"灵活空间",让他们可以充分考虑家庭整体利益,又要让他们统一于党的意志与国家战略。

从我国乡村治理模式演变历程来看,我国乡村治理经历了政社合一的人民公社制度、政社分开的乡政村治制度、乡村社会管理、党建引领乡村治理阶段。在演进过程中,党建引领是贯彻不同阶段的重要主线。当前,村支书一肩挑、"农村党群服务中心"整合等,在形式上构造了"网络有机体";乡村场域吸纳了党、国家、农民、企业、社会组织、新型经营组织等多元治理主体,构成了内容上的"网络有机体";数字技术普及应用构成了虚拟和现实相结合的"网络有机体"。

"网络有机体"借用了涂尔干的"社会团结"理论,意指乡村社会中党组织、国家与乡村的联结,网络有机体内部同时存在"机械团结"与"有机团结"。"网络",既指乡村治理中多元主体之间构成的现实网络,也指数字技术应用所催生的虚拟空间网络。

在实践中,"党的领导逻辑""国家的治理逻辑"和"农民的生存逻辑"促进了网络有机体的生成:"党的领导逻辑"体现为价值引领、利益共塑与权力耦合;"国家的治理逻辑"主要体现为城乡公共服务均等化、行政资源下沉以及数字乡村建设;"农民的生存逻辑"则主要表现为"关起门生活"与"激进参与"。

以农民家庭内外与线上线下为横纵坐标,构建网络有机体四种类型,分别是情感与生计网络有机体、县域内团聚团结体、家庭联产承包协作团结体与云村庄团结体。

特别应注意的是,需从全国进行系统规划,确保协作经济团结体与小农户之间的适当比例。规模化、集体化、协作化经营要适度,不能完全取代小农户等传统方式。从系统功能来看,小农户等乡村子系统是应对国家整体系统突发危机的关键组成,正是不同子系统之间的差异才构成了整体系统的有序。

第十一章　数字时代党建引领乡村有效治理的路径选择

乡村治理所呈现的诸多困境，不仅仅是对乡村问题的描述与分析，更是我国工业化、城镇化、现代化和数字化"叠加"转型进程中城乡关系的缩影。转型中国背景下，农民的理性选择及其行为发生了变化，乡村结构也随着发生了改变，一种"印象中的乡土中国"已经显现，乡村表现出"空心化""老龄化""动态化""分散化""家庭本位"等特征。这些都表明，当代中国乡村社会不大可能自发形成农民的集体行动。因此，仅依靠农民已难以实现乡村的有效治理，必须将乡村治理置于中国共产党的领导下，置于党的领导、国家治理与农民日常生活的融合过程中。因此，本章基于本书提出的"网络有机体"概念，探讨以农民主体性实现国家与农村社会衔接的有效路径。

第一节 健全制度体系，为数字时代党建引领乡村有效治理奠定制度基础

一、探索党建引领的国家与农村社会有效衔接的制度体系

我们在对数字时代乡村治理实践的理论解释中，强调了在党的领导下的国家与农村社会的有效衔接，进而抓住了党组织这个关键的枢纽。但是在乡村治理具体实践中，由于乡镇政府与村两委之间的微妙关系，尤其是在乡村实行"一肩挑"后，乡村已然成为权力的复合体：既有村支部的政治领导权力，也有村委会自治权力。这一方面强化了党组织对乡村社会的嵌入作用，但另一方面也可能存在挤压村民自治空间的情况，影响的关键在于乡镇党委和政府的角色定位与实际工作开展。因此，在探索党建引领下的国家与农村社会有效衔接的制度体系时，尤其要关注基层政府（主要是乡镇政府），既要发挥他们的基层作用，又要规避他们的"特殊行为"，在党的领导、国家战略、农民家庭本位的关系中全盘考虑，实现党建引领下的国家与农村社会的有效衔接。

从村民自治来看，要建立数字时代的家户制度，以此重构村庄自治基础，发挥好农民的主体性。尤其是要尊重农民的首创精神与自主权，确保农民土地承包权、生产经营权与财产处置权等权利得到充分保障。

从国家角度来看，要充分考虑行政资源下乡的边界、力度、方式等，要提前考虑并规避科层形式主义在乡村治理中出现。政府的主要职能应该界定为规划引导、典型示范与提供服务等。在保护农民的基础上，充分给予他们宽松的政策条件与自主空间。因为从历史上来看，只有给予农民相对灵活、宽松的政策空间，才能有效释放农民主体的积极

性与主动性。

二、探索鼓励乡村治理创新实践的制度体系

在数字时代的中国，强调乡村治理创新实践的重要性与紧迫性在于：一是大数据、物联网、人工智能等新型信息技术的快速发展与普及运用，为乡村治理提供了新的工具、手段与路径。但是乡村治理制度具有路径依赖与滞后性，这就和数据技术优势性产生冲突，也就是乡村社会固有的封闭性、排外性、保守性等，与数字技术的开放性、多种性是矛盾的，在一定程度制约了数字技术的发展。二是在乡村治理实践中，各地的政治经济等条件存在差异，现有制度政策是基于全国情况而制定的，这就导致现有的一般性制度与地方的特殊性实践之间的矛盾，各地乡村治理实践难以冲破现有制度的约束。正如1978年小岗村18位农民在茅草屋内签下的那张契约一样，创新实践所受到的制度制约，有时可能会让人付出沉重的代价。三是制度本身的滞后性与实践的及时性之间的矛盾，给实践创新带来的天然的约束力。

面对制度约束与创新实践的这种矛盾，政府要不断地将工作决策做到"田间地头"，按照在全党大兴调查研究的要求，真正到田野去调查，到田野去做真正的调查，为制度制定、执行与反馈完善提供来自现实的材料，减少实践经验与政策制度之间的"时间差"。当然，在政策允许的范围内，基层政府或乡村居民也可以不断创新实践模式，通过"向上级做特例申请—形成地方标准—上报政府形成统一规范"等路径进行创新，既在现有制度框架内进行探索，又确保乡村治理的法律性与可行性。

三、探索建立家庭间利益联结机制

2022年9月，国家乡村振兴局和农业农村部联合印发《关于鼓励引导脱贫地区高质量发展庭院经济的指导意见》，明确提出："建立健全

'村党组织＋新型经营主体＋村集体经济组织＋农户'利益联结机制""鼓励各类经营主体通过领办、订单生产、流转入股等多种方式，与庭院经济经营户建立紧密合作关系"等。实际上，文件中所提出的多主体与庭院经济经营户的利益联结机制，就是我们探索构建的"家庭间利益联结机制"。

尤其是在农村土地所有权、承包权与经营权分离之后，"离土又离乡"、租户进村等多元主体在乡村出现。原本同质性的农民群体分化为土地承包户，自由承包土地且耕种、在本村租赁耕种以及跨村租赁耕种的多种类型经营户，随即也就形成"农户＋"各类多元主体的经营类型，"农户"成为农业产业集群的基本单位。这里的"农户"是指拥有农村集体土地承包权或经营权的家庭，强调居住在同一物理空间的多名家庭成员组成的集群，成员之间存在抚育、赡养等权利义务关系。

据此，家庭联产承包协作主要是指多个家庭之间基于血缘、地缘、业缘、互动行为、合约等因素实现相互协作的过程。"合约"是实现家庭间利益联结机制的重要方式。"合约"既包括国家的正式制度，如"三提五统"、农户与多元主体之间的制度规范等；也包括非正式的规则规范，如土地流转合约、农产品合约等。"合约"的具体形态则表现为：邻里互助联产、土地制度联产、经济联产、公共服务联产等。

综上可见：首先，家庭间利益联结机制是在数字化时代背景下，实现跨区域、跨空间、跨产业的家庭合作的有效路径，是以合约为核心的新选择，是推进中国式农村现代化的有效路径。其次，在具体探索家庭间利益联结机制的过程中，要从国家战略高度去思考农村家庭发展，并以生育政策为机会，强化家庭的重要地位与作用。再次，需要确保每一个农村家庭都有机会参与"合约"的签订，都有机会与多元主体进行协作。最后，家庭间利益联结机制还有助于促进农村养老问题的解决，进一步强化家庭内部互助与家庭间互助。

四、探索乡村组织建设的新型养老制度体系

我国农村养老并不是单纯的农村问题,也不是单纯由于农村的因素造成的,而是在城乡系统的运行中产生的。因此,解决农村养老问题,需要从城乡资源融合视角分析。但归根结底,我国农村养老问题的关键还是要从乡村出发,从农民主体性出发,在此基础上,再引入外部资源,则会有效解决这一问题。因此,可以从乡村内部组织建设视角探索农村新型养老制度。

转型中国的乡村实践极其复杂,难以实现全国性的标准与模式。但如果按照"一村一模式"的方式来解决,不仅成本过高,而且也难以进行推广。因此,我们以相对模糊的方式对我国乡村进行分类:一类是具有一定组织基础与经济基础的地区,另一类是组织基础与经济基础较为薄弱的地区。

对于具有一定组织基础与经济基础的地区,可以探索构建村庄内部资源整合型的养老体系。在这类地区,经济发展较好,本地居民具有稳定的收入,其收入水平即使不高也能够满足基本生活;同时具备一定的组织基础,家庭结构相对完整,村庄中的家庭之间的联系仍然比较紧密。在这种情况下,就可以依托于家庭间的村民自治组织、村两委以及集体经济,整合村内的各项资源,以村庄为单位,开展家庭互助式、居民参与式、乡镇主导式等养老模式。这种模式的优势在于:一是符合我国传统乡村的邻里关系与互助传统。虽然受城镇化、工业化进程影响,我国乡村也在转型,但是其"人情、面子"等底层逻辑尚未根本转变,尤其对于留守农村的人口来讲,邻里互助依然还是自身行动的规则习惯。二是这种模式有助于激活农村内生动力。主要是通过对家庭、村两委、集体经济的动员方式与关系重塑,对既有农村组织进行组织重塑与修复,从而激活乡村组织的活力。

对组织基础与经济基础较为薄弱的地区，可以探索培育社会力量推进乡村养老。作为政府与市场的有益补充，将社会力量引入乡村社会，对于探索乡村养老模式具有重要意义。可以充分发挥各类基金会等社会组织，通过社会力量赋能乡村、政府协同、村民参与等形式，破解乡村中的留守老人、贫困老人等问题。但社会力量进入农村的可持续问题十分关键，解决这一问题的有效路径在于培育县域内的社会组织。当然，社会力量的引入也还是权宜之计，最终还是要动员乡村内生力量，才能真正有效解决农村社会养老问题困境。

第二节 推动农民参与，为数字时代党建引领乡村有效治理奠定群众基础

一、以农民互动塑造乡村利益共同体

共同体描述了人类群体的一种良好生活状态，即"和谐共处、利益共享与责任共担"。[1] 受到自然条件、交通环境与文化结构的影响，传统乡村社会关系表现出封闭的、熟人关系的特质。这种特质的乡村社会内部的村民交往是极其频繁的，村里每家每户都"知根知底"，也就因血缘、地缘形成了乡村关系共同体。在这一共同体中，有邻里互助、农业合作等多种互助合作形式。

随着互联网等信息技术的发展，农民的交往不再局限于乡村内部，跨越时空的技术拓展了社会关系范围，乡村关系共同体逐渐弱化。因此，需要以共同利益衔接乡村居民，积极构建乡村利益共同体。

---

[1] 刘祖云，张诚. 重构乡村共同体：乡村振兴的现实路径 [J]. 甘肃社会科学，2018，235（04）：42-48.

首先,要引导日常互动议题的互利性。传统农村的日常交流是随意的,以家长里短为主。随着互联网技术进入乡村,农民和城市人患上了相同的"手机病",从而减少了人与人之间的交流。面对这一情况,要充分发挥村两委的重要作用,以正式、非正式方式打造彼此交流的各类活动。但是要避免把这类活动打造为纯娱乐性活动,鼓励大家交流农业技术使用、农业生产经验、技术使用、发家致富经验等各方面内容,在重新激活村民之间互动基础上,以互利性话题促进彼此间的交往。

其次,要实现多元利益主体的有效衔接。如果从产业主体角度来看,主要包括大型农业企业、种植大户与小农户三类。数字技术的发展,使小农户的信息、知识与技能在不断地提升,有效提高农业生产效率与质量,他们可以利用其娴熟的技术、丰富的经验与新的知识,充分发挥分散式农业的优势,尤其是针对那些难以规模化生产的地区或产业。大型农业企业则利用其自身市场、技术等优势,通过与小农户签订单等形式提高农产品的产量。大型种植户则雇佣当地农民从事劳动,对于种植户来讲,这种用工成本相对较低;而对于当地农民来讲,能够实现不离开家人就可以就业的朴素幸福生活。可见,多元利益主体的有效衔接,有效促进了乡村利益共同体的形成。

最后,构建虚实结合的利益交往空间。互联网等信息技术的发展,推动了农民的生产效率的提升,也就使得农民有更为充分的时间去进行生产之外的工作。同时,信息技术也有效推进了农民由单纯的生产者向"生产+经营+管理"多重身份的行为主体的转变,加之信息技术打破了交往的时空限制,农民有更多的机会在虚拟世界与更多的"陌生人"进行交流。虚拟空间的陌生人间交往与现实乡村的熟人间交往的最大区别在于交往的基础,前者的基础是利益,后者的基础是关系(或者说是信任)。在以利益为衔接点的虚拟空间交往中,传统基于血缘、地缘为基础的共同体逐步融合了利益元素。当然,打造利益共同体并不意味着要完全取代关系共同体，而是要寻找两者之间的有机结合点。

二、加强塑造民众话语表达正当性

（一）构建村民话语表达平台与空间

发挥农民的主体地位是促进他们进行积极参与的重要内容，而提升农民话语权是提升农民主体地位的重要方法。因为话语权是农民表达自身诉求，确立其相关身份，并试图通过以此影响他人而实现自身目标的重要手段。在传统乡村社会中，受到信息不对称、权力单向流动等因素影响，农民话语表达的渠道有限，也就影响了他们的积极性，导致他们在村务治理中的表现不积极，也就带来村民公共参与度低的现实困境。数字时代的到来，以大数据、物联网、人工智能等新型信息技术的应用与推广，改变了权力流向，多元主体之间的信息差越来越小，为搭建村民有效表达自身诉求的话语平台提供了支撑与可能，提升村民话语正当性也就成为学界与业界积极探索的重要方向。

具体来看，可以通过如下方式促进搭建话语表达空间：一是寻找到农民家庭与村集体的利益衔接点，以此强化村民的集体意识，通过数字技术的应用，激发他们进行诉求表达的热情与积极性；二是调整县乡人大代表配置，更多向乡村倾斜；三是充分发挥好民主协商机制，以制度化方式规范民主协商；四是建立健全村务公开体制机制，进一步明确话语表达的范围与内容，提升话语权的正当性。

（二）做好民众诉求的有效回应与正确引领

在分析农民技术执行重构乡村权力结构章节，我们讨论了传统的政治信息是单向流动的，是从权力中心向外围层层扩散的。数字技术改变了这种单向流动，以一种双向流动的方式连接了权力中心与其他部分，也就使得当前政府与村民之间表现出"回应与互动"的关系。在这种关系中，由于农民可以通过各类社交媒体平台直接与各级政府"对话"，因此要求政府对农民的诉求给予迅速地回答与响应。在此背景下，"12345市民服务热线"、政府网站留言板等各种形式的平台应运而生，以实现对民众需求的有效回应。但是，这不一定等于诉求得以解决，也更不代表农民"满意"。当这种民众向政府表达诉求的、非正式渠道越发普及的时候，我们不仅要关注政府是否对这些诉求进行回应，更应该关注回应后的后续发展：是否真解决了问题？群众是否满意？

这随即引发另一个问题，即是否民众的诉求都是合适的？抑或是都是正当的？因此，还需要建立需求回应引领机制，主要包括：判断民众需求是否合适，如果适合，给予关注与解决；如果不适合，分析这一不当诉求的原因，对其进行引导。

三、促进公众参与覆盖公共政策全周期

实践中，对政策执行存在一种错误认识，即认为"政策一旦制定，就需要落实，这通常是政府机构的责任"[①]。这种观念下，政府"不敢"让农民参与到政策制定与执行环节，因为他们担心"出问题"。即使制度上规定了政府在政策制定过程中需要进行公示等流程，以加强公众参与。但是部分基层政府在实际操作中，往往是采取各种措施以减少公众的实际参与，如"静悄悄网上公示"，在符合公示时间后，"迅速且安静"地撤回。而对于农民来讲，他们觉得政府根本不会"听"自己的意见，所以也就没必要去参与了，参与了也是走形式。这就把政策制定与执行完全变成了政府的独角戏，农民也就从原本的参与者变成了旁观者，这必然会带来不同的心理状态：如果是政策的参与者，一般会对政策持包容的态度；如果是旁观者，则大多数情况下会持观望与批评的态

---

① 史蒂文·凯尔曼. 制定公共政策——美国政府的乐观前景 [M]. 北京：商务印书馆，1990.

度。一旦在项目运行过程中政策出现问题，因为公众没有参与，就会以批评的态度去评价这一问题，进而将政府置于被动的境地。而这种未参与的批评意见，更多的时候可能并不包含"改进"的意味。

在基层政府政策执行过程中，由于各方利益主体差异较大，很难在政策中达成一致共识，就导致总有"部分"群众对政策制定、执行问题"不满意"。在互联网技术飞速发展的情况下，多数人会选择通过网络进行"宣泄"，以表达自己的不满。这种事件一旦发酵，就有可能造成严重的网络舆论事件，既影响政策执行及其效果，又增加了社会负面影响。因此，需要在公共政策全周期合理设计公众参与机制，让农民充分参与到政策制定、执行与反馈的各个环节与流程，以增加农民对政策合法性的认同。这样即使政策在执行的过程中遇到了问题，此时的公众会以"参与者"的身份为寻求政策改进"献言献策"，而不会以"旁观者"的身份"冷雨相对"，甚至"恶语相向"。

当然，要实现这一过程，不仅仅是要一点点帮助农民进行改变，更为重要的是如何促进政府实现这种转变。"从群众中来到群众去"这一优良传统在政府内部得到了继承，从中央到地方一以贯之的"以人民为中心"理念就是这一传统的体现。但是，受到工作繁杂、考核压力等多方因素影响，当前部分地方政府在政策制定与执行时，把更多注意力配置到领导关注、晋升激励与上级考核，[①] 而在一定程度忽视了农民的需求、地方发展的实际。在这种注意力配置策略影响下，部分地方政府表现出以"求稳"为导向的工作习惯，导致在政策制定与执行中会尽量"减少"公民的实质参与，多以"达标式"参与为主，如在网站进行相关制度公示，公示期满尽快"下架"，降低公众对这一制度产生"质疑"的概率。实际上，这种把公众参与当成是"额外负担"的做法，虽然在

---

① 张永军，梁东黎. 晋升激励、官员注意力配置与公共品供给 [J]. 理论导刊，2010，313（12）：21—23.

短期内貌似减少了工作量，实际上从长远来看是为政策执行带来更大的"挑战"。

四、构建线上线下结合的乡村公共空间

按照福柯的观点，权力得以行使，需要一定的场所与基础，这种场所与基础称作"空间"。[1] 为推动农民参与乡村治理，需要建立起多元主体进行互动与博弈的公共对话空间，[2] 从而为农民参与乡村治理提供重要条件。传统社会中，受国家战略与经济发展影响，乡村中的农民基本处于边缘化、分散化的状态。以"高流动性"为特征的人口变迁使得乡村呈现"空心化"与"老龄化"双重特征，在这种影响下，甚至乡村本身也成了老龄化社会。这种人口总量少、结构老化的特征，必然导致乡村公共空间式微。而数字技术的普及与应用，为重塑乡村公共空间提供了支撑与保障，有助于农民参与集体决策等。

一方面，要利用好"存量"创建线下实体公共空间。相对于城市而言，农村具有更多的公共空间可以使用，如村委会、体育场、院坝、农家书屋等。这些存量空间既可以作为农民家长里短、分享沟通的场所，也可以作为相关政策宣讲、农民意见收集、村务信息公开等活动的区域。在过去的几十年，农村人口外流使得农村人口结构以老年人、妇女和儿童为主，加之农民原子化趋势愈演愈烈，作为集体的、公共的上述场所往往是被闲置的，有些地方则成为村民晾晒稻谷、衣物的地方。考虑到农村人口结构特征及其现有空间情况，可以充分利用好存量空间，由村两委带头组织农民定期开展茶话会、宣传培训、文艺汇演等各类活

---

[1] 米歇尔·福柯. 疯癫与文明：理性时代的疯癫史 [M]. 刘北成，杨远婴，译. 北京：生活·读书·新知三联书店，1999.

[2] 邬家峰. 技术赋权：乡村公共能量场与乡村治理转型 [J]. 华中农业大学学报（社会科学版），2021（06）：121-128+191-192.

动,以此方式做好国家政策宣讲、搜集民意民情以及村务公开等工作,让村民在公共空间了解到政策、获取到信息、参与到决策,从而增强村民对乡村治理的认同。

另一方面,搭建好"增量"创建线上虚拟公共空间,连接"离乡"群体融入乡村治理虚拟空间。农户家庭的劳动力不再有完全投入农业的"过密化"行为,这不是遵循"家庭整体利益"原则形成的社会化配置,而是形成了追求个体发展、实现个人梦想的"个体发展最大化"。这使得农村相对富裕、受教育程度较高或具有创新精神的个体,可以到任何可以实现自身梦想的"空间"去生存与发展。这种"个体发展最大化"并不代表农民已经失去了传统的家庭观念或乡愁,而是在数字化时代做出的无奈选择。当这些"有能力"的农民"离开"乡村后,他们会把家人带到城市去生活,但是他们始终存有非常深厚的"乡愁",这种"乡愁"一旦受到某种程度刺激,就会引起这些"游子"的内心波动,也就有可能让他们通过网络参与到乡村治理中来。数字时代,可以通过建立线上虚拟公共空间,把这些"离土又离乡"的人群连接起来,把这些具有"乡愁"情感的人纳入乡村治理中来,为乡村治理献言献策,构建"虚拟在场"的新型社会网络,从而团结乡村治理中一切可以团结和利用的力量。

第三节 强化治理有效,为数字时代党建引领乡村有效治理奠定治理基础

在工业化、城镇化、现代化与数字化"叠加"转型过程中,农民表现出"家庭本位"的理性特征。因此,在积极探索党、政府和乡村有效衔接的制度过程中,要重点发挥农民主体性以及促成农民集体行动。其

中，家庭间利益联结机制就是这方面的有益探索，即以农户家庭为单位，通过家庭间的协作实现有益于乡村振兴的集体行动。但这一制度实现的前期是要乡村的家庭中有"人"，而能留住"人"的，仅仅靠"乡愁"是不够的，更需要有完整的产业、发展的经济，为这些人提供稳定的就业岗位和良好的社会服务与保障，这正是治理有效的主要内容。

在分析关系维度的"家庭本位"章节，我们提出了在县域内"团聚"的新型家庭模式。要实现这一模式的基础在于县域内能够提供足够的且稳定的就业岗位，以及充分的社会保障，而这才能最终决定当地是否留得住"人"。可见，要实现乡村治理，县域内的人口数量与经济发展是两项重要因素。

根据壹城经济咨询中心发布的《中国县域高质量发展报告 2022》显示，截至 2021 年底，中国内地县域 GDP 占中国大陆人口和 GDP 的 52% 和 38.3%。[①] 从这一数据来看，中国县域无论是人口还是经济发展都良好表现。但是，我们进一步观察县域内部情况，就会发现县域间的不均衡现象严重：少数县域人口、经济当前处于增长态势，但多数县域面临较严重的问题。

人口方面，在中国现有县域中，常住人口超过 100 万的 92 个，50 万~100 万之间的 416 个。也就是说，只有 508 个县域人口超过 50 万，即占总县域的 27%，那么就约有 73% 的县域人口在 50 万以下。从变化趋势来看，只有少数县域人口显现出人口集聚优势，据报告统计，2010—2020 年间人口增速超过全国平均水平且人口净流入的县域仅 121 个，占总县域的 6%，那么就约有 94% 县域在 2010—2020 年期间的人口增速没有超过全国平均水平。即使是人口发展趋势较好的县域，人口也多集聚在县城：全国 7.4 亿县域人口中，33.8% 的人集中在县城或县

---

① 壹城经济咨询中心. 中国县域高质量发展报告 2022 [EB/OL]. [2022-03-13]. http://www.scrstv.com/newsDetails.html?id=4b75d789f62c44638cbb53859880aae2.

级市城区。[1]

可见，在人口流向县城或县级市区的县域中，如何在人口总量少的乡村发展经济，依旧是一个重要的而且难以解决的实践难题。可以从数字时代农民的家庭本位出发，在国家战略统一安排下，基于数字技术探索构建以家庭为核心的乡村经济发展的有效路径。

（一）探索家庭经营合作体系

关于家庭经营或小农户经营模式与现代化经营之间的关系，一直是学界与业界讨论的重点。2018年，中共中央办公厅、国务院颁布了《关于促进小农户和现代农业发展有机衔接的意见》，在实践领域肯定了乡村多元发展模式，提出了小农户的地位，这与黄宗智、[2] 叶敬忠[3]等人的观点也较为一致。改革开放的一条重要历史经验就是，农民基于相对宽松的制度环境与自主权利，能够释放极大的主体性。在关于数字时代农民理性的讨论中，我们也发现社会理性是中国农民进行行为选择的主要依据，表现为以实现家庭成员整体利益为目标的原则。而在数字时代的中国，数字乡村战略的实施，打破了城乡之间的时空界限，构建了一个突破时空的、多元主体的交易市场。在这个市场体系中，小农户、消费者以及各类农产品实现了新的整合，在一定程度上缓解了小农户与大市场的问题。因此，可以探索在乡村建立家庭经营合作体系，以在数字时代的中国充分发挥农民的"家庭本位"原则，促进乡村经济发展。

所谓的家庭经营合作体系，是指充分利用好家庭以及村庄中各类微观资源，实现家庭成员效益与村庄整体效益的最大化。具体包括如下三个方面特征：一是数字共享家庭模式，主要依靠第二代农民工与大学生

---

[1] 壹城经济咨询中心. 中国县域高质量发展报告2022 [EB/OL]. [2022-03-13]. http://www.scrstv.com/newsDetails.html?id=4b75d789f62c44638cbb53859880aae2.

[2] 黄宗智. 中国的隐性农业革命 [M]. 北京：法律出版社，2010.

[3] 叶敬忠，贺聪志，许惠娇. 生计框架视角的农政问题与农政变迁 [J]. 华中农业大学学报（社会科学版），2019，139（01）：8-15+162.

返乡，从事数字经济相关工作，父母辅助照顾家庭，并在能力范围内激活土地等生产要素，进而实现数字经济共享、生活空间共享、情感共享等。二是家庭紧密互动，主要是指依托于数字技术在乡村就业，通过数字技术实现农业、商业、工业的有机结合，扎根在乡村家庭就可以实现代际分工，并以此构建家庭生产体系。三是家庭间协作，主要是通过数字技术，将不同家庭纳入产业链体系中，实现产业的生产、加工、销售等环节，使各个家庭间的现实与虚拟空间协同，构建以家庭为单位的乡村社会线上线下结合的网络体系。可见，构建家庭经营合作体系，一方面与农民家庭本位的实践相吻合，有利于发挥农民主体性；另一方面，多家庭间的合作，有助于促进乡村共同体。但是，实现家庭经营合作体系的根本在于乡村产业与经济的发展，从而为农民提供稳定的就业岗位与充分的社会保障。

（二）数字技术赋能乡村产业多样化

在传统乡村社会生产空间中，主要是以自给自足的农业为主。在现代技术的赋能作用下，在农业自身生产效率得以提高之外，还促进了农业与其他产业的融合，推进农村由单一产业向多元产业发展。因此，要充分发挥大数据、物联网、人工智能信息技术的赋能作用，不断丰富乡村产业内容。

首先，数字技术赋能农业产业链智能化。利用数字技术优势，以智能化方式赋能农业产业链发展，以此实现资源的优化配置；以绿色有机农业技术推进绿色农业、绿色产品发展，提升农产品价值；运用物联网技术实现数字金融、数字教育与数字交易，进而推进农业数字化进程。

其次，数字技术赋能多元产业融合。一方面，是赋能农业内部融合。农村并非只有农业，农业内部也并非只有种植，蓄牧、养殖等都是农业内部的丰富形式。基于数字技术，不断创新优化内部多种模式融合，促进农村农业生态体系建设，实现种植业、养殖业、水产业等融合。另一方面，赋能农业与其他产业融合，如打造生态、绿色、旅游、种植为一体的生态观光农业；通过无土栽培技术促进种植组合等；有序探索并推进农旅融合性产业，实现生态保护等非生产性价值。

最后，数字技术赋能乡村新产业。基于新型信息技术打造数字农业与智慧农业等新型农业形态，将物联网、无人飞机、生物节能等技术与生产、加工、流通、销售等环节融合，探索生物农业、太空农业、共享农业等新形式。

（三）创新家庭生产方式

传统农业生产是典型的劳动密集型产业，依靠劳动力的投入促进家庭成员之间的分工与合作，在确保农业生产顺利进行的基础上提升效率。在这一过程中，非常注重代际之间的农业生产经验的传承。现代技术的不断发展与普及，尤其是数字技术与农业生产的结合，进一步赋能农业生产，由此推进依靠人力的传统农业向依托数字技术的智慧农业转变，进而创新家庭生产方式。

首先，以数字技术实现生产智能化监管。主要是通过大数据、物联网、人工智能5G技术等新型信息技术，对农业生产全生命周期进行24小时监测，以实时、全面、精准掌握农业生产的状况、进展以及相关问题。以此构建农业生产数据库，为后期决策等提供数据基础。

其次，依托大数据技术实现智能仿真，以辅助管理决策。基于全周期、全方位的数据采集，经过数据清洗等环节，建立模拟仿真模型，以此对农业生产过程进行分析、判断以及信息传递，从而辅助管理决策，以更高效率进行农业资源配置，优化农业生产结构，调整农产品销售策略等，有效推进农产品供给与市场需求的动态平衡。

最后，依托数字技术实现农业精细化生产。以大数据技术获取、分析、处理等数据知识，代替传统的经验知识，对投入产出经济效益、资源配置结构、农业投放比例、土壤肥力走势、生态环境污染指数、农产品质量等进行全方位的数据化与数据决策，从而实现智慧化生产方式的推广与应用，实现农业生产水土质量、化肥等精细化管理与效能提升。

（四）依托数字技术实现小农户与大市场的有效对接

对于传统农业而言，市场化交易对他们来讲是不利的，因为个体农户难以快速、全面获取市场相关信息，尤其是与市场上的企业进行交易时，易因信息差而落入的交易劣势地位。具体来看，农民在生产经营与交易过程中主要受信息反馈不足和主体间信息流通不畅等因素影响。[①]

在这种情况下，如何在市场交易中解决小农户与大市场对接问题，成为影响农业生产的关键。以大数据、物联网、云计算等为代表的新型信息技术在农业的普及与应用，有助于实现供需双方的有效对接，帮助农民合理地按照市场规则进行农产品交易，化解当前小农户与大市场之间的矛盾。具体而言，可以通过如下两种方式推进农业产品依托数字技术的新型产销体系建设。

（1）依托数字技术促进供需精准对接，探索构建"小农户+"的新型组织。在市场经济中，满足市场需求是任何交易主体获利的前提，农业生产经营也不例外。针对传统供需信息失衡问题，数字技术通过数字化智能平台建设，能够有效解决这一问题。"当信息在平台集聚达到一定量时，新的自由流动方式会打破原来的信息不对称的壁垒，打开原有交易结构中的'黑箱'，重塑产业链条中的价值体系。"[②] 在这种情况下，传统农业依托数字技术，能够有效吸纳小农户、农业合作社以及龙头企业等新型经营主体，在村党委、乡镇政府的协同下，帮助小农户与各类市场交易主体间实现供需的有效对接。除了供需精准对接外，还可

[①] 李宁. 农业农村优先发展中的数字赋能及其实现路径［J］. 当代经济管理，2023，45（05）：75−81.

[②] 王胜，余娜，付锐. 数字乡村建设：作用机理、现实挑战与实施策略［J］. 改革，2021，326（04）：45−59.

以利用数字平台，打造数字化合作社等线上虚拟组织，并同传统的线下农业经营组织体系相融合，探索构建农业生产销售共同体等新型组织形式，在信息开放共享基础上打造利益共同体，建立小农户与大市场对接的长效运行机制。

（2）数字技术赋能产销一体化，提升农业农村资源价值转化。依托大数据、互联网、物联网、人工智能等新型信息技术，构建"云上农业""数字农庄"等线上数据平台，打造农产品销售数据库，建立网络销售、直播带货等多种销售模式；建立小农户、农产品经纪人、农产品企业、个体消费者等同在的互联网网络，推进生产销售的网络化。这种依托于数字平台的生产、销售及其后期服务于一体的综合平台，能够降低传统农产品销售中的高成本与高耗能，有效解决无市场、价格低、盲目跟风等不当行为，实现农户生产、农业企业对接、市场需求满足精准匹配的高效模式。

可见，要正确处理好农业生产与市场经济之间的关系，充分发挥市场经济在乡村经济结构中的促进作用，实现生产与需求的有机整合，避免农民盲目生产，为农民进入市场拓宽渠道提供政策扶持等。但是也要注重对小农生产体系的保护。

数字技术成为连接农村与城市、农户与大市场、小农户与企业的中介力量，因此能够促进农业资源的形式转换与价值提升。这一方面有利于正确处理好农业生产与市场经济之间的关系，充分发挥市场经济在乡村经济结构中的促进作用，实现生产与需求的有机整合。另一方面，能够避免农民盲目生产，为农民进入市场拓宽渠道提供支持与保障。

（五）从系统性视角探索乡村经济发展路径

这实际上是从总体层面对乡村经济发展进行思考。我们把国家看作是包括城乡两个子系统的功能整体，城乡两个子系统的有机协同是实现国家整体功能的核心与关键。基于这一思路，我们在探索构建适应于数字时代乡村治理的制度体系时，首先提到的就是"探索党的领导、国家与农村社会有效衔接的制度体系"，这是从党、国家与乡村社会关系的整体视角所进行的探讨，实质上也是系统性的归纳与总结。此外，在历史发展的不同时期，尤其是在当前工业化、城镇化、现代化与数字化这种"叠加"转型背景下，农民表现出以"家庭本位"的社会理性，即在行动中追求家庭成员的效益最大化。因此，我们在进行制度探索、新型组织建设时，主要从农村"家庭"基本单元出发，关注家庭间、家庭与村集体间等之间的协同关系。

因此，我们必须强调的是，促进农村经济发展以及进行经济结构调整，不能仅仅把目光聚集在乡村、家庭或农户，要系统性出发，综合考量党、国家和乡村社会的关系，国家行政和村民自治的关系，城市和乡村的关系，村集体和家庭的关系，家庭之间的关系、家庭内部之间的关系，进而从总体层面探讨促进乡村经济发展的有效路径。

第四节 消弭数字鸿沟，为数字时代党建引领乡村有效治理奠定公平基础

从当前乡村人口结构来看，人口总量少且向外流动趋势明显，尤其是人口老龄化与社会老龄化双重特征，表明当前农村社会以老年人为主。受经济条件、年龄、受教育水平等多重因素影响，这部分群体容易被数字技术所忽视。因此，乡村地区的"银发鸿沟"问题更加需要重视。

从当前农民技术执行来看，尤其是互联网使用方式来看，呈现出"泛娱乐化"特征，即多数用户把互联网当作是用来刷视频、看电视追剧、玩游戏的"娱乐工具"，较少从事价值创造活动。

从当前乡村数字基础设施建设来看，虽然全国整体建设水平良好，但是部分偏远地区、多数自然村的建设情况仍需进一步完善；尤其是数字技术与农业、乡村生活、乡村治理的融合深度与广度还有待进一步提升。

基于此，有必要从基础设施建设、农民技术素养提升以及数字技术与乡村各领域的深度融合出发，消弭乡村内部结构化的数字鸿沟，以在提升效率的过程中彰显公平与正义。

一、加强乡村软硬件投入与建设，促进乡村数字化转型

出于国家战略考虑，我国不断提升网络基础设施建设。截至2021年11月，现有行政村已全面实现"村村通宽带"，[①] 根据工业和信息化部下发的《"十四五"信息通信行业发展规划》，到2025年实现行政村5G通达率80%。但是现在还存在乡村基础设施有待进一步完善、网络质量进一步提升、乡村数字化转型不足等问题。

完善的基础设施，有助于降低数字技术成本，推进数字技术与经济社会的融合。因此，当前仍需持续完善乡村基础设施，推进硬件设备与软件网络的融合。首先，加大乡村基础设施建设投资力度，推进数字乡村建设，不断完善提高农村5G网络、千兆网、物联网等；持续推进偏远地区农村网络基础设施建设。其次，推动大数据、物联网、人工智能等新兴信息技术与农业生产、乡村治理等深度融合；发展智慧农业，构建智慧农业数据平台；加快推进遥感卫星等天基设施建设。最后，建立健全数据与农业结合的专家体系，推动技术、经营、农业等类型人才下乡，实施数字赋农活动；加强高校与乡村的联系，构建乡村振兴高校智库；构建农业社会化服务体系。因此，以硬件推动乡村数字基础设施建

---

① 中国互联网络信息中心. 第49次中国互联网络发展状况统计报告[R]. 北京：中国互联网络信息中心，2022.

设，以软件推动乡村产业、乡村治理等"智力平台"。

二、提高农民技术商，赋能个体发展

在前面章节，我们界定了数字流畅度的概念，即农民普遍实现互联网接入的情况下，当社会数字生存已由趋势成为现实、人们面对多元复杂数字化应用场景时所需的一种系统能力，主要包括数字技术、组织制度与主体技术商。因此，提升农民对数字技术的价值认知与应用水平，是实现数字技术赋能农民主体、乡村社会发展的核心关键。

在具体提升农民技术商的路径中，组织数字技术相关培训，提升农民的数字技术的应用化水平，具有重要意义。但是需要避免形式的、走过场的培训，应瞄准实际需求的培训，如调研中反馈的手机基本的操作技能与安全保护方法等，真正提高农民的数字技术应用水平。此外，要宣传、培养农民形成对数字技术的正确认知，扭转农民当前的泛娱乐化的使用习惯，将更多的时间应用在价值创造类活动中，以更好地发挥数字技术的赋能作用。同时，在数字技术赋能农民主体过程中，既要强调数字技术的赋能作用，又要避免"技术决定论"，将农民主体性置于首要位置，处理好公平与效率的关系，实现技术来自农民、用于农民。

三、推进数字技术与产业和社会的深度融合

数字技术是推动乡村数字化转型的重要力量，但并不代表数字技术一定能够促进数字化转型。其中既需要时间的调试，更需要技术、组织、制度、主体等多维度的协同。因此，需要从不同维度推动数字技术与农业农村的融合。从乡村发展来看，乡村治理正在向数字化、信息化与智能化迈进，基于新兴信息技术实现资源的有效配置，进而促进资源整合，为乡村治理提供优质高效的公共服务。从农业发展来看，通过信息技术促进农业相关要素的高效配置，推进农业产业结构的优化，达到

经济收益最优。从生产要素来看，除了传统的土地、人力、资本等资源外，数据资源也成了乡村的重要资源，通过遥感、人工智能等信息技术，对农村的天、地、空数据化全实现。通过构建农业数据库，为农业生产、产品销售等提供相关数据以及辅助决策，促进农产品的销售。因此，在赋能乡村产业过程中，通过数字技术把乡村中的土地、生态等各类资源数字化，通过互联网虚拟空间实现乡村数字资源真正的价值，进而推进乡村产业数字化、数字产业化。